古代歷史文化 研究輯刊

二一編

王明蓀 主編

第 43 冊

漢中石門摩崖石刻群書法文化研究（上）

陳思 著

國家圖書館出版品預行編目資料

漢中石門摩崖石刻群書法文化研究（上）／陳思 著—初版—
新北市：花木蘭文化事業有限公司，2019〔民108〕
目 8+210 面；19×26 公分
（古代歷史文化研究輯刊 二一編：第43冊）
ISBN 978-986-485-761-6（精裝）
1. 石刻 2. 文化研究 3. 漢代
618   108001559

ISBN-978-986-485-761-6

9 789864 857616

古代歷史文化研究輯刊
二一編　第四三冊　　　　　　　ISBN：978-986-485-761-6

漢中石門摩崖石刻群書法文化研究（上）

作　　者　陳思
主　　編　王明蓀
總 編 輯　杜潔祥
副總編輯　楊嘉樂
編　　輯　許郁翎、王筑　美術編輯　陳逸婷
出　　版　花木蘭文化事業有限公司
發 行 人　高小娟
聯絡地址　235 新北市中和區中安街七二號十三樓
　　　　　電話：02-2923-1455／傳真：02-2923-1452
網　　址　http://www.huamulan.tw 信箱 hml 810518@gmail.com
印　　刷　普羅文化出版廣告事業
初　　版　2019 年 3 月
全書字數　410724 字
定　　價　二一編 49 冊（精裝）台幣 122,000 元　　版權所有·請勿翻印

作者簡介

陳思，1988 年，本科獲北師大漢語言文學與書法學雙學位，碩、博就讀於北師大藝術與傳媒學院，導師鄧寶劍、倪文東，獲藝術學理論博士學位，現爲清華大學藝術史論系博士後，合作導師陳池瑜。本、碩、博均獲國家獎學金。在多家刊物發表文章三十餘篇。參加國家教材《中國書法文化與鑒賞》、國內第一套視覺書法教材的編寫、爲《楷書教程》書寫範字。多次獲全國學生書法大賽一等獎，爲中國書法家協會會員。音樂方面已過全國鋼琴考級十級。

提　　要

　　漢中石門摩崖石刻群上啓東漢下至民國，發展脈絡完整，在交通、建築、歷史、文學、書法、刊刻等方面價值非凡，卻在建國後築壩時淹於水不可復見，這對於中國乃至世界藝術文化史都是一個巨大的損失。

　　石門石刻歷代頗受關注，本書以古今動態轉換視角、「經典性」與「歷史性」相結合的研究方法，借鑒圖像學、心理學、文學、歷史學、傳播學等跨學科領域相關知識，以「群落」圖景的立體重構、本體價值的多重挖掘、當代反觀的價值定位等三大主線，建構起對石門摩崖石刻群立體、鮮活、富有張力的文化觀照與研究。

　　全書分六章，一章，進行「經典性」維度研究，主要集中在「原貌」「現狀」「勘正」三方面，將已沉沒水下的石門摩崖群落「原貌」進行概念復原，再現其分區格局。對留存的漢魏石刻的現狀進行微觀勘測與記錄。對前人訛誤進行誆正。二章，進行「歷史性」重構研究，以動態發展的藝術史眼光，深入歷史原境，探尋其發展三起二落背後的歷史文化動因，建構起一部動態立體的石門摩崖石刻群文化發展史；三至五章，對其本體價值作分類考察，主要包括文學、史學、書法、刊刻四大核心領域價值的深入挖掘。末章，將其與國內摩崖群落、古今傳播媒介、中西廢墟審美等全方位比較，探尋其在中國乃至世界文化史中的地位，闡發其在當代語境下持續延伸的審美價值與精神意義。

目次

圖表目錄

注：圖 126、表 27，共 153 個，由筆者繪製（原石、拓片、景物除外）

圖：

的過程，極具完整性、獨特性與典型性。

　　然而，這一宏大摩崖群落由於建國後的水庫工程開建而完全沉沒於水下。石門摩崖石刻歷代多受關注，以往研究成果頗豐，但因各種局限，尚留不足之處，筆者以爲，總括有三大缺憾：

一、研究視角之孤立，有「點」而無「線」「面」

　　傳統石門研究多遴選出最具經典性作品作爲研究對象，即將目光聚焦於「石門十三品」中幾方經典摩崖，進行考釋、著錄，這種經典遴選研究，一方面體現出歷代觀者共同審美取向，使其步入經典殿堂；另一方面，則極大忽略了石門摩崖作爲「群落」的特殊性，石門洞內外眾多石刻不是在一個相近的時代背景下集中創作完成，可以依靠去粗取精，選出精華來代表之，其爲歷經兩千年發展而成的摩崖石刻群，只以個別經典石刻各自孤立「點」的研究，未以「群落」視角將區域所有摩崖連成「線」「面」進行綜合考察。對於消失或現存的歷史文化實體的考察，歷來研究者有著兩種不同的向度，各有其優的解讀方式，謂之「經典性」與「歷史性」。「經典性」解讀著重關注群落最後呈現的永恆圖景，而「歷史性」考察則著眼於其發生、發展、演變的動態歷史過程。以此標準反觀歷代對石門摩崖群的研究，即可看出，基於這兩個角度解讀都是不完整的。首先，有關其最後圖景「經典性」再現之片面。研究關注「最終圖景」多爲「沉沒後」破碎、孤立的現狀，即脫離原境被鑿遷至漢中博物館的十三方摩崖，對其「沉沒前」宏偉、完整的摩崖群落最終圖景則絕少追尋，石門摩崖群落如何由石門中心沿褒斜道、褒水線向南北輻射覆蓋廣大區域，乃至其間百餘方石刻如何具體分區星羅棋佈，對於今人而言已然無法想像且越發遙遠陌生，而世所留存的文字著錄亦難以形成宏觀、直觀之印象；其次，有關「歷史性」脈絡重構之孤立，囿於對漢魏名品之關注，忽略其後千年數個朝代環節的成型軌跡，細察即可發現，石門摩崖群發展過程絕非在漢魏時代集中興盛而後漸轉衰頹，而是經歷了三個高峰（漢魏、宋、清）二個低谷（隋唐、元明）。其於漢魏之後兩度低潮而又兩度復興，在源生時代「母碑群」基礎上疊加擴大增殖。產生、發展、低落，復起，再低落，再復起，有著複雜的原因。對於此種特殊而經典的發展過程，目前研究尚未有所關注，而對其發展進程高低起落背後隱藏著各時代政治、經濟、文化等關聯與推動因素的探究，亦尚屬空白。因此，筆者首度建構石門摩崖

群之輝煌「經典性」圖景，與縱深融遠的「歷史性」脈絡，以期建構一部立體而具有張力的石門摩崖石刻群文化史。

二、多時代文本研究缺失與研究的兩極分化

迄今為止有關石門摩崖之研究越來越呈現兩極分化現象——漢魏時代幾方經典摩崖炙手可熱，圍繞其研究、學書熱情持續升溫。除此之外，其他絕大部分的龐大基數——隋唐至民國近百塊釋碑、題名等幾乎無人問津，研究基本停滯於被收錄文字、存目階段。這部分石刻極少納入進一步深化研究之範疇，而隨著石門原址被毀，其實物多已傾覆，連搜集原拓片都不易，越來越被遺忘，也基本切斷對於這一部分摩崖在當今研究之路。

不可否認，這一部分被忽略的大量書刻，其藝術經典性不可與漢魏諸精品同日而語，然而從文化史的考察角度，這些摩崖背後所透射出的文化歷史現象、藝術風格變遷等同樣值得深究。就群落結構而言，這些缺乏關注的石刻資料覆蓋了包括石門中心在內的廣大地域，時間上幾乎涵蓋了其發展的宋清兩大高潮時代，對石門摩崖石刻完整的歷史來說也是不可忽視的發展環節，若將其摒棄，再現原景圖像和歷史成型脈絡都將缺乏基礎支撐。就其文史價值而言，其文本內容與漢魏經典石刻具有同等重要的「文學」「史料」意義，是不可或缺的研究對象。而就書刻藝術而言，其時間跨度之大，賦予每個時代石刻獨特性，具有保留各時代書刻風格的書法史研究意義，同時也可作為漢魏經典時代書刻藝術的參照物，探尋石門書法風格之演變。

因此，本書力圖搜尋並關注石門地區長期被歷史忽略的大量漢魏之後的摩崖石刻，將這些龐大基數納入研究範疇，補上這一部分摩崖研究之缺失，為完善石門摩崖研究的系統性與完整性提供新的依據。

三、摩崖石刻本體價值挖掘之不足

摩崖石刻本體有著多重文化價值，傳統研究多涉及金石學範疇，諸如文字著錄、文字學考釋、書法藝術宏觀書風的概括等等，至於文學、史學、書法、刊刻、傳播媒介、廢墟文化等價值，或未關注，或未得到充分的挖掘。

筆者以為，摩崖本體價值可分為可讀、可觀兩個方面。

可讀文本方面，以往研究的單純文字著錄、考釋，皆屬於文字學領域，未有對石刻文辭內容進行細緻的解讀與分析，對其保留古文體、蜀道文學母

題等文學價值探討方面接近空白；對於其史料價值，也僅限於單一個別之「存錄」，未將其資料連成鏈條進行區域歷史自證並與史書互爲參證，以得出重大事件發展的系統；而對於其「公共史書」性質的特殊現象，與紙質流傳史書、以及私人石刻資料相比之異同優劣亦無深入探討。

可觀文本，即書刻藝術價值方面，僅有碑學對書藝書風作宏觀的概括，即從風格到風格的評述，缺乏對圖像微觀細化的考察，闡釋經典化的歷程；亦少有將石門石刻與其他地區石刻作比較，來揭示其書風的獨特性；也無明確將其界於書法史縱橫座標予以定位，闡釋其在當今視野下延伸的審美價值與意義；刊刻藝術方面，多爲依據拓片進行大致風格的推論，極少深入現場關注原石的刻痕與刀法之間的關係，對於摩崖石刻靜態物質背後的動態製作「過程」，即刻者如何針對摩崖與材質的特殊難題，臨時從宜、創新求變「由技及道」的歷程也少有關注。

此外，有關整體摩崖群價值評判的標準、摩崖媒介在當代新媒體環境下的意義，以及中西方廢墟文化比較等審美新課題，均亟待進一步拓展與探究。

因此，本書意以文本內容、高清圖像、眞實刻痕爲基礎，以歷史物質性視角，微觀細化深入推進傳統研究範疇並演化出新的研究範疇。

綜上所述，石門摩崖群研究雖成果頗豐，但對於整體研究仍然存在孤立、缺失、未盡之處，尙有較大的推進與拓展空間。

第二節　現有研究成果

一、國內研究

（一）古代

對石門摩崖石刻的關注從宋代開始，宋代即有對前代碑刻的著錄與研究，如宋代晏袤《釋鄐君開通褒斜道摩崖》、釋《潘宗伯、韓仲元造橋閣題記》及《李苞通閣道題記》，就是對幾方古代石門摩崖進行研究，研究內容涉及年代考證、文字著錄等，較爲眞實地反映了宋代石門摩崖保存的面貌；而有關石門摩崖石刻的史料記載，開始於宋代金石學，著錄的有歐陽修《集古錄》、趙明誠的《金石錄》等，記錄了《石門頌》《石門銘》等石門碑刻。

到了清代，碑學興盛，金石學者訪碑熱潮高漲，石門摩崖研究走向進一步經典化。著名研究者主要有郭友源、王森文、吳大澂、繆荃孫、羅秀書等。

王森文的《石門碑醳》按時間順序，對不少石門石刻進行了摹錄，還附有其深入褒谷口考察的石門紀實性遊記，記述往來石門的艱辛、石門隧道的面貌和石刻的分佈情況，較為詳細地反映了清代石門周邊的地理交通狀況和石門洞內摩崖面貌；羅秀書等的《褒谷古蹟輯略》，是一部石門石刻的專著，摹錄並著錄了部分石門洞內知名石刻以及石門附近的石刻題名，且附錄一些文人詩作，在研究方面，其總結出了石門石刻在古今文體、字體、棧道興廢等方面的三大價值，並對其風格進行了初步的概括；吳大澂《石門訪碑記》，以遊記的形式記敘石門訪碑的全過程，較為系統地介紹石門重要石刻。對石刻文字進行了考釋、補釋；繆荃孫進行了石門訪碑，對《大開通》等石刻及其釋文做出準確描述，同時說明漢、宋摩崖發展及保存狀況的異同，還搜集了多方碑石拓片；康有為的《廣藝舟雙楫》從書法角度對《石門頌》《石門銘》等的藝術價值做出了概括，給予極高的評價，開一代研究之風氣，此後學者書家于右任、張大千等亦多從書法角度對石門石刻進行賞評。

（二）當代

石門石刻研究熱度不減，出現了有關摩崖石刻的專著，主要的有以下幾本：漢中博物館原館長郭榮章的《石門石刻大全》，是一部石門石刻研究的集大成之作，此書價值主要有三點：其一、多種渠道搜集了石門洞內、附近山崖間共 177 種石刻，並對每種作了著錄與研究考釋；其二、研究多有新意，對石門石刻中的試刻現象首次關注，並對前人研究中的謬誤做出更正；其三，採用二重論據法，將實地調查與文獻資料結合，使得石門碑刻研究更具有實證性。另外，他還著有《石門摩崖石刻研究》《石門漢魏十三品撮要》等，以論文專題形式，對石門石刻的文化、歷史做出探討。

漢中博物館前任館長馮歲平的《石門十三品》《漢李君表》《發現漢中》《古道寶藏——中國石門摩崖石刻》等幾本專著，講述漢中棧道歷史，對石門石刻中重點的十三品進行著錄，並將原刻與拓本進行了一些比對，發現了摩崖中幾個新字，另外，還將前人的研究成果作些整理並予以介紹，同時還收錄了部分前人有關石門地區的詩作。

論文方面：漢中博物館組織石門碑刻考察，出了幾本有關石門文化研究的特刊，一是《石門》，二是《漢中市志通訊——褒斜道、石門、摩崖石刻專刊》，著錄有關論文。此外，漢中舉行的石門漢中文化遺產研討會，從 2005～2011 年，每年出一本書集《石門》，內容主要涉及三點，其一、石門棧道歷

史更迭，著眼於對重點石刻的歷史文化周邊信息的考證研究；其二、人物考證、文字考釋，主要是對某摩崖涉及人物的考證以及個別字的考釋；其三，石門碑刻書風特色與對比，主要是將漢三頌之間、石門摩崖之間進行風格比較，但對於書風特色比較和美學價值研究依然限於宏觀的風格描述。

有關石門摩崖的碩士論文有兩篇。一是 2012 年廣西師範大學李洋的論文《漢中石門石刻書法藝術研究》，比較全面地介紹了石門摩崖石刻的歷史沿革、人文精神、書刻風格形成等，但分析略為籠統簡略；二是 2013 年湖南師範大學杜立乾的《漢中石刻研究》，對摩崖定義和後期文人題名等方面有進一步的考察研究。

二、國外研究

日本：日本學者種穀扇舟、牛丸好一、杉村邦彥、中田勇次郎等在八十年代到漢中石門進行文化交流，皆題有贊詞，在日本掀起一股「石門熱」。牛丸好一完成了《中國褒斜道石門石刻》一書，對石門摩崖石刻進行了介紹；美國學者 Robert E.Harrist Jr（韓文彬）的《石刻風景》（The Landscape of Words）是首次研究中國石刻的英文著作，在第一章《石門公共文字和書法》，介紹了「石門十三品」，敘述了石門的道路變遷、摩崖的刊刻背景、內容及與各時代其他石刻的關係，是有關石門研究的新視角。

總體而言，目前對石門石刻群的研究，均延續著傳統古典文獻中的釋碑模式，限於歷史記載、文字著錄考釋及宏觀書風討論，未對石門文辭內容、書刻圖像、刊刻環境、社會背景進行深入細化分析，亦尚未有石門石刻群落歷史文化的整體研究，對其成型流變的歷史梳理及背後蘊含的社會時代文化心理轉變研究也未觸及。另外在與石門摩崖石刻相類似的摩崖石刻群研究方面，如：泰山摩崖、齊山摩崖等，目前的研究方式也基本局限於此。

第三節　研究總框架及設想

本書研究總框架，主要循著對三大問題的考察：一、「群落」角度的立體重構；二、本體價值的多重挖掘；三、當代反觀的價值定位。

一、「群落」角度之考察

針對「歷史性」研究的缺失與「經典性」研究的缺憾，從兩個維度立體

呈現出石門摩崖群落的永恆形象與發展歷程。

　　「經典性」維度，主要集中在「原貌」「現狀」「勘正」三方面。首先探取傳統田野考察訪碑模式與現代科技手段結合，將業已沉沒水下的石門摩崖群落「原貌」進行概念復原，具體以圖表統計、量化圖像、文字敘述三位一體，再現宏大整體與具體分區格局；其次對漢中博物館藏十三方原石「現狀」進行文字圖像重點復原，並對其刻痕殘損現狀進行細緻觀察和微觀描述；其三就現場考察中新發現及前人在考釋、研究中存在問題進行商榷與補正。

　　「歷史性」研究，追蹤其千年發展成型脈絡，首度對其發展三個高峰（漢魏、宋、清），二個低谷（隋唐、元明）之環節進行歷史原境考察，探尋其發展規律的普遍性與獨特性。漢中石門從實用交通隧道到文化景觀的功能轉變、石刻主題從「紀功述德」到「懷古抒情」，再到「金石學研究」的更易、參與群體身份地位轉化乃至心理變遷，反映著歷史的鏈條上各時代不同的文化功用、精神力量的興衰與更迭、認同與矛盾，內蘊著時代文化思潮的變革，由此挖掘其石刻發展幾度興衰、各時代主題轉變的背後所隱藏的戰亂紛爭、朝代更迭等重大歷史事件、政治經濟文化等動因。

二、本體價值考察

　　以石門摩崖石刻群本體多維度價值爲主要研究對象，對於其文學、史學、書法、刊刻等四個領域價值作逐點深入挖掘。以漢魏經典石刻爲點，宋清兩個時代眾多石刻基數爲面，以各代研究著錄爲參照，以現代拍攝所得實物圖像資源爲依據。達到對可讀文字文本、可觀圖像文本兩個層面的細化和深化。

　　首先深入可讀文本，對石門石刻的文本進行梳理分類與解析，尤其對重點名篇的研究，借鑒文學文本細讀的方法，深入挖掘其文學、史料、美學內涵及文化張力。有關文學價值，著眼於其保留古文體價值、各時代文化歷史背景下變遷的主題與文風、文本主體意識、心理現象與行文的關聯，對文學史上蜀道文學母題之拓展；有關史料價值，則在傳統彌補史料之闕漏外，著重關注其作爲「公共史傳」性質的文獻，相比於一般紙質文獻、石刻文獻所獨具特殊的公信力。

　　其次，深入可觀圖像，採用傳統拓本和高清摩崖圖像相參照的方式，對書法藝術價值方面作深化研究，關注其發展各個時代書法形式、書風的演化變遷，建構石門書法在整個書法史中的發展鏈條。借鑒圖像學，用微觀細化

比較圖像的分析手段，對漢魏經典摩崖獨特形式美感予以新的闡釋，彌補古代書論宏觀體驗式研究的缺憾。同時，通過分析其在碑學視野中走向經典化的歷程，闡釋各時代石門石刻在書法史橫縱座標系中的定位，探尋「石門書風」共通的美感特質及審美理想，闡發其對後世書法創作的啓示。

刊刻藝術方面，針對石門摩崖特殊的環境及石質因素，相對於一般碑刻面臨的四大難題，從選址條件、書丹設計、刻工技藝、拓片誤差等方面入手，對石門摩崖的刊刻藝術進行探尋，力圖再現當時刊刻場景的原創視角，還原石刻靜態物質背後動態的製作「過程」，揣摩當時設計、刊刻者的意圖，以及如何受環境制約，依實際困境作出臨時從宜的創變與調整。更著重從刻痕出發，研究石門地區摩崖獨特的石質，因地制宜地採用特殊刀法，取得刊刻新成就，闡述石門石刻技藝發展「由技及道」，又由盛而衰之時代遞變。

三、當今反觀意義和文化價值總體定位

回歸當代視角，在社會文化史的宏觀視野下，建立起石門文化的整體觀照。對於石門摩崖群在國內摩崖群、古今媒介、中西文化比較中的定位。在進行國內同類「群落」間、古今「媒介」、中外「文化」的跨領域、全方位考量中，得出其在中國乃至世界文化史中的特殊地位，闡發其在當代語境下持續延伸擴展的審美價值與精神意義。

首先，針對摩崖石刻群價值評價體系模糊的情況，建構起一套相對科學的評判標準，以此為標準將石門石刻群與其他地區石刻群置於同一平臺，進行全方位比較與定位。其次從文化傳播的角度，關注石門摩崖群媒介存儲、傳播信息的特殊性，以及與傳統碑刻媒介之間的差異性，同時探尋其與當代新興媒體傳播理念的共通性與不可替代性。最後，挖掘石門故地這一古老的文化廢墟，具有中西方「廢墟」雙重的審美品格，探尋其歷經千年而不衰，凝聚著豐富的象徵意義，以及石門「廢墟」的消逝與當代重構的意義。

總之，本書不單純以年代流傳敘述石門石刻歷史，意在以考據法、統計法、比較法、歸納法、闡釋法為基礎，還將圖像復原、文本細讀、原境重構等新方法引入研究。借鑒圖像學、心理學、文學、歷史學、社會學、傳播學等跨學科領域及相關理論，以點線面結合、宏觀聯繫、微觀細研、「經典性」與「歷史性」互補、古今中外文化間動態轉換視角，層層推進追蹤其發展歷程，建構起一部立體、鮮活、富有張力的石門摩崖石刻群文化史。以期對書

法史、歷史、文化史、藝術史、社會發展史研究以及當代的審美創新起到理論及現實意義上的輔助作用。另外其中一些新的研究方法，也爲其他地區同類或相似的石刻群研究提供一定的借鑒意義。

緒論《漢中石門摩崖石刻群書法文化研究》論文總體框架

```
                    石門摩崖石刻群

                  問題綜述：現狀
                  與缺憾（緒論）

      ┌───────────────┼───────────────┐
   「群落」考察         本體價值          當代反觀
                                      （第六章）

  ┌──────┬──────┐    ┌──────┬──────┐   ┌─────────┐
復原圖再現與現  歷史發展成型脈   可讀文本   可觀文本    國內摩崖群定位
狀勘察（第一章） 絡（第二章）
                     文學價值    書法藝術     古今媒介比較
                    （第三章）  （第四章）
                     史料價值    刊刻藝術    中西廢墟比較與
                    （第三章）  （第五章）   當代重構
```

注：結論總框架附在「結語」文末

第一章 石門摩崖群遺址復原與現狀考察

本章主題：「再現圖景」。石門摩崖群是古代石刻藝術的寶庫，其歷經一千九百餘年，品目浩如煙海，爲國內不可多得的保存完好的大型摩崖石刻群。1962 年被列爲全國第一批重點保護文物。然而 1967 年國家修築水壩，石門摩崖原址大部分沉沒在褒河之中不可復見。由於當時技術條件所限，留存圖片不多，且大多模糊不清，今人只能從當時搶救鑿出陳列於漢中博物館中的石門十三品和前人留存的石刻拓片及調研文字，追憶石門摩崖群曾經的宏大與輝煌，此實爲一件憾事。然這一壯觀摩崖群的原貌仍令一代代後人心馳神往，故而筆者歷時三載，走訪漢中石門石刻群遺址，履石門故地，循褒水而上，親行棧道，搜集各類資料及石刻拓片。在田野實地考察基礎上，翻閱大量前人遊記及研究文獻，並借助現代高科技手段對石門摩崖藝術文化群落進行考察。力圖復原石門摩崖群落的整體概念圖景，以期對石門摩崖群的原貌有一個較爲宏觀、清晰的把握，同時對現存的原石作細緻微觀的考察，去貼近這一寶藏。

本章爲筆者親歷漢中對石門石刻進行田野考察的記錄匯總，採取傳統訪碑模式與現代科技手段結合，以圖表統計、圖像復原、文字敘述三位一體，互相參輔的方式將成果集中展示。此章分爲三部分：第一部分是石門石刻群整體情況的復原考察，以復原概念圖景和列表互補的形式加以呈現，首先以圖錄形式復原沉入水下的石門原景，包括整體大區布局和各分區景況，參以統計表的形式，將石刻總目、年代、尺寸、釋文等全方位列出，並予以整體

概況分析；第二部分是石門石刻群現狀考察，即對現今殘存的精品具體觀測，對漢中博物館藏十三方精品原石進行文字圖像的重點復原，盡可能繪出精確文字手摹圖，並對其殘存石刻文字保存損傷現狀進行細緻觀察和微觀描述；第三部分就現場考察中發現的新問題以及前人在考釋、研究中遇到的問題進行商榷與訂正。

第一節　石刻群整體區域總述及概念復原圖景

石門摩崖石刻群原址已毀，欲再現歷史原貌，其發展年代、區域分佈、形制數量、增長模式……全方位參數缺一不可。歷史上的石門地區是一個摩崖石刻大群落，始於東漢永平年間，止於建國後，期間魏晉、唐、宋、元、明、清、民國各時代皆有，歷經一千九百餘年成型；就地域而言，不局於石門隧道狹小洞內，而是一個以褒河水路爲主動脈，以石門隧道爲中心，向南北擴展延伸所形成的廣大區域內石刻的集合群；就數目而言，不止世人所熟知的石門十三品，總目共有一百六十餘品。因此，筆者對石門石刻群的復原考察範圍，涵蓋了陝西漢中整個褒水流域，北起褒水源流，南至漢中府城，及各周邊區域的石刻。

因石門原址已沒於褒水，影像資料亦缺乏，考察難度頗大。復原工作只能根據現場考察，結合多方搜集的歷史資料圖片、歷代前人記載圖文資料以及留存拓片進行綜合判斷、合理推斷、復原繪製，盡可能全面復原石門整體區域石刻概念圖景。

石門石刻群的整體分佈脈絡復原，主要依據有三：其一、歷代文字著錄和圖錄資料。如《陝西省漢中地區地理志》（漢中地區水系圖）《石門石刻大全》《嘉慶漢中府志校勘》《金石萃編》《褒谷古蹟輯略》《石門碑釋》《道光褒城縣志》《石門道記》《集古錄》《漢中地區志》等等；其二、歷史影像圖片資料。建國後石門石刻群被列爲國家重點保護文物，陝西省考古研究所曾兩次考察調研石門內外的石刻，留下一些石門洞內石刻及些許洞周邊的照片資料（洞外廣大區域的圖像資料尚未見有留存），圖片雖少但亦爲復原提供了可資參照的實物圖像；其三、筆者親至實地考察石門故地石刻遺址。分區域勘測水系山脈，多次踏上已毀的石門原址之上的新修棧道景區、古石門正上方新開的石門洞、雞頭關等地實考，進漢中博物館對館藏原石及原拓片，拍攝大

量清晰圖像，取得了翔實的一手資料。

　　筆者將現存的石門原景圖片、留存的原石、拓片與歷代記載進行集中分析與統計，歸類匯總、數字量化、概念復原，大體得出石門石刻群的整體分佈脈絡。將石門石刻群的整體數量及分佈圖景作簡略示意（見圖 1.1 石門摩崖石刻整體區域分佈示意圖）。

　　就匯總統計情況來看，（目前已知）石門地區從東漢至民國的石刻總數約 160 品（此數不包括雞頭關新增的與祭神有關的三十餘品），其分佈特點大體是以褒水為主線，以石門隧道為中心，向南、北方向延伸，分佈在東西兩岸。這是由於褒斜棧道依山延褒水行進所致，摩崖群落亦是沿著褒水沿岸分佈。石刻中心區域在古褒城縣北十里的棧道樞紐石門隧道，石刻最為集中，為 38 品，占全石刻總數的 24%，其餘石刻以石門隧道為分界點，整體呈現南多北少，西岸多東岸少，距石門近則多遠則少的局面。就南北方向數量分析，石門隧道以南區域（石門隧道南口至褒城驛），首先是石門附近褒水沿岸山崖 33 品、雞頭關特區 22 品、然後衍生至玉盆景區 15 品、河東店（山河堰）12 品、再擴展至褒城驛及漢中府 3 品。石門以南合計共 85 品，占總數 53%。石門隧道以北（從石門隧道北口至褒水源流）石刻共計 37 品，占總數 23%。顯然石刻分佈以石門以南為主，以北為輔。從東西兩岸分佈情況來看，石刻位置以褒斜棧道主線所在的褒水西岸為主，共 122 品，占總數的 76%，東岸（即褒斜主棧道對岸）為次，約有 38 品，占總數 24%。

　　結合地圖上石刻主要的集中區域，筆者將石門地區這些石刻分為一個中心區及十大分區。如圖所示（圖 1.2 石門摩崖石刻總區域地理分佈圖示）。這一分區法，參考了石門考察隊和郭榮章先生的分區法，舊分區法為十區，有其合理性，但亦存在一些弊端，其一是部分區域名稱所指有所重合，如第二區 II「石門附近褒水沿線區」，而後的第五區 V「雞頭關及連城山區」及第三區 III「玉盆景區」同樣處於褒水沿線石門附近，此三者之間包涵分類關係有些含混；其二是摩崖數量最集中的石門中心區域重要性不顯；其三是分區序列，忽南忽北，離中心石門隧道忽遠忽近，如石門以南三區 III 玉盆、四區 IV 山河廟，之後第五區 V 反而回到石門洞正上方的雞頭關。而六區 VI 是石門以北的天心橋，第七區 VII 忽然跳到石門以南遙遠的褒城驛區，第八區 VIII 又回至石門以北的觀音碥。

　　為了解決此問題，筆者採取的新劃分方法是，根據石門摩崖石刻群分佈

區域線路的大體走勢——依著褒河水路和褒斜棧道的南北走向，將石門石刻整體的分佈圖看作一個縱向座標，由於石門隧道是石門石刻整個大區的核心區域，即以石門隧道作爲中心分界點，稱爲石門石刻中心區。然後以此爲界，向南、向北劃分出南、北各五個區。分別是：南一區：石門南崖褒水沿岸區、南二區：雞頭關區（石門南崖特區之一）、南三區：玉盆景區（石門南崖特區之二）、南四區：山河堰（河東店）區、南五區：褒城驛漢中府區。北一區：天心橋區、北二區：連雲棧道南段特區（石門以北爲主亦含少許石門以南）、北三區：觀音碥（萬年橋、青橋驛）、北四區：馬道驛區、北五區：褒水源流區。

　　這樣的劃分方法，即可有序且較完整地覆蓋所有石門石刻分佈的整體區域，自褒水源流到漢中府城，向南向北按地域依次延伸，中間基本無遺漏。其中，對於區域重複而又需單列的分區問題，以「特區」加以區分，比如「雞頭關」和「玉盆景區」作爲「特區」單列，此兩區皆屬石門附近南崖褒水岸邊。但因地理位置特殊並且石刻集中，與零星散落在山崖之間的不同，所以特別單列出來。雞頭關位於石門隧道正上方，石刻集中，立石時間晚，以清代爲主，且內容性質又與石門洞內石刻有著明顯的區別，故而將其單列爲一個特區。而「玉盆」作爲一個褒谷著名景點，地理位置特殊，亦有著相當集中的石刻，因此也單列一特區。此外北五區劃分中，連雲棧道亦作爲一特區呈現，特指連雲棧道南段，即馬道驛至雞頭關，以區分同屬連雲棧道上石刻集中的關隘驛站觀音碥（青橋驛）和馬道驛區。

圖 1.1　石門摩崖石刻整體區域分佈示意圖

被《中國書法》2017 年 10A 期 P72 頁採用

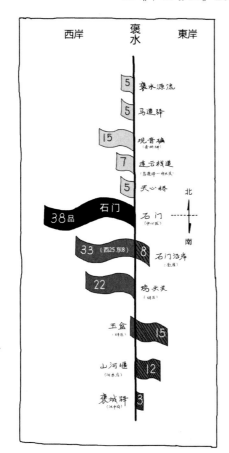

石門石刻區域發展動態：

時間　漢至民國　近兩千年
以褒水（南北向）爲主線
以古石門隧道爲中心
向南北東西岸延伸
發展趨勢——
石門以南爲主，石門以北爲輔
褒河西岸爲主，褒河東岸爲輔

石門石刻**總數**約 160 品
古石門隧道（**石門**）38 品　占 24%
　　　　　　　　石門**南** 85 品　占 53%
　　　　　　　　石門**北** 37 品　占 23%

褒河**西岸** 122 品　占 76%
褒河**東岸** 38 品　占 24%

備注：
1、圖上各區域所標數字爲石刻數
2、「石門沿岸」主要指「石門」至「玉盆」間包括「雞頭關」和「玉盆」，因爲「雞頭關」與「玉盆」地理位置特殊，石刻多，以特區單列表示
3、「連雲棧道」指其南段「馬道驛」至「雞頭關」
4、雞頭關還有三十餘品新增碑刻，暫不歸此列，後續單獨補充另論
5、「玉盆」石刻在褒河巨石靠東岸，玉盆景區其它石刻疑亦在東岸，待考

圖 1.1 補充說明：

郭榮章先生的力作《石門石刻大全》，是當代研究漢中石門石刻摩崖最具權威的一本書籍，其收錄石刻總目 177 品，本人著書所錄石刻以《大全》爲依據，主要石門摩崖石刻 138 品不變，其餘「雞頭關新增」與「存目」石刻略有選擇性增減，共計 160 品。具體列表說明如下：（表中《大全》爲《石門石刻大全》簡寫）

摩崖石刻類型	主要石門摩崖石刻數 138 品	雞頭關新增 38 品（記事 2 品，祈神懷古等 36 品）	疑僞作 1 品	新補錄 20 品
《石門石刻大全》總錄 177 品	138 品	全錄共計 38 品	錄 1 品	
本書著錄總數 160 品	138 品	只選錄記事 2 品 其餘 36 品祈神懷古，暫不歸此列只列表附書後	未收錄	新補錄 20 品： 1、其中 17 品爲《大全》僅存目未錄總目的石刻 2、還有 2 品爲馮歲平先生在《石門十三品》評述《大全》遺錄石刻。 3、餘 1 品爲玉盆景區北宋文與可「玉盆」詩刻（見《輿地紀勝・興元府》記載）《大全》未錄。

圖 1.2　石門摩崖石刻總區域地理分佈圖示

A 中心區：古石門隧道區
B 石門南一區——石門南崖褒水沿岸區；C 石門南二區——雞頭關區（特區）；D 石門南三區——玉盆景區（特區）
E 石門南四區——山河堰（河東店）區；F 石門南五區——唐褒城驛和漢中府區；G 石門北一區——天心橋區
H 石門北二區——連雲棧道區（馬道店）；I 石門北三區——觀音碥（萬年橋、青橋驛）區
J 石門北四區——馬道驛區；K 石門北五區——褒水源流區（南河至寶雞）

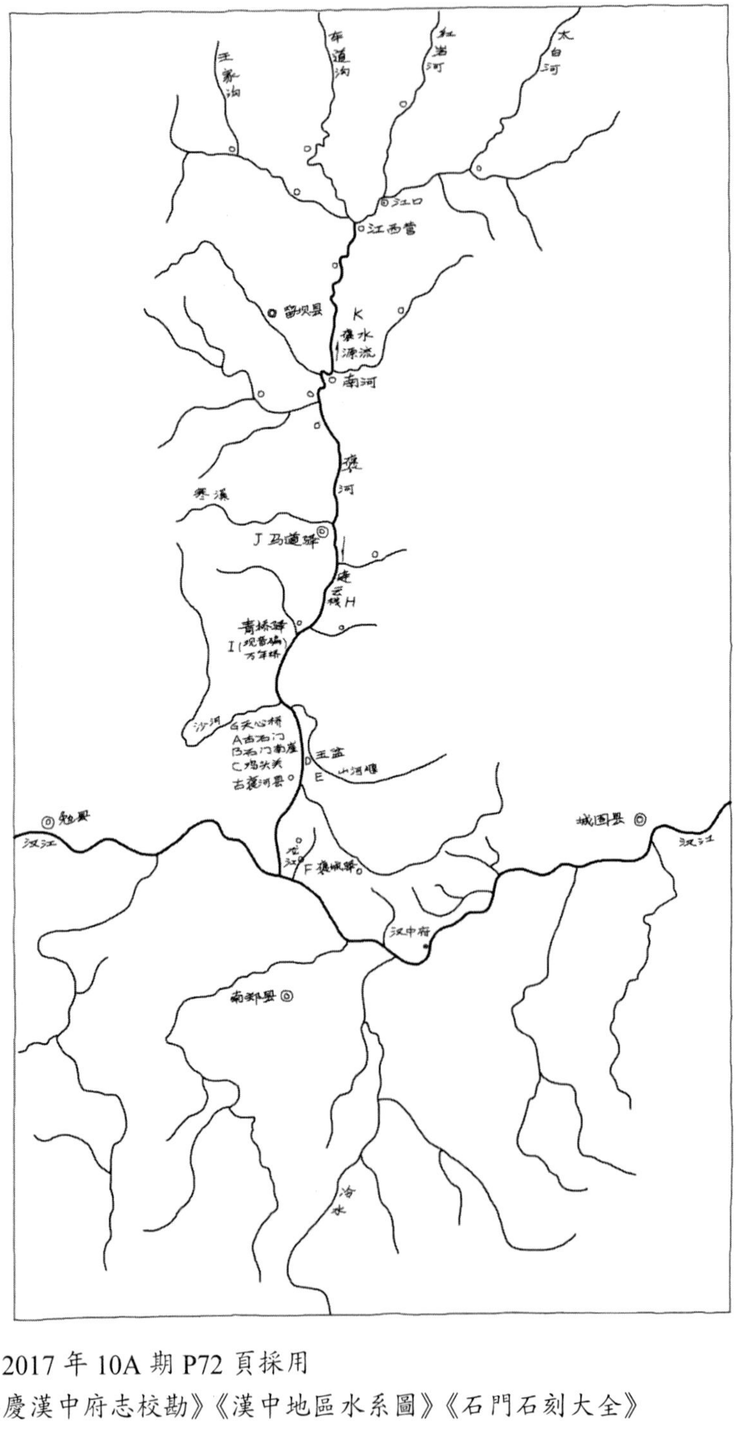

被《中國書法》2017 年 10A 期 P72 頁採用
◎參考文獻《嘉慶漢中府志校勘》《漢中地區水系圖》《石門石刻大全》

圖1.3　古褒斜棧道、連雲棧道、唐文川道關係圖示

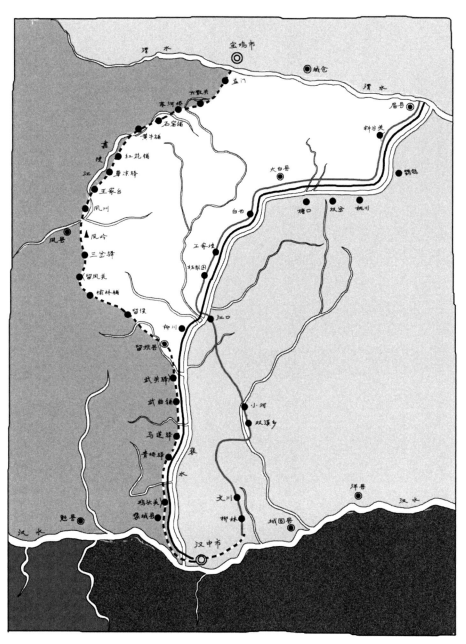

漢魏褒斜道
唐宋連雲棧道
唐大川道
河　流

備注：連雲棧道「武關驛」以南　沿用褒斜道
　　　文 川 道「江口」 　 以北　沿用褒斜道

參考文獻：《漢中地區水系圖》
　　　　　《石門十三品》

第二節　中心區及十大分區石刻群復原及信息匯總

　　上節已呈現出石門石刻群整體區域復原示意圖。接下來分別復原隸屬石門石刻群的中心區及十個分區的圖景，並列出每一區域所包含的石刻及具體對應信息。

　　說明：

　　其一、本系列所有復原圖均爲筆者親自繪製，根據實地考察、歷代金石著錄、地方志、舊照片、拓片、文獻綜合而成。參考資料包括：《中國地圖》《陝西省漢中地區地理志》（漢中地區水系圖）《石門石刻大全》《嘉慶漢中府志校勘》《金石萃編》《褒谷古蹟輯略》《石門碑釋》《道光褒城縣志》等，尤其參照了郭榮章先生石刻圖像存照，盡可能涵蓋了以上所有資料中所存原石、存拓、存文、存目的石刻，但亦可能有所遺漏，或今後有新發現，再作補充。

　　其二、此系列概念復原圖共十一幅，順序是以石門隧道區爲中心區，先南五區，後北五區。每一區皆先以其所置的漢中局域地圖定位，繼而呈現出石刻在本區域地圖內排布情況復原圖，再以表格形式將此區所有石刻信息進行匯總，包括區域內漢代至民國全部時間、各類型石刻，以摩崖爲主，也包括石碑。石刻排布的具體方位盡量還原未損毀前之原貌，石刻大小也各自按比例大略縮放。由於石門原址沉於水下，其中一些具體情況不明（方位不知、原貌不知）的石刻，根據文獻記載和實地勘測大致推斷方位大小，區域內石刻編號是按時間先後排序。

　　其三，因各區具體信息匯總表較爲冗長，故不放在正文中，集中附文末。

　　以下具體闡述石門石刻群中心區及十個分區域的圖景：

一、石門石刻中心區域：古石門隧道區

　　此區是石門摩崖最爲集中的聚集點，最著名的摩崖大多薈萃於此。是石門摩崖群的母體碑群。石門位於褒斜棧道中心褒谷口，所在大區域山川形勢被稱爲「大石門」，蓋因此處兩石山夾岸對峙，峽谷關隘如兩扇巨門之狀伸入褒谷河床中，其間僅留有不到百米的峽隙，形如門關鎖鑰，而石刻所在地「石門」則是位於「大石門」西岸山崖間，人工開鑿的一個穿山隧道，即酈道元《水經注·河水》中所稱「小石門」。其開鑿於東漢明帝永平年間，高 3.6 米、寬 4.15 米、長 15.75 米。呈南北走向，與褒河水道平行，摩崖石刻就分佈在此洞內東、西壁之上。合計共有摩崖三十八品，西壁二十二品，東壁十六品，

年代跨度自東漢至民國（公元 148～1938 年）近兩千年。最早之摩崖是東漢《石門頌》，之後魏晉至民國幾乎各代均有。漢魏六品、宋代二十三品、明一品、清至民國八品。洞內崖壁幾乎刻滿，密密麻麻、見縫插針。其中幾方大型漢魏摩崖最爲醒目。包括西壁《石門頌》《李君表》《楊淮表紀》《石門》榜書及東壁《石門銘》及其小記，皆在聞名於世的石門十三品經典之列。大型石刻摩崖周圍環繞著大量小型的題名，如眾星拱月一般，多出自宋遊人之手。還有壁上書寫不下者，另立石碑於地上，多爲清人石刻，《八陣圖注說》《石門道記》《摹刻石門銘》等幾方，字數規模亦較大。洞內石刻在被毀之前大多保存完好。有關石門洞內經典石刻，歷代記載著錄及影像資料較多，因此各石刻方位是較爲明晰的，陝西省考古研究所曾於 1960 年和 1963 年先後兩次重點調查石門內外的石刻，筆者按照前人的記載和調查報告綜合、量化並修正已存信息，繪出復原概念圖，並附上具體信息如下所示（圖 1.4、附表 1.1）。

圖 1.4　石門石刻中心區：古石門隧道石刻分佈復原概念圖

被《中國書法》2017 年 10A 期 P69 頁採用

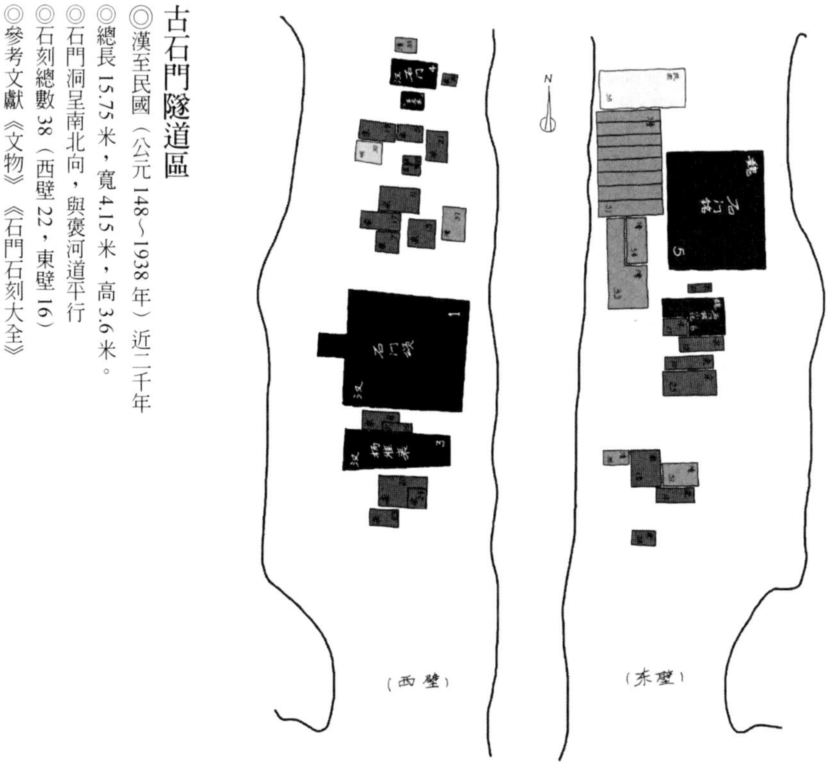

古石門隧道區

◎漢至民國（公元 148～1938 年）近二千年
◎總長 15.75 米，寬 4.15 米，高 3.6 米。
◎石門洞呈南北向，與襃河道平行
◎石刻總數 38（西壁 22，東壁 16）
◎參考文獻《文物》《石門石刻大全》

（西壁）　　（東壁）

石門洞內石刻按年代先後排序：

1. 漢《石門頌》
2. 漢《李君表》
3. 漢《楊淮表紀》
4. 漢「石門」
5. 魏《石門銘》
6. 魏《石門銘小記》
7. 宋俞伯謨等題名
8. 宋王士外等題名
9. 宋文玉恩等題名
10. 宋文岡等題名
11. 宋宋之源等淳熙題名
12. 宋張伯山等題名
13. 宋縣尉王等題名

14. 宋章升之等題名
15. 宋趙公茂等題名
16. 宋李崟等題名
17. 宋范鼐任沂孫等題名
18. 宋宋之源章等題名
19. 宋王還嗣范鼐等題名
20. 宋康衢等題名
21. 程仲震張奉先等題名
22. 宋安丙遊石門題名
23. 宋郭仲辰等題名
24. 宋劉參等題名
25. 宋趙彥呐等寶慶題名
26. 宋白巨濟等題名

27. 宋曹濟之龐公異等題名
28. 宋段從龍等題名
29. 宋趙宗齊題名
30. 明李一鼇題名
31. 清《諸葛亮八陣圖注說》
32. 清萬方田等題名
33. 清倪蘭畹《石門道記》
34. 清羅秀書《遊石門題詩》
35. 張林等題名
36. 清韓陽壺等題名
37. 清潘矩墉《遊石門題記》
38. 民國摹刻《石門銘》碑

二、石門南一區──石門南崖褒水沿岸區

　　此部分是對石門隧道南口至玉盆景區以北之間的摩崖分布景況復原（其間「雞頭關」「玉盆」等，作為特區附後單獨繪圖）。石刻主要分佈在石門隧道附近以南的山崖間，此區比起石門洞內亦不遜色，可屬於次核心區，離石門隧道非常近，其中魏《李苞通閣道題記》在石門隧道北口上方東側、《別有天》即在石門隧道南口左上方，其餘石刻數目相當可觀，總計三十三品，僅略少於石門洞內五方，時間跨度亦相當大（東漢至民國，即公元66～1941年），亦不乏經典。其中年代最早的摩崖石刻是東漢永平年間的《鄐君開通褒斜道》（大開通）刻石，也是整個石門區域最早出現的摩崖。其餘漢魏（晉）六品，宋十品，元明二品，清（含民國）十二品，時代不詳者三品。由圖可見，此地區大部分石刻沿著褒河水路散佈，多在西岸，為二十五品，僅約六方位於東岸，民國占五方，均居新修公路而開的新石門隧道之中。復原圖示如下，此區域中，《大開通》《玉盆》《石虎》《袞雪》魏《李苞通閣道題記》《潘、韓造橋閣題記》《遊石門題詩》《大開通釋文》《釋潘韓造橋閣、李苞通閣道題記》《山河堰落成記》《遊褒谷題詩》《虎視梁州》《進步》《石虎》（民國）《葉恭綽題字》《新石門》《禮動潛龍》《別有天》這十八方摩崖的具體方位較明確，其餘石刻被水淹沒之前暫未見留下方位資料，故而具體位置不明，按大體方位在石門隧道南口沿褒水岸崖壁間擺佈（圖1.5、表1.2）。

圖 1.5　石門南一區：石門南崖褒水沿岸石刻分佈復原概念圖

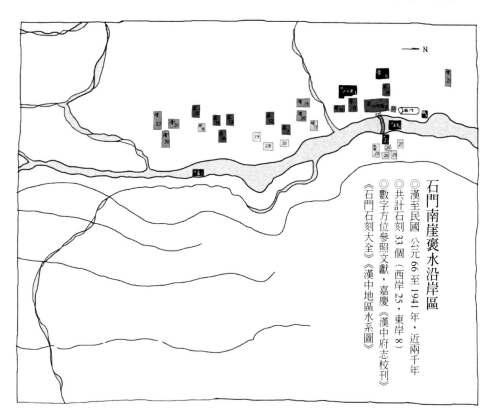

石門南崖褒水沿岸區，主要指石門南口至玉盆之北間的石刻，以年代先後為序：

1. 東漢 古隸《大開通》
2. 漢隸「玉盆」
3. 漢隸「石虎」
4. 漢隸「袞雪」
5. 曹魏隸《李苞通閣道題記》
6. 晉《潘、韓造橋閣記與重刻李苞通閣道題記》
7. 北宋掌禹錫《遊石門題詩》
8. 南宋《大開通釋文》
9. 南宋《山河堰落成記》
10. 南宋晏袤《釋潘、韓造橋閣題記和李苞通閣道題記》
11. 南宋章邵等南宋慶元題名
12. 南宋安丙遊石門題詩
13. 宋積之等南宋慶元題名
14. 郭公緒等南宋嘉定題名
15. 鮮于申之等南宋嘉定題名
16. 范季和李炳文等題名
17. 元《石門林升題名》
18. 明崔應科遊褒谷題詩
19. 清重刻「袞雪」摩崖
20. 清重刻「袞雪」摩崖題記
21. 清萬方田白石土地祠題刻
22. 清同治祈雨記摩崖
23. 民國趙祖康楷書「虎視梁州」
24. 民國于右任草書「進步」
25. 趙祖康「石虎」篆書
26. 民國葉恭綽所書小字 15 行
27. 民國葉恭綽書「新石門」
28. 民國鍾體道等遊石門題名
29. 民國張兆平等遊石門題名
30. 民國馮紹韓等遊石門題詩摩崖
31. 「古道雲橫」摩崖
32. 「禮動潛龍」摩崖
33. 「別有天」摩崖

備註，1、2、3、4、5、6、7、8、18、23、24、25、26、27、28、32、33 等石刻，具體方位尚明確，其餘石刻，水沒之前或沒有記錄，具體位置不明，只按大體方位在石門隧道南口沿岸崖間排布。

三、石門南二區——雞頭關區（石門南崖特區）

　　雞頭關即古七盤關，位於古褒城縣北十里，據《漢中府志》第三卷記載，關口有大石，狀如雞頭而得名，其山形陡峻，登者如陟雲梯，永平年間在此關下穿石鑿洞即石門洞，其關在古石門隧道上方的山巔間，石門隧道即位於其正下方。唐以後水位抬高，古石門隧道被廢棄，於是將其上的雞頭關之地拓平，緣著崖壁壘石，可容納近百人，新修的褒斜道及連雲棧道均從雞頭關通行，為往來棧道旅人的必經之地。與雞頭關毗鄰的連城山，又名漢王山，據《嘉慶漢中府志校勘》上冊卷四《山川上‧褒城縣》記曰：「連城山，縣北六里，下臨褒水，相傳為漢王練兵處，亦名漢王山。山內有磚塔，高一丈餘，傍有池水，俗傳漢王築。山頂有十二峰，連接如城壘。」〔註1〕筆者實地考察連城山與雞頭關同屬一地，二山一體同脈，漢中府志所記載的磚塔已經無存，其上石刻數目僅一方雷公祠附近懸崖上清代光緒年間的《石虎圖》岩畫及其題刻三段，故而也將連城山上石刻一併列入雞頭關一區。此外雞頭關上還有新增民間祈福碑共 38 品，除二品記事外，其餘 36 品暫不歸此列。

　　此區域石刻皆在褒河西岸，時代跨度為明——民國，公元 1503～1912 近四百年，共二十二品，以清代石刻為主（二十一品），一則，清初此處有關帝廟，內外碑石林立，而後年久失修，再加上文革浩劫之損毀，唯剩十餘方；二則，雞頭關為連雲、褒斜棧道所必經，旅人過往頻繁，亦有新添題刻。分佈位置如下圖所示（圖 1.6、附表 1.3）

〔註1〕 嚴如熤主修，郭鵬校勘，嘉慶漢中府志校勘‧上〔M〕，陝西：三秦出版社，2012.125。

圖 1.6 石門南二區：雞頭關區石刻分佈復原概念圖

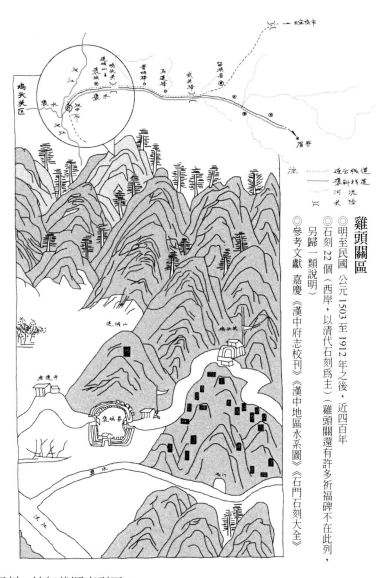

雞頭關石刻，按年代順序列下：

1.明榜書「雞壁凌空」摩崖
2.清《賈漢復撫秦修棧碑》碑
3.清《賈大司馬修棧記》
4.清王士禛詠漢中詩（九首）碑
5.清果親王題詩碑
6.清《關帝廟記》碑
7.清《楊太守存愛碑》碑
8.清《祈晴記》碑

9.清果親王五世孫奕湘題詩碑
10.清榜書「功高漢室」碑
11.清濮少霞修棧道碑
12.清榜書「無遠弗被」碑
13.清「如影隨形」碑
14.清白石土地廟碑記碑
15.清連城山虎圖岩畫及其題刻三段

16.清榜書「福蔭孔昭」碑
17.清南鄭縣境內米糧油交易章程告示碑
18.清摹刻「石門」二字碑
19.清登雞頭關題詩碑
20.清榜書「雲梯初步」摩崖
21.清江朝宗遊雞頭關記碑
22民國「阻戰紅軍北上」碑

四、石門南三區——玉盆景區（石門南崖特區）

　　此區主要分佈在「玉盆」摩崖附近山崖間，「玉盆」位於石門隧道南口外三里許的褒河巨石（近東岸），形凹如盆，色白似玉，宛若玉盆，「玉盆」二字隸書橫刻，傳為東漢張良手筆。宋時「玉盆」為褒谷主要景點，「玉盆浮浪」即「二十四景」之一，文官宦遊絡繹不絕，圍繞著「玉盆」有不少題名摩崖，宋代曹濟之和闍丘資即題名於「玉盆」石上，文與可題詩位於「玉盆」旁之山崖，另據《金石萃編》「玉盆十二段」記錄，鐫刻玉盆景區的石刻十二方。其餘石刻據筆者現場考察，疑是位於「玉盆」摩崖附近的褒水崖石或東岸崖壁。這個區域石刻時代自東漢始，最晚至明代，跨度一千餘年。共計石刻十五品，此景區興於宋代，故而石刻亦以宋代為主，下以時代先後順序復原如下（圖1.7、表1.4）。

圖1.7　石門南三區：玉盆景區石刻分佈復原概念圖

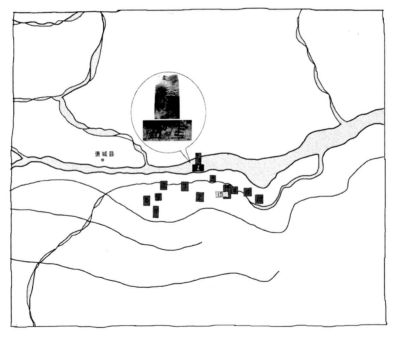

玉盆景區
◎漢至明　公元?至1611年，一千餘年
◎◎共計石刻 15 品（疑為東岸）
◎參考《漢中地區水系圖》《石門石刻大全》

玉盆景區石刻以年代先後為序：

1.漢隸大字「玉盆」摩崖	6.晏德廣等南宋淳熙題名	11.车節甫等南宋開禧題名
2.北宋文與可「玉盆」詩刻	7.石邵等南宋淳熙題名	12.安丙等南宋嘉定題名
3.張元翊等北宋崇寧題名	8.闍丘資深等南宋慶元題名	13.何武仲等南宋嘉定題名
4.李若道等北宋宣和題名	9.曹濟之等南宋紹定題名	14.李士熊等南宋嘉定題名
5.李彥粹等南宋建炎題名	10.郭嗣卿等南宋慶元題名	15.李一寵明萬曆題名

五、石門南四區——山河堰（河東店）

　　河東店在褒谷口東側，爲南宋山河堰遺址所在地，此區石刻多位於褒谷口東側的小鎮河東店的山河廟內（亦稱蕭曹廟、蕭何祠、或山河觀、山河廟），廟內石刻多品。連同其附近的石刻共計十二品。時間跨度從唐代至民國一千餘年（公元 850～1940 年）由於山河堰是南宋時代宋金對峙備戰的重點水利工程，在宋代、清代均進行過重點整修，故而此區域也以宋代、清代石刻爲主（各五品），茲列如下。（圖 1.8、附表 1.5）

圖 1.8　石門南四區：山河堰（河東店）石刻分佈復原概念圖

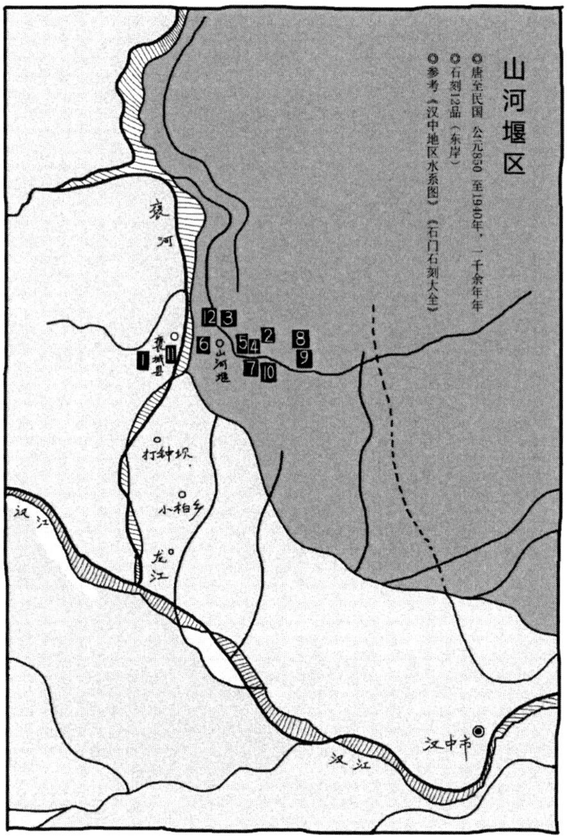

山河堰（河東店）區石刻按年代先後爲序

1.唐孫樵《興元新路記》　　　　5.南宋《山河堰賦》摩崖　　　　9.清山河堰水利管理協議碑

2.南宋山河廟吳玠詩碑　　　　　6.高迅南宋嘉定題名摩崖　　　10.清吳榮光山河廟詩碑

3.南宋《漢中新修堰記》摩崖　　7.明郭元柱《謁山河廟題詩》　11.民國鄭子眞故里碑

4.南宋《重修山河堰記》碑　　　8.清山河堰溉田用水協約碑　　12.民國褒河大橋創修記碑

六、石門南五區──唐褒城驛和漢中府城區

　　唐褒城驛位於漢中西小柏鄉，即今龍江鄉柏鄉街。漢中府城，唐宋謂之興元府，明清稱之漢中府，係今漢中古城。此區遠離石門中心區域，雖然石刻數目不多，僅有三品，但本地區處於褒河和漢江兩水系，歷史文化悠久，留存唐代劉禹錫、孫樵等名家文筆，皆爲涉歷棧道、驛館的記實之作，時間從唐公元 839 年到清 1705 年，八百餘年。因原石已遺失，此兩作是書於驛壁，還是刻於崖壁或石碑不詳，姑且列出作爲參考。（圖 1.9、附表 1.6）

圖 1.9　石門南五區：唐褒城驛站和漢中府城區石刻分佈復原概念圖

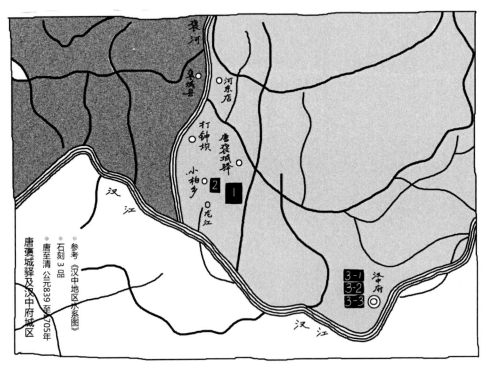

唐褒城驛、漢中府城區

上兩地石刻按年代順序列述如下：

1.唐劉禹錫《山南西道新修驛路記》碑
2.唐孫樵《書褒城驛壁》
3.清汪灝《棧道雜詩》碑

七、石門北一區──天心橋區

天心橋位於古石門隧道以北 250 米的襃水西岸，溪水自西而東穿過橋下注入襃河，天心橋亦係行旅南北往來的必經之地。北魏《石門銘》所記載的「石門北一里西上鑿山爲道，峭阻盤迂，九折無以加」即爲此處，道路盤旋，多迂迴曲折，被稱爲七盤道。順七盤道行至山頂就是雞頭關。因此是行蜀道襃斜的必經之路。從唐開始至宋明清在天心橋均設有驛館，過往商旅行人常在此留宿歇息，故此地石刻多，損佚亦甚，現今留存僅五品，時間從宋代到清代，1144～1901 年，七百餘年，以清代爲主。（圖 1.10、附表 1.7）

圖 1.10　石門北一區：天心橋區石刻分佈復原概念圖

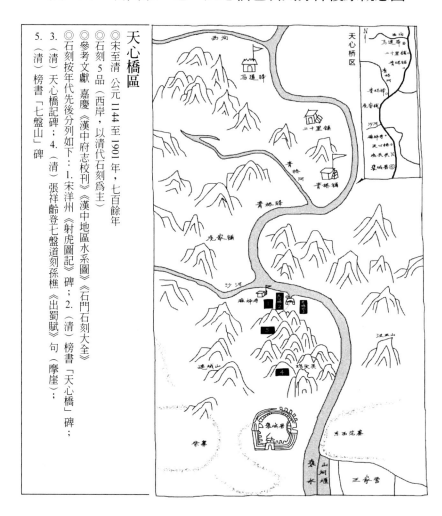

天心橋區

◎宋至清　公元 1144 至 1901 年，七百餘年

◎石刻 5 品（西岸，以清代石刻爲主）

◎參考文獻　嘉慶《漢中府志校刊》《漢中地區水系圖》《石門石刻大全》

◎石刻按年代先後分列如下：1. 宋洋州《射虎圖記》碑；2.（清）榜書「天心橋」碑；3.（清）天心橋記碑；4.（清）張祥齡登七盤道刻孫樵《出蜀賦》句（摩崖；5.（清）榜書「七盤山」碑

八、石門北二區——連雲棧道特區

連雲棧道主要指的是馬道驛以南、雞頭關以北一段，分佈在棧道上的石刻。連雲棧道是開於北魏宣武帝元恪正始四年，由鳳州至褒城雞頭關的古道，爲西部地區南北交通要塞。有關此區三條重要棧道——連雲棧道、古褒斜道和唐文川道關係圖見第 7 頁圖 1.3 由圖可見文川道上半段（江口之上）和古褒斜道重合，而連雲棧道和古褒斜道北段（武關驛）分叉，褒斜道北段始自眉縣斜谷關，連雲棧道北段始自寶雞，經大散關、鳳縣、留壩一路，但從武關驛以南沿用古褒斜道，南來北往的行旅絡繹不絕，棧道雄偉奇險引人嗟歎，自古及今不乏名流名作與名刻。現今留存明至清，公元 1504～1864 年，三百餘年，石刻七品，大體分佈如下。（圖 1.11、附表 1.8）

圖 1.11　石門北二區：連雲棧道（南段特區）石刻分佈復原概念圖

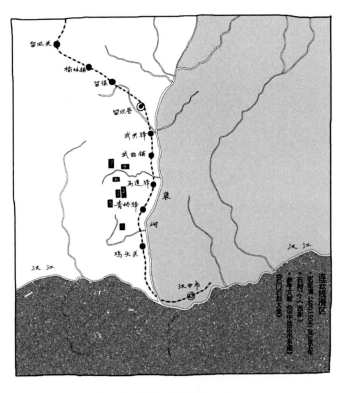

連雲棧道（南段）區一帶石刻，按年代順序分列如下

1.明修古佛銘記摩崖；2.榜書「蜀道登天」摩崖；3.清「岩疆利賴」碑；4.清榜書「足底生雲」摩崖
5.清榜書「古漢清流」摩崖；6.清榜書「有龍則靈」；7.清榜書「梁益襟喉」

九、石門北三區──觀音碥（萬年橋）區

　　此區爲明代至民國石刻，時間爲公元 1568～1913 年，三百餘年，共計石刻十五品。觀音碥位於褒谷口以北 25 公里褒水西岸的山崖，爲棧道必經之路，但山勢極其險峻危聳，往來行人略微不留神即會失足墮崖，可謂驚心動魄，故稱「閻王碥」。清代康熙年間，陝西巡撫大司馬賈漢復在此捐修棧道，化險爲夷，並鑿開一龕奉觀世音像以祈福，故而改名「觀音碥」，因此留下歌功頌德摩崖及碑刻十五方，觀音碥南側有沙河水流入褒河，水流湍急無法行船，河上建有萬年橋，往來商旅依橋而行，此處亦有幾方石刻。（圖 1.12、附表 1.9）

圖 1.12　石門北三區：觀音碥（萬年橋）區石刻分佈復原概念圖

觀音碥（萬年橋）區石刻按年代爲序排列如下

1.明榜書「江流華渚」摩崖	6.清宋琬《棧道平歌》石碑	11.民國榜書「萬年橋」
2.明「登臨從此無患」摩崖	7.清代榜書「漢鋆四秀絕」	12 民國「臥雲長虹」摩崖
3.清榜書「賈中丞煅石開道處」	8.清代榜書「山牛紅榜」	13.「別有洞天」大字摩崖
4.清梁清寬《棧道歌》碑	9.清榜書「觀音碥」，摩崖	14.「峰回秀絕」石刻，
5.清王豫嘉《棧道歌》碑	10.清「雲棧首險」摩崖	15.「二斧浮雕」摩崖

十、石門北四區——馬道驛區

此區摩崖起止時期爲明至清代，公元 1532～1835 年，三百餘年，共存石刻五品。馬道驛位今留壩縣馬道鎮，是古褒斜道和連雲棧道的重要驛站。北部有一小河，謂之寒溪，亦稱樊河，自西而東流入褒河，爲著名歷史典故「蕭何月下追韓信」所在地。傳說韓信不被劉邦重用夜奔而去，蕭何追至馬道，恰逢此處樊河（寒溪）河水猛漲，韓信不得過，徘徊於河邊，終被蕭何追上勸回，才有後來登壇拜將助劉邦楚漢爭雄之後事。此外還有，漢高祖劉邦出漢中還定三秦期間，大將樊噲在此建樊河橋。故而此地石刻多爲此類歷史傳聞所衍生而出。（圖 1.13、附表 1.10）

圖 1.13　石門北四區：馬道驛區石刻分佈復原概念圖

馬道驛區 ◎明至清　公元 1532 至 1835 年，三百餘年　◎石刻 5 品（西岸）◎參考嘉慶《漢中府志校刊》《漢中地區水系圖》《石門石刻大全》

馬道驛區 其石刻按年代先後列下：

1.明《馬道驛樊河橋記》碑；2.清《蕭何追韓信至此》碑；3.清《新建樊河鐵索橋德政》碑；
4.清「寒溪夜漲」碑；5 清《修北棧道記》

十一、石門北五區──褒水源流

　　此區包括漢中南河以北、江西營、江口至寶雞市太白縣王家壋鄉，其為數千年以來的交通要塞。此區離石門中心區域甚遠，地域遼闊，文化積澱豐富，雖然石刻略少，僅有五品，但涵蓋了晉、唐、明、清等朝代，（公元280～1836年），一千五百餘年，其石刻分佈復原概念示意圖如下。（圖1.14、附表1.11）

圖1.14　石門北五區：褒水源流區石刻分佈復原概念圖

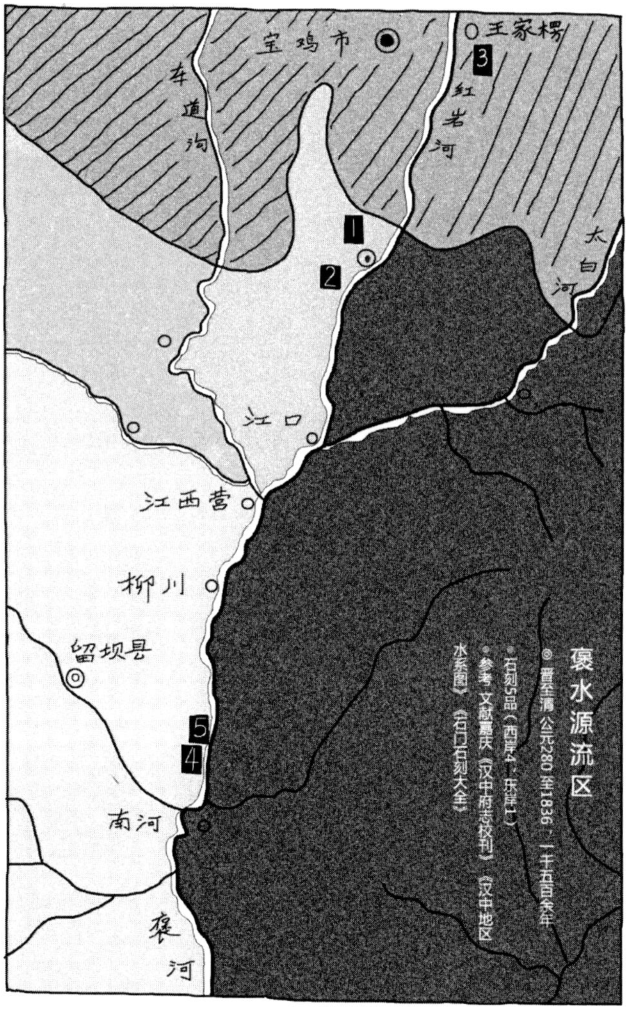

褒水源流區　石刻按年代順序列下

1.晉《晉太康修棧道》摩崖　　　3.明嘉靖「督憲碑示」碑　　　5.清《修路碑記》碑
2.唐開元造像及題刻 摩崖　　　4.清《重修瘦牛嶺》碑

　　以上即是石門摩崖石刻中心區及十大分區石刻分佈復原概念圖系列。以石門爲分界，石門隧道及附近區域石刻最多最集中，可見是主體核心地帶。由此輻射南北，距離中心古石門隧道越遠的區域數量越少，分佈越稀疏。石門隧道爲歷史悠久的區域，摩崖肇自漢魏，歷時多有千年。而南北周邊如玉盆、山河廟等景區、以及青橋、馬道等驛站等，多是宋明清等較晚發起的石刻區。筆者匯總各區域各年代的石刻，列出各時期石門石刻區域增長統計表，亦可總結出石門石刻各個時代分佈增長趨勢。就時代增長態勢而言，除年代不詳的石刻外，石門摩崖群落發展明顯形成三個高峰：漢魏、宋代、清代（民國含內）。漢魏（晉）共十四品，占總數 9%；宋代共五十二品，占總數 33%；清代（民國）七十三品，占總數 45%。而間隔於三個高峰之中的隋唐、元明時代，雖數目也有所增加，但數量明顯甚小，隋唐四品，占總數 2%，元明十一品，占總數 7%，即隋唐、元明爲石刻發展的低谷期。整體發展呈現三起二落的波段態勢。（表 1.14 各時期石門石刻區域增長統計表）。

　　通過復原考察總體可得，石門石刻群整體情況：以古石門隧道爲源發中心，延褒河水路即褒斜棧道向南北廣大面積輻射；發展年代則以漢魏、宋、清三個時代石刻爲主（高潮期），隋唐、元明石刻爲輔（低潮期）。總體數、質，是以漢魏石刻爲起點、中心點和經典，宋、清石刻爲增長基面，隋唐、元明石刻緩增爲低谷。（見圖 1.15）

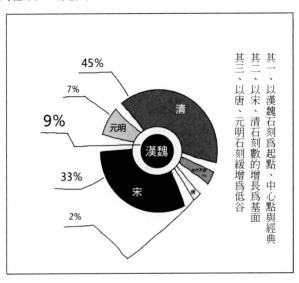

圖 1.15　石門石刻各時代總體數、質發展狀況圖示

表 1.1　各時期石門石刻區域增長統計表

石刻總數 160 品

區域／品數／時期	中心區 石門（古石門隧道）	石門南區 南一區 石門褒水沿岸	石門南區 南二區 雞頭關（特區）	石門南區 南三區 玉盆（特區）	石門南區 南四區 山河堰（河東店）	石門南區 南五區 唐褒城驛與漢中府	石門北區 北一區 天心橋	石門北區 北二區 連雲棧道 馬道驛-雞頭關	石門北區 北三區 觀音碥（青橋驛）	石門北區 北四區 馬道驛	石門北區 北五區 褒水源流（南河至寶雞）	石門石刻各時期統計	各時期石刻占總數百分率	各時期發展高低潮波段
漢魏（晉）	6	6		1							1	14	9%	高潮
隋唐					1	2					1	4	2%	低谷
宋	23	10		13	5		1					52	33%	高潮
元明	1	2	1	1	1			1	2	1	1	11	7%	低潮
清（民國）	8	12	21		5	1	4	6	10	4	2	73	45%	高潮
時代不詳		3							3			6	4%	／
各區域石刻數	38	33	22	15	12	3	5	7	15	5	5	160 品（總數）	←石刻總數	
／	西岸 38	西岸 25	西岸 22				西岸 5	西岸 7	西岸 15	西岸 5	西岸 5	西岸合計 122 占總數 76%	／	／
／	／	東岸 8		東岸 15	東岸 12	東岸 3						東岸合計 38 占總數 24%	／	／
／	石門中心區 38 占總數 24%	石門以南 85 品占總數 53%					石門以北 37 品占總數 23%					／	／	／

第三節　殘存經典石刻手摹復原與現狀描述

　　上節已將石門摩崖的整體原貌及分區情況進行復原，重現了石門摩崖群被損毀前的概貌示意圖。以下將現場勘測，關注其原址遭損毀後經典石刻轉移殘存之現狀及保護情況。

一、鑿遷損毀及留存情況

　　石門摩崖群在東漢至建國後近兩千年的發展過程中，一直保存較爲完好，除自然風化外基本未受到人爲損壞。而其整體沉沒於褒水，遭受毀滅性的損傷，是在建國後一九六七年，當年修建石門水庫地址選中石門隧道所在的中心區域，大壩以雙曲拱形嵌於「大石門」兩石扇，以石門隧道爲中心的石門摩崖群將毀於一旦，最終決定將石門洞內外部分摩崖精品分離山體，於一九七〇年遷至漢中博物館及西安碑林等地。大型摩崖搬遷，國內尚無成功先例，鑿遷過程中石門摩崖遭重創。

　　首先，摩崖刻石從崖壁鑿出，除本體摩崖殘損外還殃及周圍的大量摩崖。要鑿遷的石門摩崖大多體型巨大，形制不規整且石質堅硬，迫於此景，當時採取的使石刻離開山體方法是，在摩崖四面電鑽鑿槽，然後打眼加楔，錘擊鐵楔使得摩崖和山體分離。局部還進行了小爆破，根據前面所繪分區復原示意圖可知，石門南崖及玉盆景區內石刻分佈較爲鬆散多爲各自獨立，所以損毀程度略小；而石門洞內石刻分佈相當密集，爲保護重點精品遷移，則不得不棄車保帥，於是鑿取一件，周圍摩崖勢必無存，距離越近損毀越嚴重，譬如爲保《石門頌》完整鑿出，其周圍布滿的宋人王士外、李崟等題名都被無情打孔鑿鑽。經此番搬遷後石門洞內石刻千瘡百孔面目全非。

　　其次，損毀周邊石刻的同時，重點保護的十三品等石刻本身在鑿離山體及後續運輸過程中，也難免多次受殘損。石門洞是人工水激火燒鑿成的隧道，崖體本就有酥脆開裂的情形，經捶打爆破鑿取的激烈震盪再度受創傷。而鑿下的數十噸重的巨大摩崖，從山間或河邊運到公路時採取最原始的方法，下輔木軌，以大圓木做成滾筒，將摩崖平放在滾筒上，木槓撬動前推翻滾運至公路，再裝入平板車拖運至漢中博物館。幾經爆破鑿取脆弱的崖石再受此搬運顛簸，又一次受損。比如《石門頌》，本身未離山體之時，石身就有較大的裂隙，在鑿取過程中分裂成了六塊。輾轉運送至漢中城後用環氧樹脂黏合劑將裂開的六塊拼接修整、背面以石粉加固，修復後的石刻，形制尚可，崖面

還是留下了數條貫穿碑身的裂痕。除《石門頌》外，其餘幾方也都不同程度地受到震盪和損傷。

再次，隨著水壩建成完工後褒河水位升高，未被鑿出石刻均被徹底淹沒在水位線之下，終年受到水流侵蝕浸泡，恐難再有重見天日之期。經此浩劫之後，近兩千年形成宏偉的石門摩崖群只剩下了漢中博物館陳列室裏劫後餘生的漢魏十三品等為數不多的石刻。

這幾方殘存原石刻之現狀，筆者在漢中博物館進行了近距離觀測，入漢魏十三品陳列室即可見從山體分離切割成碑狀的摩崖石刻。正面一排由左到右擺放《石門》、《鄐君開通褒斜道（大開通）》、《鄐君開通褒斜道釋文》、《石門頌》、《楊淮表記》、《李君表》、《玉盆》、《袞雪》、《石虎》、《李苞通閣道題記》、《釋潘宗伯韓仲元造橋閣》、《石門銘》並《石門銘小記》等原石及拓片，《山河堰落成記》獨佔右側面牆。

近觀殘存石門石刻，大體呈現以下特點：

首先，保留原生態而損傷較嚴重。其皆從山體隧道內直接分離切割，幾方較高大的摩崖《石門頌》《楊淮表》等，側面觀可見隧洞弧度。除《山河堰落成記》琢磨較為光平，其餘石表面均未經過多精細打磨，起伏凹凸粗糙不平，保存著天然的崖石結構石花石棱和穿鑿隧道時水激火燒形成的裂隙、小壑口，字散佈在這些石脈紋理間，具有原生態的野趣。而其損傷情況亦較嚴重，崖表層千年以來受環境影響如日照、風吹，雨打，以及酸性氣體等化學性腐蝕，微生物、苔蘚等生物性浸蝕，綻裂、剝落，（相對而言，原本位於隧洞內的石刻《石門頌》《石門銘》《楊淮表記》及大字《石門》等刻痕保存較為完好。而位於洞外的摩崖如《李苞通閣道題名》等字跡多有模糊湮滅。）更有本身山體及搬遷震盪形成的大小裂紋，如《石門頌》摩崖裂大小裂紋與泐層縱橫交錯，《石門銘》亦有三條穿透石面的大裂隙。隧道初開的損傷以及鑿遷的震盪受損，博物館予以修整，並以玻璃罩隔開空氣與遊人觸摸加以保護。

其次，近距離觀測可見其石質特殊性。據勘測石門隧道內主石質為高純度石英岩，保存下來的《石門頌》《石門銘》《楊淮表記》《石門》《玉盆》等皆為此質，石英（SiO_2）含量大於 99%。目測可見其石質晶體顆粒細膩，結構緻密，具有特殊的剛性。雖表面粗糙，但並不像石灰岩、砂岩等疏鬆易刊

刻的質地。摩氏硬度爲7，硬度勝於鋼鐵〔註2〕，與其他地區摩崖石質（花崗岩、大理岩、石灰岩、砂岩等）相比，亦最爲堅硬。因此極端難刻，但也有性質穩定不容易被風化腐蝕損毀的優勢。故能保存久遠，甚至能保留原刻最初的風貌。近距離觀察諸方石英岩質地石刻，基本沒有太多的漫漶，石面呈現出來的斑駁粗糙，只是刊刻前未將崖面打磨光潔，而非後來受風化剝蝕所致，近觀其字口還是相當清晰的，尤其是《石門銘》，還保留著相當細微的筆意。反觀同時代《鄐君開通褒斜道摩崖》，刻於硬綠泥石石英片岩，被風化石面如雲片糕一般片片剝落，崖表斑斑駁駁，基本找不到一個完好無缺的字跡。而《玉盆》石刻以及後來不少宋代人的題字，位於褒谷南褒水之中潔白如玉的巨石上，爲含石英量極高石英岩。其不但長期暴露在風吹日曬中，而且水漲則沒，水退則現，千百年來長期受褒水洪流的沖刷，竟然還得以保存沒有被磨光，實乃石質極爲堅硬所致。這種特殊石質對刊刻的影響，也是形成石門地域獨特石刻書風的重要因素。

　　此外，由於石刻是一個不斷風化磨蝕的過程，建國後經搬遷時的爆破分段和重新黏貼，今日之狀態已經和前人所見大不相同，筆者通過現場近距離觀測刻痕，與以往清代金石學家對石門石刻之記載及拓片比照，發現確有出入，且發現前人未錄的幾個新字。針對此未盡之處，筆者對現存的石門十三品中幾方經典進行重點復原，一一考釋文字，還原殘字並進行原石手摹（見下手摹原石圖），並對其現狀進行逐字詳細觀測描述記錄，以供後來者參考。（因摩崖刻石逐字的現狀描述部分篇幅很大，將其作爲附文附書後）。

　　注：下文重點復原圖之品目有：《鄐君開通褒斜道》（大開通）《石門頌》《楊淮表紀》《李君表》《石門銘》《石門銘小記》《李苞通閣道題記》《山河堰落成記》等。十三品中幾品大字榜書如石門、玉盆、袞雪、石虎等保存完好清晰，則不再進行復原。

　　凡例：1、所附描摹原刻，因原石多殘破模糊，依書寫規律推斷復原。

　　2、釋文及信息列單字圖後，有些刻字釋文有古今多種異體寫法，順附上。

　　3、以下摩崖釋文中「∕」爲石刻行止，所錄石刻文字用繁體以貼近原刻石。

〔註2〕　宋春青、邱維理、張振春，地質學基礎第四版，北京：高等教育出版社，2005，51、52

二、漢魏石刻復原與現狀

（一）鄐君開通褒斜道摩崖（大開通）

《大開通》摩崖：石質爲雲母片岩，橫立長方形，總寬 276 釐米，從右至左分三段，分別高 80 釐米、103 釐米、125 釐米，崖面雲母風化，層層剝落殊甚，刻痕多有失真、殘破。

其爲紀事類摩崖，文十六行，每行五至十二字不等，字徑大小不一，字體爲古隸，今存百餘字。

《大開通》原石（圖 1.16-1），《大開通》摩崖拓片（圖 1.16-2），復原手摹圖（圖 1.17）

圖 1.16-1　《大開通》（《鄐君開通褒斜道》）摩崖刻石

圖 1.16-2　《大開通》（《鄐君開通褒斜道》）摩崖拓片

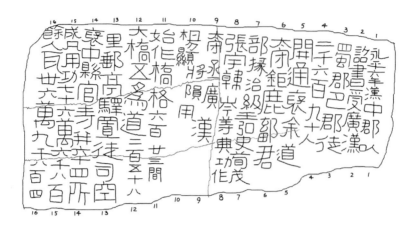

圖 1.17　《大開通》(《鄐君開通褒斜道》) 摩崖復原手摹圖

被《中國書法》2017 年 10A 期 P84 頁採用

東漢《大開通》或《鄐君開通褒斜道》摩崖釋文：永平六年，漢中郡以 ／詔書受廣漢、 ／蜀郡、巴郡徒 ／二千六百九十人， ／開通褒余（斜）道。 ／太守鉅鹿鄐君， ／部掾治級、王弘、史荀茂、 ／張宇、韓岑等典功作， ／太守丞廣漢 ／楊顯將隤用， ／始作橋格六百廿三間， ／大橋五，爲道二百五十八 ／里，郵、亭、驛、置、徒司空、 ／褒中縣官寺並六十四所 ／成。凡用功七十六萬六千八百餘人， ／瓦卅六萬九千八百四 ／……

《大開通》摩崖逐字現場描述：見書後附文。

（二）石門頌

《石門頌》原石通高約 261 釐米，寬 205 釐米，摩崖石質爲石英岩，主要化學成分爲石英（SiO_2）含量大於 99%，晶體，塊狀構造，顆粒較細膩，結構緊密，硬度高，吸水性較低。崖面色澤豐富，以灰色調爲主，多帶有藏青色、局部還摻雜著紫色、赭色、橙紅色、黃色、綠色、藍色、白色等。崖面石脈紋理獨特，天然崖面稍作打磨，略爲平整，局部或凹凸，或開鑿時自然形成的裂隙、小鏨口，或崖石內部結構變化形成的天然紋理，或崖表層受環境影響如日照、風吹，雨打，以及酸性氣體等化學性腐蝕，微生物、苔蘚等生物性浸蝕，綻裂、剝落形成裂紋及石凹石凸。《石門頌》摩崖裂紋以直線爲主，棱紋以弧形爲主。摩崖大小裂紋與泐層縱橫交錯，現見到較長略帶縱向的裂隙有四條即第 16 至 17 行間、第 12 行、斜行於第 4、3、2 行，還有第 8 行斜下穿至第 10 行再下折向第 8、9 行間，略短的縱向裂紋約有七、八條以上；橫向最長裂紋僅一

條在崖面中段欄腰處即正數第十六、七字附近，橫向小的裂紋還有數條。

　　《石門頌》摩崖字體漢隸，正文及落款共計607字，分22行，每行大多為30、31字，最多37字，最少3字，還有其他字數不等，字徑：縱4至5釐米，闊6至7釐米。

　　《石門頌》摩崖原石、拓片及筆者復原殘字並手摹原石圖如下（圖1.18-1、圖1.18-2、圖1.19）

圖1.18-1　《石門頌》摩崖原刻石

圖 1.18-2 　《石門頌》摩崖刻石拓片

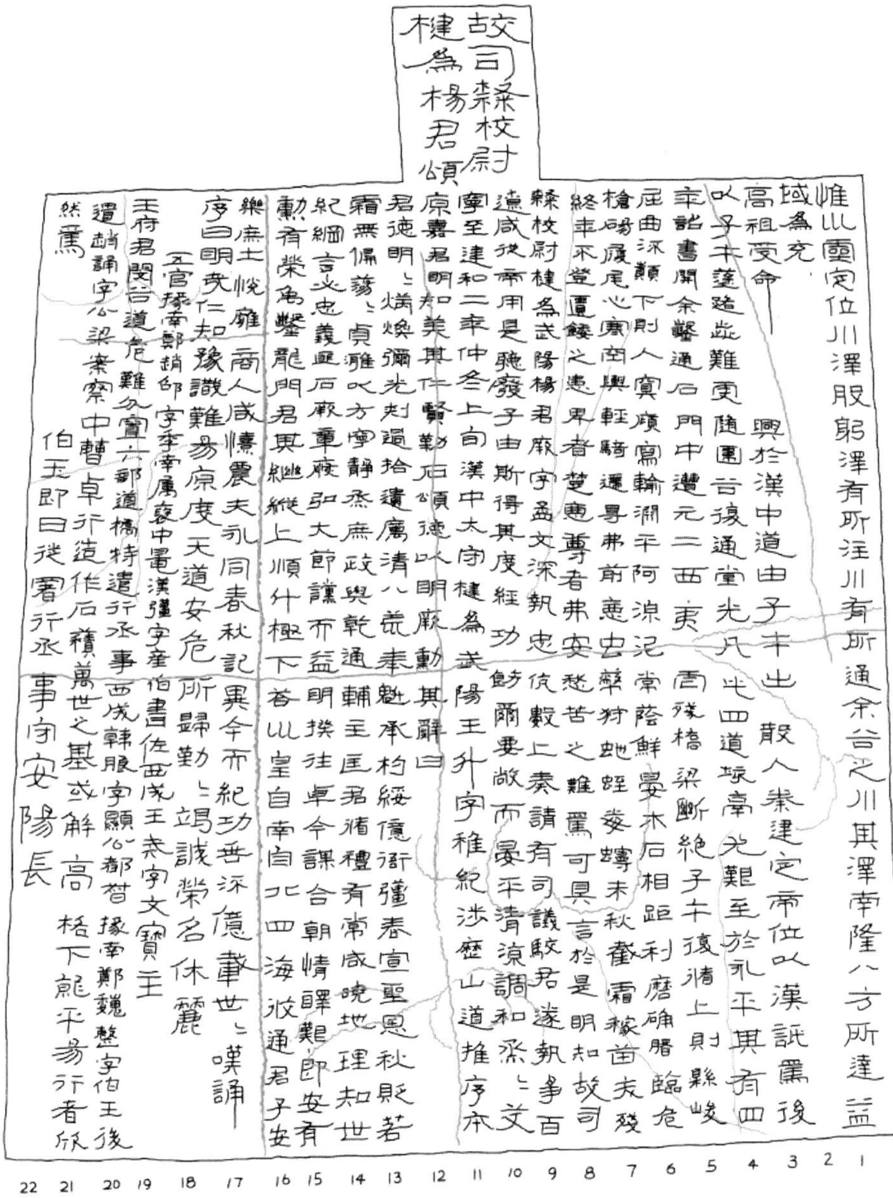

圖 1.19　《石門頌》摩崖復原手摹圖

被《中國書法》2017 年 10A 期 P134 頁採用

東漢《石門頌》摩崖釋文：故司隸校尉楗為楊君頌

惟坤靈定位，川澤股躬，澤有所注，川有所通。余（斜）谷之川，其澤南隆，
八方所達，益／域為充／。高祖受命，興於漢中，道由子午；出散入秦，建

定帝位，以漢祇焉。後／以子午，途路迉（澀）難，更隨圍谷，復通堂光。凡此四道。垓鬲（隔）尤艱。至於永平，其有四／年，詔書開余（斜），鑿通石門。中遭元二，西夷虐殘，橋梁斷絕，子午復循。上則縣（懸）峻，／屈曲流顛；下則入冥（冥），頎（傾）寫（瀉）輸淵。平阿（泉｜淖）泥，常蔭鮮晏，木石相距，利磨確磐。臨危／槍碣，履尾心寒。空輿輕騎，滯礙弗前，惡蟲蔽狩，虵（蛇）蛭毒蟎。未秋截霜，稼苗夭殘／。終年不登，匱餒之患。卑者楚惡，尊者弗安。愁苦之難，焉可具言！於是明知故司／隸校尉楗為武陽楊君厥字孟文，深執忠伉，數上奏請。有司議駁，君遂執爭。百／僚咸從，帝用是聽。廢子由斯，得其度經。功飭爾要，敞而晏平。清涼調和，烝烝艾／寧。至建和二年仲冬上旬，漢中太守楗為武陽王升字稚紀，涉歷山道，推序本／原。嘉君明知，美其仁賢。勒石頌德，以明厥勳。其辭曰：／君德明明，焭煥彌光。剌（刺）過拾遺，厲清八荒。奉魁承杓。綏億衡彊。春宣聖恩，秋貶若／霜。無偏蕩蕩，貞雅以方。寧靜烝庶，政與乾通。輔主匡君，循禮有常。咸曉地理，知世／紀綱。言必忠義，匪石厥章。恢弘大節，讜而益明。揆往卓今，謀合朝情。醳（釋）艱即安，有／勳有榮。禹鑿龍門，君其繼縱。上順斗極，下答坤皇。自南自北，四海攸通。君子安／樂，庶士悅雍。商人咸憘，農夫永同。春秋記異，今而紀功。垂流億載，世世歎誦／。序曰：明哉仁知，豫識難易。原度天道，安危所歸。勤勤竭誠，榮名休麗。／五官掾南鄭趙邵字季南，屬褒中晁漢彊字產伯，書佐西成（城）王戒字文寶主／王府君閔谷道危難，分置六部道橋，特遣行丞事西成（城）韓朖字顯公，都督掾南鄭魏整字伯玉，後／遣趙誦字公梁，案察中曹卓行，造作石積，萬世之基。或解高格，下就平易，行者欣／然焉！伯玉即日徙署行丞事，守安陽長／《石門頌》摩崖逐字現場描述：見書後附文。

（三）楊淮表紀

原石：石英岩類型，其石英（SiO_2含量）99%，豎立長形，通高 216 釐米，上沿寬 67 釐米，下沿寬 50 釐米，崖面凹凸不平，上三分之一處有一橫向大裂痕，左上角存一大石窪，底下石面多處開裂。

文七行，每行少則十幾字，多則三十餘字，字徑 5 至 7 釐米，今存一百七十餘字，字體漢隸。

拓片及復原手摹圖如下（圖 1.20、1.21）

圖 1.20　《楊淮表紀》摩崖拓片　　　圖 1.21　《楊淮表紀》摩崖
　　　　　　　　　　　　　　　　　　　　　　　　復原手摹圖

東漢《楊淮表紀》摩崖釋文：故司隸挍（校）尉楊君，厥諱淮，字伯邳，舉
孝廉，尚書侍郎，上蔡、雒陽／令，將軍長史，任城、金城、河東、山陽太
守、御史中丞，三爲尚書、尚書令、／司隸校尉、將作大匠、河南尹。伯邳
從弟諱弼字穎伯，舉孝廉、西鄂長。／伯母憂，去官。復舉孝廉、尚書侍郎，
遷左丞、冀州剌（刺）史、太醫令、下邳／相。元弟功德牟盛，當究三事，
不幸早隕。國喪名臣，州里失覆。二君清／廉，約身自守，俱大司隸孟文之
元孫也。／小黃門同郡卞玉字子珪，以熹平二年二月廿二日謁歸過此，追述
勒銘，故賦表紀。／

《楊淮表紀》摩崖逐字現場描述：見書後附文。

（四）李君表

原石：石英岩類型，其石英（SiO2）含量〉99%，豎立長方形，通高 36
釐米，寬 24 釐米，崖面粗糙，上半面刻痕尚清晰，下半面刻痕模糊不清。

額部正中有一「表」字，字徑 5 至 6 釐米，以下正文 7 行，每行大多為
12 字，字徑約 3 至 4 釐米。原有七十餘字，今存約五十餘字，字體漢隸。

原石拓片及復原手摹圖：（圖 1.22、圖 1.23）

 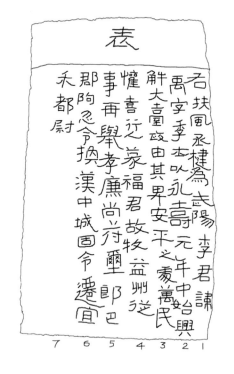

圖 1.22 《李君表》摩崖拓片　　圖 1.23 《李君表》摩崖復原手摹圖

東漢《李君表》摩崖釋文：表／右扶風丞楗爲武陽李君，諱／禹，字季傑（傑
｜士），以永壽元年中始興／解大臺政，由其‧安平之處，萬民／懽（歡）喜，
行人蒙福。君故牧益州從／事，再舉孝廉，尙苻璽郎，巴／郡胸忍令，換漢
中城固令，遷宜／禾都尉／

《李君表》摩崖逐字現場描述：見書後附文。

（五）石門銘

原石：石英岩類型，其石英（SiO_2）含量）99%。摩崖通高一七五釐米，寬二一五釐米。橫立長方形，石質為石英岩，塊狀構造，顆粒細膩，結構緊密，硬度高，吸水較低。崖面色澤豐富，放大照片呈現出繽紛獨特的色澤紋理，崖面大體平展，其間凹、凸面自然銜接隱隱呈現起伏之狀。大小裂紋與沕層縱橫交錯：其一裂隙在第 22 與 23 行間，由上而下穿透，下半段龜裂塊狀成群並伴有溶蝕的洞；其二裂隙在第 11 行，其間崖面或褶皺不平，或微拱的凸面起伏相接；其三裂隙在第 13 與 14 行間，前段綻裂並剝落、連下沕殘，其餘有十幾處或是較細裂紋，或為風化沕痕，走向以縱、橫為主，兼有斜向。

題為石門銘，正文 27 行，每行大多 22 字，共五百六十餘字，字徑 5 至 6 釐米，魏楷。

原石拓片及復原手摹圖（圖 1.24、1.25）

圖 1.24　《石門銘》摩崖拓片

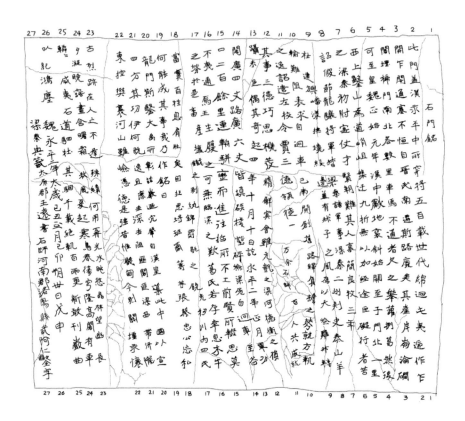

圖 1.25 《石門銘》摩崖復原手摹圖

被《中國書法》2017 年 11A 期 P105 頁採用

北魏《石門銘》摩崖釋文：石門銘 /（此）門蓋漢永平中所穿，將五百載。世代綿迴，屯夷遞（遞）作，乍 /開乍閉，通塞不恒。自晉氏南遷，斯路廢矣！其崖岸崩淪，磵 /閣壞祗，門南北各數里，車馬不通者久之。攀蘿捫葛，然後 /可至。皇魏正始元年，漢中獻地，褒斜始開。至於門北一里 /西上鑿山爲道，峭岨槃迂，九折無以加，經途巨礙，行者苦 /之。梁秦初附，寔（實）仗才賢，朝難其人，褒葡（簡）良牧。三年， /詔假節龍驤將軍督梁秦諸軍事梁秦二州刺（刺）史泰山羊 /祉，建旟嶓漾，撫境綏邊，蓋有叔子之風焉。以天嶮難升，轉 /輸難阻，表求自迴車已南開創舊路，釋負擔之勞，就方軌 /之逸。詔遣左校令賈三德，領徒一萬餘，石師百人，共成就 /其事。三德巧思機發，精解冥會，雖元凱之梁河，德衡之損 /躡，未足偶其奇。起四年十月十日，訖永平二年正月畢功。 /閣廣四丈，路廣六丈，皆塡碛棧壑，砰嶮梁危，自迴車至谷 /口二百餘里，連輈駢轡而進，往哲所不工，前賢所輟思，

莫／不夷通焉。王生履之，可無臨深之歎；葛氏若存，幸息木牛／之勞。扵（於）是畜產鹽鐵之利，紈錦罽氀之饒，充牣川內，四民／富實，百牲（姓）息肩，壯矣！自非思垿班爾，籌等張蔡，忠公忘私，／何能成其事哉？乃作銘曰／：龍門斯鑿，大禹所彰。茲巖迺穴，肇自漢皇。導此中國，以宣／四方。其功伊何，既逸且康。去深去阻，匪閣匪梁。西帶汧隴，／東控樊襄。河山雖嶮，憑（憑｜漢）德是強。昔惟畿甸，今則關壃。永懷／古烈，跡在人亡。不逢殊績，何用再光。水眺悠皛，林望幽長／。夕凝曉露，晝含曙霜。秋風夏起，寒鳥春傷。穹隆高閣，有車／轔轔。威夷石道，馹牡其駰。千載絕軌，百兩（輛）更新。敢刊巖曲，／以紀鴻塵。魏永平二年太歲己丑正月己卯朔卅日戊申／梁秦典籤太原郡王遠書，石師河南郡洛陽縣武阿仁鑿字／

《石門銘》摩崖逐字現場描述：見書後附文。

（六）石門銘小記

原石：石英岩類型，其石英（SiO2）含量）99%，豎立長方形，高 98 釐米，寬 28 釐米。崖面石紋明顯，其中段有右上斜大裂隙，大多字跡尚清，局部刻痕模糊。

正文 7 行，首行 10 字，末行 3 字，其餘每行均爲 9 字，字徑 5 至 6 釐米，共計 63 字，魏楷。

原石拓片及復原手摹圖：（圖 1.26、1.27）

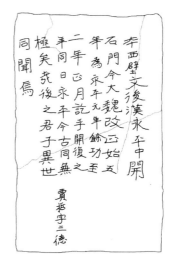

圖 1.26　《石門銘小記》摩崖拓片　　圖 1.27　《石門銘小記》摩崖
復原手摹圖

北魏《石門銘小記》摩崖釋文：本西壁文，後漢永平中開／石門。今大魏改正始五／年爲永平元年，余功至／二年正月，訖乎開復之／年同日永平，今古同無／極矣哉！後之君子異世／同聞焉。／賈哲字三徳／

《石門銘小記》摩崖逐字現場描述：見書後附文。

（七）三國 曹魏《李苞通閣道題記》

原石：石英岩，豎立長方形，色黑，崖石崩裂而斷，其殘刻高 36 釐米，寬 24 釐米，石面凹凸不平，坑坑凹凹，殘泐漫漶殊甚，崖面中段有橫斷裂紋，頂下及右上均有細裂紋，右下角崖面大塊剝落。

遺文二行，字跡漫漶，可識十五字，字徑 2 至 3 釐米，字體爲曹魏隸書。原石拓片及復原手摹圖：（圖 1.28、1.29）

 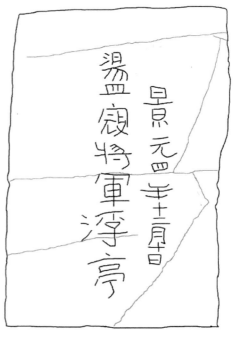

圖 1.28 《李苞通閣道題名》　　　圖 1.29 《李苞通閣道題名》
　　　　摩崖拓片　　　　　　　　　　　摩崖復原手摹圖

曹魏《李苞通閣道題記》摩崖釋文：□景元四年十二月十日，／盪（蕩）寇將軍浮亭侯／……

《李苞通閣道題記》摩崖逐字現場描述：見書後附文。

（八）山河堰落成記

原石：石質爲大理岩（CaCO3），橫立長方表，通高 226 釐米，上沿寬 510 釐米，下沿寬 506 釐米。崖面曲形外鼓，人工琢磨，較爲光平，右邊上角及下角崖面均有殘破，刻痕清晰，品相完好。據記載，鑿遷稱其重 15 噸，石材巨豐，爲石門摩崖之冠。

　　文 16 行，每行 9 字，字徑縱 13 至 15 釐米，橫 20 至 24 釐米，字體隸書。《山河堰落成記》原石拓片圖、摩崖復原手摹圖如下（圖 1.30、圖 1.31）

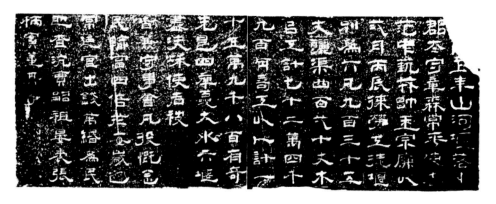

圖 1.30　《山河堰落成記》摩崖拓片

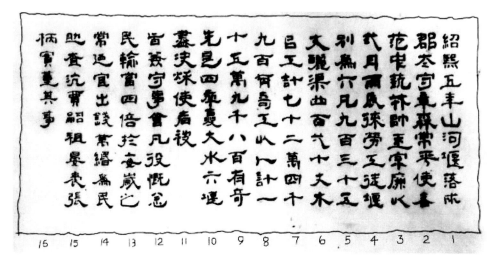

圖 1.31　《山河堰落成記》摩崖復原手摹圖

南宋《山河堰落成記》摩崖釋文：紹熙五年，山河堰落成。／郡夳（太）守

章森、常平使者／范中蓺、戎帥王宗廉，以／弎月丙辰，徠勞工徒。堰／別爲六，凡九百三十五／丈，釃渠四百弎十丈。木／目（以）工計，七十二萬四千／九百有奇。工以人計，一／十五萬九千八百有奇／。先是四年夏，大水，六堰／盡決。烞，使者被／旨兼守事。會凡役，慨念／民輸。當四倍扵（於）每歲之／常，迺（乃）官出錢萬緡，爲民／助。查沇、賈嗣祖、晏袞、張／柄實董其事。／

《山河堰落成記》摩崖逐字現場描述：見書後附文。

（九）《石門》摩崖

原石：

圖 1.32　《石門》摩崖原石照片

現場描述：

《石門》摩崖現狀

　　《石門》摩崖原址古石門隧道西壁，現存於漢中博物館，其崖面完整，品相良好。

　　石質爲石英岩（SiO2）高 82 釐米，寬 50 釐米，呈豎立長方形，「石門」字體爲隸書，豎向排列，字徑約 35 釐米，間距 16 釐米，上、下留白。

　　崖面微凹凸，「▯」上面稍平，兩字間面略凸，下面四周高中部微凹，刻痕尚清晰「石」之「口」部右下角泐殘，「口」之痕截面一小石花，「門」下有斜殘痕從左豎畫末端入至右豎穿出。

（十）《石虎》摩崖

圖 1.33　　《石虎》摩崖石刻

現場描述：

　　《石虎》摩崖，高約 100 釐米，寬 50 釐米，呈豎立長方形，「石虎」字體爲隸書，豎向排列，字徑約 30 釐米，其左下刻有「鄭子眞書」四小字。（疑爲後人所爲。）

　　崖面平整，刻痕明晰，其品相優。

（十一）東漢《玉盆》摩崖

原石：

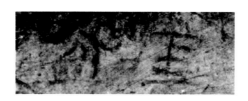

圖 1.34　東漢《玉盆》摩崖原石

現場描述：

　　漢「玉盆」石刻，石質爲石英岩（SiO2），高約 61 釐米，寬 103 釐米，橫立巨石，字徑 30 至 35 釐米，橫刻，傳說漢刻「玉盆」，石白似玉，形凹如盆，在《石門石刻大全》見其殘痕照片如上（圖 1.34），刻痕尚清晰，風格古質。

　　在漢中博物館，見鑿遷進館的漢「玉盆」實物，因脫離水源，色澤略遜一疇，「玉盆」刻痕模糊，其中「盆」字隱約可見，「玉」字僅剩殘痕，字形難辯。

（十二）《衮雪》摩崖

圖 1.35-1　東漢《衮雪》摩崖刻石　圖 1.35-2　東漢《衮雪》摩崖拓片

現場描述：

《衮雪》石質爲石英岩（SiO2），通高約 148 釐米，寬 607 釐米，呈橫立長方形，崖面左高右低，微有泐痕，「衮雪」二字刻跡尙清晰。**衮**之**雪**右點畫泐殘。

（十三）晉　潘宗伯、韓仲元造橋閣及復刻李苞通閣道題記

原石拓片局部（圖 1.36）

現場描述：原石未見，唯見拓片照片（圖 1.36），其大小、形制不清。

圖 1.36　晉《潘宗伯、韓仲元造橋閣題記及復刻李苞題記》拓片

（十四）宋晏袤《釋鄐君開通褒斜道摩崖》（《釋大開通》）

原石圖拓片局部（圖1.37）

現場描述：石質大理岩（CaCO3），豎立長方形，通高270釐米，寬220釐米，崖面風化，字痕漫漶甚。

（十五）南宋晏袤《釋潘宗伯、韓仲元造橋閣及李苞通閣道題記》

現場描述：石質大理岩（CaCO3），豎立長方形，通高120釐米，寬95釐米，崖面大片風化，字痕漫漶殊甚。

原石拓片局部（圖1.38）

圖1.37　晏袤《釋大開通》局部　　圖1.38　晏袤《釋潘韓造橋閣及李苞通閣道題記》局部

第四節　研究新發現及勘正前人著述之誤

此節是筆者在石門石刻現場考察，原刻復原，並參閱前人著錄（以《石門石刻大全》為主）等綜合比對研究中發現的新問題。主要包括三方面：

其一，新發現刻字。考察研究時，新發現石門石刻中前人所未曾發現的文字刻痕並進行記錄。

其二，訛誤勘正。考證前人著錄，發現其時間、地點、數字、文字及其他錯誤，一一予以勘正。

其三，爭議問題之見解。筆者對於前人在考釋、著錄研究中所遇到爭議問題談個人意見，待與同仁商榷與探討。

一、石門摩崖石刻新發現刻字（共二字）

（一）《石門銘》「共成□／其事」，考察新發現「□」字為「就」

《石門石刻大全》第三〇頁《石門銘》全文，第十一行末及十二行首錄文「…共成□／其事…」，參照原石刻，「□」為行末字且位於石凹處，易被忽略，至今尚未有人收錄過。

據現場考察所拍下高清照放大刻痕細察，「成」之後「□」，左旁「京」刻痕較顯，右「尤」刻痕略隱，本字疑為「就」，本句即「……共成就／其事」。

同時，跟據《石門銘》原刻除落款外，其餘各行若為滿行均為 22 字，本行即第十一行字為「之逸詔遣左校令賈三德領徒一萬餘石師百人共成□／」，僅 21 字，假如加上「□」字「就」即正好 22 字，符合《石門銘》整體布局標準。

本字照如圖　　　　　　　　　以現場實物為準

（二）《楊淮表紀》「□黃門」，考察新發現「□」字為「小」

《楊淮表紀》第七行之首，「□黃門……」，「黃門」前「□」字，馮歲平先生在《發現漢中》一文曾提出，黃門之上「□」為「水」字，其推斷：「或有感而發（潺潺而流的褒水），或為試刻」，至今各釋文均未收錄。

筆者根據《楊淮表紀》摩崖現場考察，依其刻痕及句意分析，認為第七行「□黃門」，「□」字疑為「小」，比較合宜。

其一，依刻痕判斷，「□黃門」，□字刻痕照片如圖　　　　根據刻痕字型粗略分析，本字為「大」或「小」均有可能，若為「大」字，原刻字型略顯斜，若為「小」字，原刻字型略正。再放大刻痕細察，本字豎鉤及左右兩點等刻跡甚深（為刻痕），故基本可推斷其為「小」字；同時，若本字為「大」，則橫畫刻跡為關鍵，然而其中段斷而空，其右段痕跡，似自然石痕而非刻痕，因此，此字為「大」的可能性基本可排除。

其二，文意判斷，「黃門」，爲官名，漢朝有黃門令、小黃門、中黃門等，侍奉皇帝及其家族，故「□黃門」，爲「小黃門」較合宜，符合漢時官位的稱乎。

綜上分析，《楊淮表紀》「□黃門」，爲「小黃門」可能性最大。

二、訛誤之勘正商榷

在文字、時間、地點、數目四方面，共計勘正97處。

（一）文字訛誤勘正（共七十一處）

1、《石門石刻大全》第五四頁，《石門頌》錄文第三行「西□虐殘」「□」字漏錄，勘正爲「夷」

注：比對《石門頌》摩崖原石，第五列可見，「西」之後有「夷」字。

2、《石門石刻大全》第五四頁，《石門頌》錄文第三行「……常阴鮮晏……」「阴（陰）」應勘正爲「蔭（蔭）」

注：比照《石門頌》摩崖原石第六列，錄文之「阴（陰）」原字有草頭，實爲「蔭（蔭）」字。「阴」只有陰暗之意，「蔭」有被掩蓋而陰暗之意，而本句意爲經常被（泥沙）覆蓋很少安寧，故「常蔭鮮晏」更合宜。

3、《石門石刻大全》第五四頁，《石門頌》錄文第八行「……寧靜丞庶……」「丞」字應爲「烝」。

注：比照《石門頌》摩崖原石第十四列「……寧靜烝庶，……」原錄文「丞」字下有四點刻痕，實爲「烝」字。「烝」古同「蒸」，意爲眾多，「烝庶」爲眾人，民眾之意。雖古時「丞」亦同「烝」，但錄文當忠實原刻字形爲宜。

4、《石門石刻大全》第五四頁，《石門頌》錄文第十行「……君其繼踪……」「踪」誤，勘正爲「縱」（縱）

注：比照《石門頌》摩崖原石第十六列，即可見原錄文之「蹤」實爲「縱」字。

5、《石門石刻大全》第五四頁，《石門頌》錄文末行「……伯玉即日徒署行丞事……」

「徒」字誤，勘正爲「徙」

注：比照《石門頌》摩崖原石末列，即原錄文「徒」實爲「徙」字，且根據文意，此處意爲遷徙（移），「徒」則文意不通。

6、《石門十三品》第九二頁，《石門頌》倒數第二段「……特遣行丞事西成韓良字顯公……」

「良」字誤，勘正爲「朖」即「朗」

注：比照《石門頌》摩崖原石第二十列，原字爲「朖」，「朖」字古同「朗」。

7、《石門石刻大全》第三〇頁，《石門銘》文第一行，「（此）門蓋□永平中所穿……」。

「蓋□永平」中漏字，勘正爲「蓋漢永平」

注：比照《石門銘》摩崖原石第一列，可見「此門蓋漢永平中所穿」，原錄文「蓋」之後漏「漢」即「漢」字。

8、《石門石刻大全》第三一頁，第五行，「……王升履之……」，

「王升」誤，勘正爲「王生」

注：比照《石門銘》摩崖原石第十六列，其字實爲「王生」。

9、《石門石刻大全》第三一頁，第六行，「……籌等張察，……」，

「張察」誤，勘正爲「張蔡」

注：比照《石門銘》摩崖原石第十八列，即可見原錄文「察」實爲「蔡」字。根據文意也可知，「張蔡」之「蔡」指蔡邕，與「張」所指張衡並稱。

10、《石門石刻大全》第三一頁，第八行，「……何用則光？……」，

「則」誤，勘正爲「再」

注：比照《石門銘》摩崖原石第二十三列，可見原字爲「再」而非「則」。

11、《石門石刻大全》第三一頁，第九行，「……駟牧其駬……」，

「牧」字誤，應勘正爲「牡」

注：比照《石門銘》摩崖原石第二十五列原字爲「駟牡其駬」。「牡」與「牝」相對，爲雄性鳥獸。「駟牡」即駕一車的四匹牡馬，東漢張衡《司徒呂公誄》有「斿旂從風，駟牡超驤。」之句，「牧」字意不通。

12、《石門石刻大全》第三一頁，第十行，及《石門十三品》第一六零頁，倒數第三行「……己丑二月……」，

「二月」誤，勘正爲「㢆（正）月」

注：比照《石門銘》摩崖原石第二十六列，刻痕爲「㢆」。

13、《石門十三品》第一五七頁，《石門銘》文第九行「……表就自廻車已南

開創舊路……」

「就」誤，勘正爲「求」

注：比照《石門銘》摩崖原石第十列，刻痕爲「求」。

14、《石門十三品》第一六零頁，正數第二行「……可無臨身之歎……」

「身」誤，勘正爲「深」

注：比照《石門銘》摩崖原石第十六列，刻痕爲「深」。

15、《石門十三品》第一六零頁，正數第三行「……□□綺錦之饒……」

「□□綺錦」誤，勘正爲「紈錦罽氈」

注：比照《石門銘》摩崖原石第十七列，依據原刻辨識，「紈錦」之後之二字應爲「罽氈」，意爲獸毛皮織品。陳琳《神武賦》中有「黼錦繢組，罽氈皮服」句。

16、《石門十三品》第一六零頁，正數第一行「石師河南□洛陽縣武阿仁鑿字」

「河南□洛陽縣」漏字，勘正爲「河南郡洛陽縣」

注：比照《石門銘》摩崖原石第十七列，原刻「南」後有「郡」字。

17、《石門石刻大全》第二六頁，「趙彥吶等南宋寶慶題名」文第一行，「……新沔陳以厚伯威……」，

「陳以」誤，勘正爲「程此」

注：參見《石門石刻大全》第二六頁拓片圖，第三列可見原字爲「程此」。

18、《石門石刻大全》第三七頁，倪蘭畹「《石門道記》碑，錄正文第五行，「……君造□石積……」，

「造□石積」誤，勘正爲「造作石積」

注：參見《石門石刻大全》第三七頁原刻拓片正文第九列，即可見錄文「造」後漏「作」字。

19、《石門石刻大全》第三七頁，倪蘭畹「《石門道記》碑，錄正文第十二行，「……奈褒城久無志乘……」，

「志乘」誤，勘正爲「乘志」

注：參見《石門石刻大全》第三七頁原刻拓片正文第二十一列，比照即可知。

20、《石門石刻大全》第三七頁，倪蘭畹「《石門道記》碑，錄正文第十二行，「……□見於漢中府志者……」

「□見」誤，勘正爲「即見」

注：比照《石門石刻大全》第三七原刻拓片第二十一列，可見錄文「見」前漏錄「即」字。

21、《石門石刻大全》第三七頁，倪蘭畹「《石門道記》碑，錄正文第十二行，「……則散佚者久矣！……」，

「佚」誤，勘正爲「逸」

注：比照《石門石刻大全》第三七頁拓片正文第二十二列，原刻爲「逸」字，雖古時「佚」同「逸」，錄文時按原刻錄更宜。

22.《石門石刻大全》第三八頁，倪蘭畹「《石門道記》碑，第三八頁，錄正文第二行，「……以爲好古問之之士先路云！……」，

「好古問之之士先路云」誤，勘正爲「好古問奇之士導先路云」

注：比照《石門石刻大全》第三八頁拓片，正文第三十、三十一列，可證其誤。

23、《石門石刻大全》第三六頁，「清羅秀書遊石門題詩」，錄正文第三行，「……此與誣環堪比擬／……」，

「誣環」誤，勘正爲「琅環」

注：比照《石門石刻大全》第三六頁拓片第十一列，字爲「琅環」。「琅環」亦作「琅嬛」「嫏嬛」，爲傳說中仙境福地，天帝藏書之所。

24、《石門石刻大全》第六三頁，「潘矩墉《遊石門題記》」，第六四頁，第二行，「……俯仰其間……」，

「其」誤，勘正爲「之」

注：比照《石門石刻大全》第六三頁，見原拓片圖第十八列可證。

25、《石門石刻大全》第六四頁，「潘矩墉《遊石門題記》」第二行，「……深悔曩交壁失之也……」，

「壁」誤，勘正爲「臂」

注：《石門石刻大全》第六三頁，見原拓片圖，第十九列原字可證。

26、《石門石刻大全》第七一頁，「漢《鄐君開通褒斜道摩崖大開通》」，錄文第二行「……部椽治級……」，

「椽」誤，勘正爲「掾」

注：比照《鄐君開通褒斜道摩崖大開通》原石第七列，原刻可證。且據文意，「掾」爲官名。

27、《石門石刻大全》第八一頁，「南宋晏袤釋《鄐君開通褒斜道摩崖》」，錄文第三行，「……王宏……」，

「宏」誤，勘正爲「弘」

注：比照《石門石刻大全》第八一頁拓片及原石，均爲「弘」。

28、《石門十三品》第七三頁，第二自然段第十二行，「紀永平四年司隸校尉楊孟文以詔書通石門」，應勘正爲「紀永平四年司隸校尉楊孟文以詔書鑿通石門」

注：比照原石，「書」之後漏「鑿」字，

29、《石門石刻大全》第八五頁，「山河堰落成記摩崖錄文：」第一行，「……紹照五年……」，

「照」誤，勘正爲「熙」，

注，比照《山河堰落成記》原石，原句應爲「紹熙五年」

30、《石門十三品》第一七六頁，南宋《山河堰落成記》第二自然段第二行，「……戍帥王宗廉……」

「戍」誤，勘正爲「戎」

注：比照《山河堰落成記》原石，「戍」原刻痕爲「𢍰（戎）」。

31、《石門石刻大全》第八四頁「南宋晏袤釋《晉，潘宗伯、韓仲元造橋閣題記》及《晉重刻李苞通閣道題記》摩崖」第二行「……□諸葛亮圍祁山……」，

「□」漏字，勘正爲「蜀」

注：比照《石門石刻大全》第八四頁拓片圖第 11 列，錄文「諸葛亮」之前漏「蜀」字，另《石門十三品》第一五五頁第五行，亦漏「蜀」字。

32、《石門十三品》第一五五頁「南宋晏袤釋《晉，潘宗伯、韓仲元造橋閣題記》及《晉重刻，李苞通閣道題名》摩崖」十一行「……□蜀炎興元年冬十一月……」，

「□」漏字，勘正爲「即」

注：《石門十三品》第一五四頁拓片倒數第四列，原句應爲「……即蜀炎興元年冬十一月……」原刻「蜀」之前有「即」字。

33、《石門十三品》第一五五頁，「南宋晏袤釋《晉，潘宗伯、韓仲元造橋閣題記》及《晉重刻，李苞通閣道題名》摩崖」十三、十四行，「……褒余（斜）閣道 A 是乎 B 矣……」

之一，「道」應寫爲「衜」

之二，「A」應加入「於」

之三，「B」應加入「通」

注：參照《石門十三品》第一五四頁拓片圖，倒數第二列，圖應爲「褒余（斜）閣衜於是乎通矣」……」即原錄文，「是乎」前漏「於」，後漏「通」字。古「道」同「衜」，應按原刻錄「衜」爲宜、

34、《石門石刻大全》第九〇頁，「明崔應科遊褒谷題詩摩崖」詩之二「詠子真」第三行末，「……萬曆丙辰吉天□崔應科□……」，

兩個「□」字分別爲「中」「識」

注：比照《石門石刻大全》第九〇頁，原拓片圖末列，可辨識原句應爲「……萬曆丙辰吉天中崔應科識……」，即原錄「崔」之前應「中」字，「天中」指河南登封，此處嵩山爲「中嶽」，故號稱「天地之中」，摩崖作者崔應科即是登封人，就學於嵩山之嵩陽書院。「科」之後爲「識」字，示落款之意。

35、《石門石刻大全》第九一頁，「重刻袞雪摩崖題記」，錄文末行「……道光十知褒 ╱城縣事山右鄭雲錦重募竝跋 ╱。……」

「募」誤，勘正爲「摹」

注：比照《石門石刻大全》第九一頁題刻圖可見其字爲「摹」，照古字袞雪仿寫之意，而非「募」之廣泛徵求義。

36、《石門石刻大全》第九四頁，《祈雨記》摩崖錄文首行「…邑侯莫公尤之……」

「尤」誤，勘正爲「忧」即「憂」

注：比照《石門石刻大全》第九四頁拓片圖首行可證。

37、《石門石刻大全》第九四頁「《祈雨記》摩崖」錄文首行「令予恭率士民虔祈龍湫……」

「令」誤，勘正爲「命」

注：比照《石門石刻大全》第九四頁首行即可見原刻其爲「命」字。

38、《石門石刻大全》第九八頁，「新石門題刻五段」，第三段……「新石門」……

左側乃係「趙祖康□」三字……」

「趙祖康」三字有誤，應勘正爲「趙祖康題」四小字。

注：比照《石門石刻大全》第一百頁原刻照片，左側可獲知石刻「新石門」楷書，小字刻痕爲「趙祖康題」四字。

39、《石門石刻大全》第三二頁，「摹刻《石門銘》碑」，第三三頁，第十七行，「……忠公忘思……」，

「思」誤，勘正爲「私」

注：《石門石刻大全》第三三頁，原刻圖正文第十列可見原字爲「忠公忘私」。

40、《石門石刻大全》第三三頁，「摹刻《石門銘》碑」第十九行「……穹隆高歌……」，

「歌」誤，勘正爲「閣」

注：見《石門石刻大全》第三三頁原刻圖，正文第十三列「穹隆高閣」

41、《石門石刻大全》第三二頁，「摹刻《石門銘》碑」，第三三頁，第二十行，「……對此今又感慨多……」，

「今又」誤，勘正爲「令人」

注：比照《石門石刻大全》第三三頁拓片第十六列，第一字拓片痕跡下有一點，顯然爲「令」，第二字雖捺畫突出撇略似「又」，但無「又」上面之橫，且以文句來看，「令人」文意更通。

42、《石門石刻大全》第三三頁，張萬傑「摹刻《石門銘》碑」，刻字正數第六行「……三德功思機𤼈……」，

「功」刻誤，勘正爲「巧」

注：比對《石門銘》摩崖原石第十二列「三德巧思機𤼈」。張萬傑重刻時「巧」誤刻爲「功」。

43、《石門石刻大全》第三三頁，張萬傑「摹刻《石門銘》碑」，刻字正數第六行「……情鮮冥會……」，

「情」刻誤，勘正爲「精」

注：比對《石門銘》摩崖原石第四列「精鮮冥會」，張萬傑誤「精」爲「情」

44、《石門石刻大全》第三三頁，「摹刻《石門銘》碑」，刻字正數第十二行，「……永懷奇烈……」，

「奇」刻誤，勘正爲「古」

注：比對《石門銘》摩崖原石第四列第八列「永懷古烈」張萬傑「古」誤爲「奇」

45、《石門石刻大全》第一七九頁，「梁清寬《棧道歌》碑」，第三三頁，第二十行，「……昔日百里天人煙……」，

「天」誤，勘正爲「无」即「無」

注：《石門石刻大全》第一七八頁，原刻圖第十六列，可知錄之「天」實爲「無」。

46、《石門石刻大全》第一三六頁，標題「清賈漢復《撫秦修棧詠》，標題易令人誤解此《撫秦修棧詠》作者爲「賈漢復」。

注：見第一三六頁，本刻石圖一三九，可知《撫秦修棧詠》作者實爲「党崇雅」，是其對賈漢復功德之歌頌。故本標題應勘正爲「党崇雅《賈漢復撫秦修棧詠》」爲宜。

47、《石門石刻大全》第一四九頁，「清果親王五世孫奕湘題詩碑」，錄詩文，第一行末，「……果親王五世孫成都將軍升□……」

「□」漏錄，應爲「仕」字

注：參見《石門石刻大全》第一四九頁拓片圖，末行落款「……果親王五世孫成都將軍陞仕……」即原拓片「陞」後漏「仕」字。

48、《石門石刻大全》第一四九頁，「清果親王五世孫奕湘題詩碑」，第一行末，「……禮部尙書鎭國□奕湘敬書……」

「□」漏字，應爲「公」

注：參見《石門石刻大全》第一四九頁拓片，末尾落款「……禮部尙書鎭國公奕湘敬書」。即可見原錄文「國」後漏「公」字

49、《石門石刻大全》第一五六頁，「清濮少霞修棧道碑」，錄碑文第四行，「……以甲寅夏五，……」，

「以」誤，勘正爲「於」

注：比照《石門石刻大全》第一四九頁原刻圖，第三列，可證錄文「以」實爲「於」字。

50、《石門石刻大全》第一五六頁，「清濮少霞修棧道碑」，錄碑文第五行，「……由川入都□經褒邑，……」，

「□」漏字，勘正爲「道」

注：參照《石門石刻大全》第一四九頁原刻圖，第三列，原句爲「……由川入都道經褒邑，……」可知「都」後漏「道」字。

51、《石門石刻大全》第一五六頁，「清濮少霞修棧道碑」，錄碑文，第七行末，「……從此便利往來，……」，

「便利」誤，勘正爲「利便」

注：參照《石門石刻大全》第一四九頁原刻圖，第四列可證其誤。

52、《石門石刻大全》第二〇〇頁，「白石土地廟碑記」，錄碑文，第二〇一頁，第七行「……褒城縣事山陰英增奎謹撰」，

「英」誤，勘正爲「莫」

注：比照《石門石刻大全》第二〇一頁原刻拓片圖，其字形更似「莫」。另考證莫增奎爲人名，爲當時沔縣知縣。以此判斷應爲「莫」字

53、《石門石刻大全》第一五四頁，「清南鄭縣境市集米糧油交易章程告示碑」，錄碑文，第二行，「……到府歷經批行南鄭□究斷……」，

「□」漏錄，勘正爲「县」即「縣」

注：《石門石刻大全》第一五四頁原碑圖第三列，原句爲「……到府歷經批行南鄭縣究斷……」，原錄文「南鄭」後漏「縣」字。

54、《石門石刻大全》第一六一頁，「南宋洋州《射虎圖記》碑」錄碑文第五行，「……因作專句以紀其事……」，

「專」誤，勘正爲「长」即「長」

注：《石門石刻大全》第一六一頁原碑圖第三列，原句爲「……因作長句以紀其事……」。即原錄文「專」實爲「長」字

55、《石門石刻大全》第一六三頁，「天心橋記」，錄碑文，第六、七行，「……因思適值天氣晴朗……」，

「朗」，疑爲「明」（眀）

注：依據《石門石刻大全》第一六三頁拓片圖第四列，原字左邊爲「目」而非「良」，故錄文之「朗」實爲「眀」字。

56、《石門石刻大全》第一六三頁，「天心橋記」，錄碑文，第十五行，「……仍其□名曰天心橋……」，

「□」漏錄，勘正爲「舊」

注：比照《石門石刻大全》一六三頁原拓片第八列，可證「其」後漏「舊」字。

57、《石門石刻大全》第一二五頁，「唐 孫樵《興元新路記》」，錄碑文，正數第十一行，「……利不十□不變。……」，

「□」漏錄，勘正爲「世」

注：《石門石刻大全》第一三三頁，見宋蜀刻本影印，倒數第一、二列，原句爲「……利不十世不變……」，原錄文「十」後漏「世」字，

58、《石門石刻大全》第一二五頁，「唐 孫樵《興元新路記》」，錄碑文，正數第十三行，「……事昌乎李俅……」，

「乎」誤，勘正爲「平」

注：《石門石刻大全》第一三四頁，見宋蜀刻本影印，倒數第三列，原句爲「……事昌平李俅……」。「昌平」爲地名，故「乎」實爲「平」字。

59、《石門石刻大全》第一九二頁，「晉太康修棧道摩崖刻石」，錄碑文第四行，「……匠張羌教褒中石佐泉疆等百三十人……」，

「三十」誤，勘正爲「卅」即「四十」

注：參照《石門石刻大全》第一九三頁拓片圖第四列，原句爲「……匠張羌教褒中石佐泉疆等百卅人……」可證原錄文「三十」實爲「卅」人即「四十人」

60、《石門石刻大全》第一九〇頁，「清道光《修路碑記》」，錄碑文，第三行，「……又有鐵橿岭之險……」，

「岭」誤，勘正爲「林」

注：《石門石刻大全》第一九〇頁，見原碑拓片第二列，原句爲「又有鐵橿林之險……」故原錄文「岭」實爲「林」字。

61、《石門石刻大全》第一九〇頁，「清道光《修路碑記》」錄碑文第三行「……手扒崖之危……」，

「崖」誤，勘正爲「岩」

注：《石門石刻大全》第一九〇頁原碑拓片第二列，仔細識別，可見其原字爲「岩」。

62、《石門石刻大全》第一七四頁，「棧道雜詩」，錄碑文第一行「……煎茶初

聾目……」，

「聾」字誤，勘正爲「聳」

注：參見《石門石刻大全》第一七四頁原碑拓片圖，最上一塊第一列，原拓片其字上部分爲「從」左邊偏旁類似三點水，實爲雙人旁之行草簡化寫法，而非錄文中的「茫」字，「聳」即「耸」之意，也較爲符合語境。故錄文之「聾」實爲「聳」字。

63、《石門石刻大全》第一七四頁，「棧道雜詩」，錄碑文第十二行「……鳥影垂边看……」

「边」誤，勘正爲「鞭」

注：《石門石刻大全》第一七四頁原拓片圖，第一塊第七、八列，可證原錄文「边」實爲「鞭」字。

64、《石門石刻大全》第一七五頁，「棧道雜詩」，錄碑文，第四行，「……山與勞卒挽……」，

「與」誤，勘正爲「輿」即「輿」

注：《石門石刻大全》第一七四頁，見原碑拓片圖中間一塊第二列，原句爲「……山輿勞卒挽……」。其字上部分中間爲「車」而非「與」，以文意來看，「山輿」意爲山轎。宋王柏《長嘯山遊記》有「黎明假山輿」句。故原錄文與實爲「輿」字。

65、《石門石刻大全》第一七五頁，「棧道雜詩」，錄碑文，第六行，「……失足警猿落……」，

「警」誤，勘正爲「驚」

注：《石門石刻大全》第一七四頁，見原拓片圖最下一塊，第八、九列，可證原錄文「警」實爲「驚」字。

66、《石門石刻大全》第一七五頁，「棧道雜詩」，錄碑文，第三行，「……南北峰還接……」，

「還」誤，勘正爲「远」即「遠」

注：《石門石刻大全》第一七四頁，見原拓片最後一塊第十二列，可見其字爲「远」之草書寫法，故原錄文「還」實爲「遠」字。

67、《石門石刻大全》第二一五頁，「白石土地老爺神道碑」，第四行「……保

祐衆生……」，

「衆」誤，勘正爲「儿」即「兒」

注：《石門石刻大全》見原碑照片二一六頁，落款爲「……保祐兒生……」。
且考證此神爲送子之神，當時人爲立此碑爲求子。

68、《石門石刻大全》「石門石刻全貌概述」第四頁，古石門隧道區，第三段
第一列「西壁石刻自北向南爲序，……20. 白濟巨等題名，……」

「白濟巨」誤，勘正爲「白巨濟」

注：參見《石門石刻大全》第四八頁，見《白巨濟等南宋寶慶題名》拓片，
可證其名爲「白巨濟」。

69、《石門石刻大全》「石門石刻全貌概述」第五頁，石門附近褒水沿線區，「…
17 清道光鄭雪錦重刻袞雪摩崖題記……」

「鄭雪錦」誤，勘正爲「鄭雲錦」

注：參見《石門石刻大全》第九一頁，題刻拓片圖，「褒城縣事山右鄭雲錦重
摹竝跋。……」可知其名爲「鄭雲錦」

70、《石門石刻大全》「石門石刻全貌概述」第六頁，第四行「……14・清咸
豐濮少霞遊棧道碑，……」

「遊」誤，勘正爲「修」

注：參見《石門石刻大全》第一五六頁原刻拓片，內容可知此爲修棧道之紀
念，故標題應改爲「清濮少霞修棧道碑」。

71、《石門石刻大全》第一三九頁，錄《清王士禛詠漢中詩碑》文，第八首「惠
林草木冰霜裏，丞相祠當柏檜間。」根據殘存拓片及《王士禛全集》所錄之
文比對，「惠林」勘正爲「惠陵」，「祠當」應爲「祠堂」。

（二）時間錯誤勘正（共九處）

1、《石刻大全》第二三頁《段從龍等遊石門題名》錄文第三行落款「南宋淳
熙十五年戊辰春」，「戊辰」有誤，勘正爲「戊申」

注：南宋淳熙十五年（公元 1230 年）爲陰曆「戊申」年，且見摩崖石刻圖，
「辰」亦爲「申」字

2、《石刻大全》第一一二頁，《李士熊南宋嘉定玉盆題名》

文記李士熊等，於南宋寧宗（趙擴）嘉定甲申（一一二四年）五月六日遊玉盆

「一一二四年」誤，勘正爲「一二二四年」

注：南宋寧宗（趙擴）嘉定甲申爲公元「一二二四年」

3、《石刻大全》第四八頁，《白巨濟等南宋寶慶題名》「南宋寶慶二年」，
「二年」有誤，勘正爲「元年」

注：見摩崖石刻拓片圖，「二年」實爲「元年」，南宋寶慶元年（公元 1226 年）

4、《石刻大全》第一一二頁，倒數第一二行《李一鼇明萬曆題名》
……在他於萬曆辛亥年（萬曆三十一年）公元一六一一年之後了。……
「萬曆三十一年」誤，勘正爲「萬曆三十九年」

注：萬曆辛亥年爲「萬曆三十九年」，公元一六一一年。

5、《石刻大全》第一○七頁《石邵段雄飛等南宋淳熙題名》「乙巳清明前一日」，
「前一日」誤，勘正爲「前十日」

注：見摩崖石刻圖「一」爲「十」字，原句爲「乙巳清明前十日」，

6、《石刻大全》第三四頁，《漢忠武侯諸葛公八陣圖注說》碑，
然同治無戊午，惟文宗咸豐八年（一八五八年）爲（午戊）年也。……
注：「午戊」有誤，勘正爲「戊午」，此應爲筆誤。

7、《石刻大全》第九四頁，《祈雨記摩崖》「同治（任申）夏旱禾槁」，
「任申」誤，勘正爲「壬申」，
注：「壬申」寫爲「任申」爲別字，摩崖石刻圖亦可見爲「壬」字。

8、《石刻大全》見目錄之前第七頁，「石門石刻一覽表」石刻名稱；「白石土
地廟碑記」時代：清（光緒）

| 清光緒 | 白石土地廟碑記 | 雞頭關 | 二○○ | 完好 |
| 民國 | 「殿宇輝重」碑 | 雞頭關 | 二一二 | 完好 |

「光緒」誤，勘正爲「同治」，
注：見《石刻大全》第二○○頁，《白石土地廟碑記》文第一行有「清同治十
二年（一八七三年）仲秋」，二○一頁正數第七行錄文「大清同治十二年，歲
在癸酉，仲秋吉日」。因此目錄之前第七頁，「石門石刻一覽表」將本碑斷爲
「清光緒」有誤。

9、《石刻大全》第一九一頁，正數第二行，

「大清道光十六年歲次丙辰孟冬月吉日立」，

「丙辰」誤，勘正爲「丙申」

注：道光十六年（公元 1836 年）是「丙申」年，見石刻拓片，落款「丙辰」實爲「丙申」

（三）地點訛誤勘正（共九處）

1、《石門石刻大全》第二三頁，《段從龍等遊石門題名》第一行「石門隧道東壁北口」

「北口」誤，勘正爲「南口」

注：見石門隧道內石刻方位圖，其實際位於隧道「南口」。

2、《石門石刻大全》第三四頁，《漢忠武侯諸葛公八陣圖注說》碑正數第四行「此碑無首無跌，以其八面並立於石門隧道之（西壁）下方，」

「西壁」誤，勘正爲「東壁」

注：見石門隧道內石刻方位圖，《漢忠武侯諸葛公八陣圖注說》實際置於「東壁」之下

3、《石門石刻大全》第三二頁，摹刻《石門銘》碑，第一行，「立於古石門隧道西壁」

「西壁」誤，勘正爲「東壁」

注：見石門隧道內石刻方位圖，「摹刻《石門銘》碑」，立於古石門隧道東壁。

4、《石門石刻大全》第三六頁，《羅秀書遊石門題詩》

第一行：「清同治十年（一八七一年），傍立於石門（西壁）下方」有誤，應爲「東壁」。

注：見石門隧道內石刻方位圖，《羅秀書遊石門題詩》立於古石門隧道東壁。

5、《石門石刻大全》，「凡例」之後第五頁「石門石刻一覽表」

清光緒	張祥齡登七盤道題刻	石門內壁	一六五	今佚
清光緒	摹刻「石門」二字	石門南崖壁間	九六	今佚

「清張祥齡登七盤道題刻」，位置（石門內壁）有誤，應爲「古七盤道旁崖壁間」

注：見《石門石刻大全》第一六五頁，可知《清張祥齡登七盤道題刻》不在「石門內壁」，而在古七盤道旁崖壁間

6、《石門石刻大全》目錄後第七頁，觀音碥、萬年橋區，正數長二行，「觀音碥北側，有沙河，自西而東注入褒水。」

「觀音碥北側，有沙河」誤，勘正爲「觀音碥南側，有沙河」

注：見《陝西省漢中地方志》第 94 至 95 頁「漢中地區水系圖」及《嘉慶漢中府志校勘》第 8 頁示意圖。

7、《漢中市志》P14 頁，《山河堰落成記》……其（東北角）上方 2 米許，即晏袤《潘宗伯、韓仲元、李苞通閣道釋文》摩崖。具體位置詳見圖三「東北角」誤，勘正爲「西北角」

注：《漢中市志》P16 頁示意圖。

晏袤《潘宗伯、韓仲元、李苞通閣道釋文》摩崖位於《山河堰落成記》西北方。

8、《陝西省漢中地方志》第 18 至 19 頁 2--1「漢中地區地勢圖」「關口區」上「太河」名稱誤，勘正爲「太白河」

「白岩河」名稱誤，勘正爲「紅岩河」

9、《石門十三品》第 37「石門漢魏十三品一覽表」底部，南宋晏袤《釋潘宗伯韓仲元造橋閣及李苞通閣道題記》位於（石門北口洞上方峭壁），

「石門北口洞上方峭壁」誤，勘正爲「古石門隧道南岸崖壁」

注：因據復原方位圖，石門北口上方峭壁即洞北口上方實爲三國曹魏《李苞通閣道題記》摩崖。

（四）數字訛誤勘正（共八處）

1、《石門石刻大全》第五八頁，《李釜、魏拱之等題名》第一行：「……高五十四釐米，寬九釐米。文一行，九字，字徑縱五釐米……」

「九字」誤，勘正爲「十字」

注：見第五八頁拓片圖：「李釜、魏拱之、張應卯同來。」共十字。

2、《石門石刻大全》第一四九頁，《果親王五世孫奕湘題詩碑》第二行「……詩文二十四字，……」

「二十四」誤，勘正爲「二十八」

注：見拓片圖詩文：」醇儒大雅自風流，將相全才掌／握收。一片丹心扶漢業，名垂奕／世萬年秋。」共計二十八字。

3、《石門石刻大全》第一六五頁，《清張祥齡登七盤道題刻》第九行「……以上二十四字中，『登七折之峻阪，陟雞幘之險巘』十四字，字徑一八至二〇釐米，其餘十字，字徑一〇至一二釐米。」

之一「十四字」誤，勘正爲「十二字」

之二「其餘十字」誤，勘正爲「其餘十二字」

注：《石門石刻大全》第一六五頁《清張祥齡登七盤道題刻》原拓圖，

正文「登七折之峻阪，陟雞幘之巘巘」字數爲十二字，

其餘文「光緒辛丑唐孫樵賦張祥齡書」字數亦爲「十二字」

4、《石門石刻大全》第九八頁，「新石門」題刻，倒數第三行「…左側仍係「趙祖康」三小字…。」

之一「趙祖康□」誤，勘正爲「趙祖康題」

之二「三小字」誤，勘正爲「四小字」

注：《石門石刻大全》第一〇〇頁，見原刻石圖，左側落款「趙祖康題」四小字。」

5、《石門石刻大全》第二二三頁，正數第三行，榜書：「感而遂通」碑；「…上款豎刻十字：「清同治八年小陽月（農曆十月）吉日立」（圖二二七）

「十字」誤，勘正爲「十一字」

注：見《石門石刻大全》第二二二頁，原石刻圖（圖二二七）

6、《石門石刻大全》第二二三頁，正數第六行，「叩之即應」四大字，「…下款豎刻：「北棧鐵佛店鄉約何東岱叩」十字，字徑三釐米，同爲楷書。

「十字」誤，勘正爲「十一字」

注：參見《石門石刻大全》第二二二頁，見原石刻圖可證（圖二二八）

7、《石門石刻大全》第一二四頁孫樵《興元新路記》，錄原文，第一行，「……自青松西行二一里……」

「二一里」誤，勘正爲「一二」里

注：見《石門石刻大全》第一二八頁，《宋蜀刻本影印》原句爲「自青松西行一二里」

8、《石門石刻大全》第九六頁，《褒河大橋創修記》碑正數第三行「碑呈長方形，高三一釐米，寬一三釐米。文三七行，滿行三〇字」

之一「碑呈長方形」誤，勘正爲「碑呈橫式長方形」

之二「寬一三釐米」誤，應爲「寬一三○釐米」

之三「滿行三○字」誤，勘正爲「滿行十字」

注：參照《石門石刻大全》第九七頁，觀碑圖可知，滿行十字，碑呈橫式長方形，高若爲三一釐米，寬一定大於高，故寬爲一三釐米爲筆誤，當爲一三○釐米。另外，第九六頁介紹文三七行，字徑一‧五釐米至二釐米，也可證明寬一三釐米是錯誤的。

三、爭議考釋見解（共十二處）

1、以漢  焉（《石門頌》）

　　《石門石刻大全》及《石門十三品》均釋爲「詆（詆）」。依實際刻痕字形爲「詆」即「詆氏」，放大刻痕可見右邊「氏」底下之「點」更像石凹，而其真正刻痕的點位於右上方，古時「氏」有右上加點的寫法「氐」，再者，從此處文意上來說，「詆氏」，爲古代稱呼帝王貴族等，符合此處漢高祖劉邦建立漢朝之語境。而「詆」，則有譭謗之意，與文意不通。因此釋爲「詆詆氏」更合宜。

2、上則 峻（《石門頌》）

　　《石門十三品》釋爲「县」，依刻痕，本字爲「縣」字，古同「懸」，懸峻，爲懸崖峻嶺之意。「縣」按繁體化簡體確爲「县」，然今「縣」與「懸」字意相差甚大，於此處語境不合，故應釋爲「懸」。

3、平阿 泥，（《石門頌》）

　　依刻痕字形爲「渌」，因「泉」古時異體字爲「𤽪」或「渌」，故「渌」疑爲「泉」字。《石門石刻大全》及《石門十三品》均釋爲「淖」，二字外型初看相仿，細看右半只有「日」部件同，餘下均異，不過「淖」字意爲爛泥，泥沼，似乎詞意還比較合宜。本字釋爲「泉」還是「淖」待商榷。

4、寧靜 庶，（《石門頌》）

　　依刻痕即爲「烝」，古時「烝」同「蒸」爲眾多之意：烝庶，釋爲眾人，民眾。「大全」釋本字爲「丞」，雖古時「丞」亦同「烝」，但錄文以原刻字爲宜。

5、故  表紀（《楊淮表紀》）

　　《石門十三品》釋「貹」爲「財」，「財」隸書寫爲「貯」字形略相近，但依然有異，意亦不太符。按刻跡其字形爲「貹」，疑爲「賦」，意更合宜些。但「賦」與「貹」，右半部件寫法不一，且未查出二者爲異體關係。故本字釋爲「財」或「賦」均有可能，待進一步考正。

6、「　　夷遞（遞）作」（《石門銘》）

　　《石門石刻大全》及《石門十三品》將本字均釋爲「戎」，筆者認爲本字疑爲「屯」字，意爲困難，與後字「夷」組成「屯夷」，意爲艱危與平定，與後「通塞不恒」文意銜接，但若爲「屯」，原刻「凵」部件左右豎刻跡甚隱。待進一步考正。

7、「領徒一萬　　」（《石門銘》）

　　《石門石刻大全》原句釋爲「領徒一萬人」意亦合宜。但依刻痕，上部爲「人」刻痕清晰，其下有一明顯的橫畫，下半刻跡隱沒，若以此字爲「人」，似乎結構撇捺相交點位置過高，且下一橫畫刻跡無法解釋，筆者疑爲「餘」字，即「領徒一萬餘」，結合上下句即，「領徒一萬餘，石師百人」可通。本字爲「人」或「餘」，待商榷。

8、「充　　川內」，（《石門銘》）

　　右「刃」刻痕明晰，筆劃全。左偏旁刻痕模糊，細察更接近「牜」疑爲「牣」，與上字合爲詞「充牣」意爲「充滿」，「充牣川內」更合句意。「充牣川內」。《大全》及《石門十三品》均釋本字爲「仞」，文意亦通，待進一步考正。

9、「　　夷石道」，（《石門銘》）

　　本字刻痕殘破模糊不清，可見刻跡如是威，以往或認爲「咸」字，或認爲「威」字，筆者以爲「威」可能性更大，因本字與後字組成詞「威夷」意爲「逶迤」，形容道路、山脈蜿蜒曲折，合「威夷石道」之意，也與當時現實褒斜道之曲折山路相符。

10、「西壁文」，（《石門銘小記》）

原刻痕崖面不整，右臨條形裂隙，左處亦存條形泐痕，上下橫畫起筆及撇筆末端均略損，《石門十三品》認爲此字爲「案」，按字外形推斷亦有一定根據，但是其宀橫畫右端有一裂口，橫畫更似自然裂痕，左邊爲泐痕，不是在寶蓋頭左邊點合適位置停止，而是自然拖至本字底下，「女」刻痕元素也不符，下「木」左右點亦不夠協調，且若爲「案」字，「案西壁文」在此文意亦不通。筆者認爲其應爲「本」字，其刻痕元素最完備，結體完整如 ，且結合文意及現場情況來看，「本西壁文」，指代其正對面的《石門頌》，與石門隧道內實際情況相符。

11、今古同／極矣哉！（《石門銘小記》）

崖面泐殘殊甚，刻痕不清，疑點多，前人釋爲「世」「鑿」「出」「無」等字，筆者根據刻痕走勢及字意，認爲最爲合理的當是「無」字，原句爲「今古同無極矣哉！」。表示今古之同達到極致之意，與上文所言石門復通之年與五百年前石門初開之年號同名永平之古今巧合語境相融。

12、帥王宗廉（《山河堰落成記》）

《石門十三品》釋爲「戍」，字形相似，意爲守邊之將帥，文意亦可通。待進一步考正。但按刻痕字形，更貼近爲「戎」即「戎」字，其意爲軍隊。「戎帥」意爲軍隊統帥，韓愈《清邊郡王楊燕奇碑文》：「其父爲之請於戎帥，遂率諸將校之子弟各一人，間道趨闕。」文意可通。

第二章　石門摩崖群發展成型歷史重構

　　本章主題：「史境追蹤」。通過第一章再現圖景，復現石門石刻群之概貌
（整體及分區），其區域之廣、時間跨度之大、涉及年代之全，令人歎爲觀止。
那麼，這一龐大石刻群落是如何歷經千年而成型，其發展過程幾度興衰之軌
跡、歷代綿延而不絕背後之動因何在？這些問題尚懸而未解。由此，本章將
著重以時代歷史爲脈絡，對石門摩崖石刻群進行另一向度的研究，重構石門
摩崖群發展之起落形態及動因。

　　石刻多爲紀念而生，石門地區所集結的摩崖石刻群是歷史記憶之匯聚。
當今人類對業已消亡的群落追敘，實爲一種再現，不同研究者往往選取不同
方向與角度進行闡釋。巫鴻在《中國古代藝術與建築中的「紀念碑性」》中解
讀紀念碑式城市長安建築群的時候，提出對經典集群的兩種不同向度的解讀
方式。「一種觀點認爲，長安的誕生、成長、衰退，有著特殊的原因，是一個
變化中的歷史性實體，重構這座城市的目的在於追蹤其發展的全過程」；另一
種觀點則認爲，「長安是其所有歷史片段的總和，並且常常在其最後的階段呈
現出來，觀察者根據某種文化和思想的一般性原則來描述和解釋這一綜合形
象」〔註1〕。這兩種對於經典地域集群的解讀方式，被歸納爲「歷史性」解讀
與「經典性」解讀。筆者以爲，這兩種解讀方式各有其優點，且並不矛盾可
以互補。經典解讀代表其最後呈現的宏偉圖景；歷史解讀，則代表其發生發
展的起落形態及成因。一爲現狀之展現，一爲成長軌跡之追蹤。二者之綜合，
雙管齊下，恰可更加全面、多角度地對一經典區域進行把握。對於石門摩崖

〔註1〕　巫鴻，中國古代藝術與建築中的「紀念碑性」〔M〕，上海：上海人民出版社，
　　　　2009.187。

群落之考察，無論對其最後景觀再現還是對其歷史脈絡重構，都是缺一不可的，本書將以這兩種方式聯合互補，以求全方位再現石門摩崖石刻群之經典。

前一章已用復原圖形式，將石門摩崖石刻群落整體「經典性」之宏偉印象復現出來，對於石門各區域發展狀況也基本明瞭，爲「歷史性」研究打下基礎。本章即循著第二種解讀方式──「歷史性」重構，循著時間的延伸逐一深入其發展各時段之歷史「原境」，追蹤石門摩崖石刻群千年成型的動態軌跡。

石門摩崖雖然各時代皆有增長，發展態勢不間斷，但非勻速演進，是由幾個時段重要因素誘發出的幾個激進式發展期與幾個相對低迷的緩步微增期的集合，由連續的高低波幅共構成型，如（圖 2.1 石門摩崖石刻群歷史發展高低潮波段圖），由此大致可看出，近兩千年的石門摩崖群發展史主要經歷了三個高潮和兩個低潮。即第一高潮：漢魏（十四品，占總數 9%），可以合稱石門摩崖群的源發時代。第二高潮：宋代（五十二品，占總數 33%），第三高潮：清代（七十三品，占總數 45%）。中間夾著隋唐、元明兩個相對低潮微量增長期（隋唐四品，占總數 2%、元明十一品，占總數 7%）。因此，本章將以此石門石刻歷史波段圖爲總脈絡，分四個時代專題展開：東漢──誕生與發展、魏晉──延續與演變、宋代──首次復興、清至民國──再度復興而後毀滅。以分段追蹤形式深入歷史原境，探尋石門摩崖千年發展的全過程，從而繪製各時代重要環節石門石刻群次第增長演進圖景。另外，其各期發展或激進或緩慢，與各時期歷史中各種推動力緊密相關，因此，在研究描述其發展高潮、低谷表象的同時，還將挖掘其相對應發展時代背後所隱藏的歷史事件及政治、經濟、文化等因素、而石刻衍生之地理特徵以及紀念主客體的身份地位乃至心理之變遷等等，亦是本章著重探討的議題。

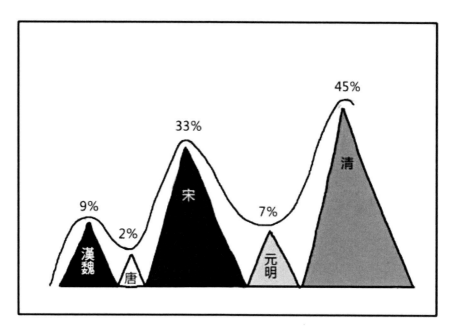

石門石刻 總數 160 品

漢魏（晉）石刻數 14 品 占 9%　　除「不詳時代」外

（隋）唐 4 品 占 2%　　　　　其餘按各時代石刻數占石刻總數百分比

宋 52 品 占 33%　　　　　　　從漢至清，大體形成三個高潮兩個低潮

元明 11 品 占 7%　　　　　　三高潮：漢魏、宋、清，且波勢逐增

清 73 品 占 45%　　　　　　　兩低潮：唐與（元）明

餘下時代不詳 6 品 占 4%　　　後一低潮較前一低潮的波勢亦略有所升

圖 2.1　各時期石門石刻發展高低潮波段圖

第一節　東漢石刻源生與初具規模

　　東漢可謂石門摩崖群的源生時代，在石門摩崖群成型所經歷的三個高潮中，第一個高潮即是東漢。可以說，這些在石門地區首批誕生的石刻意義非凡，其書體經典性及發展蓬勃性，確立了其在石門摩崖群體中的「核心」和「母碑群」之地位，之後各個時代新增乃至最後龐大石刻集群，均是圍繞這幾方「母碑」發展起來的。「母碑」發源地即石門石刻群的中心區域──古石門隧道和南崖壁間，其誕生之動因則圍繞著此地域發生的重要事件及東漢末年時代風氣展開──交通要道工程與良吏立傳之風，形成「刻石記功」與「樹

碑立傳」兩大主題，二者相互摻雜，不斷演進，形成整個石門地區摩崖群發
展的初始與最核心格局。

一、「非常之功」交通偉業與首度刻石記功

　　追尋石門石刻誕生之語境即可看出，最初時代的摩崖石刻與蜀道交通工
程紀念行爲緊密相連。成於東漢的石門首塊摩崖——即被後世簡稱《大開通》
的《鄐君開通褒斜道》摩崖，即是當時修建蜀道交通要塞褒斜棧道工程之後
所留下的公示紀念性文字，屬於交通工程紀念類刻石。蜀地多山，道路閉塞，
開通褒斜道爲時代「非常之功」，在當時意義非凡，故選擇山崖這一載體「刻
石記功」以傳揚後世。

　　自秦漢以來，褒斜道與石門隧道工程一直作爲全國最重大的工程偉業之
一，被歷代統治者多次傾國之力修理完善。遠在石門地區擁有第一塊紀念碑
之前，褒斜道的建設工程已開始，並且一直處於不斷建設中。褒斜道修建工
程也是歷代史書中爲數不多的被屢屢提及並重點記錄的工程。秦漢時期，三
輔與巴蜀爲兩大政治經濟中心，而漢中則是連接此兩地的戰略要地，以蜀道
爲樞紐溝通二區，在行經漢中的數條蜀道中，褒斜道爲蜀道之主動脈，其通
塞關係著石門區域交通、經濟、政治、軍事之發展命脈，故而具有極爲重要
的意義。（見圖 2.2）

　　見載於史冊中的「棧道千里，無所不通，唯褒斜縮穀其口」〔註2〕，即是
戰國秦惠文王從楚得漢中後，修建棧道，加強集權，富國強兵，令天下皆畏
秦之寫照。漢武帝時代，修建褒斜道也是《史記・河渠書》中記載兩大重要
工程之首。「其後人有上書，欲通褒斜道及漕事，下御史大夫張湯」…「天子
以爲然，拜湯子印爲漢中守，發數萬人，作褒斜道五百餘里，道果便近。」〔註
3〕由此可見，開通褒斜道，目的在於選擇一條最平坦便利的道路，水陸交運，
把漢中、巴蜀富產的穀物、木材、竹箭等貨物運往中原，將中原三輔地區的
貨物運往漢中、巴蜀，擴大都城長安三輔與巴蜀之間的貿易聯繫，促進地區
經濟發展，也強化中原地區與蠻夷之地巴蜀、滇僰、邛筰等地區的文化交流
與融合。正如《華陽國志・蜀志》所言，「於是璽書交馳於斜谷之南，玉帛踐

〔註2〕　司馬遷，史記・卷一百二十九貨殖列傳〔M〕，北京：中華書局，1959.3261
　　　　 ～3262。
〔註3〕　司馬遷，史記・卷二十九河渠書第七〔M〕，北京：中華書局，1959.1411。

乎梁、益之鄉」〔註4〕。《史記‧貨殖列傳》所載：「昭治咸陽，因以漢都，長安諸陵，四方輻輳並至而會……南則巴蜀，巴蜀亦沃野……南御滇僰，僰僮。西近邛笮，笮馬、髦牛。」〔註5〕道路通暢，四夷來朝，可見褒斜道在溝通地區經濟發展方面起著舉足輕重的作用。褒斜蜀道工程，當屬舉國矚目的大工程，其在當時國家政治經濟中重要地位確定無疑。

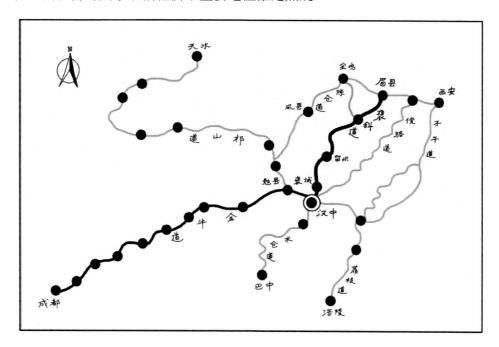

◎參考：漢中古棧道圖　漢中地區水系圖

圖2.2　古蜀道交通示意圖

修繕褒斜道之意義，在歷代延續中漸變，由最初中央與蠻夷的經濟溝通作用，逐漸上升為一種國力的昭示，一種帝王施政業績中「非常之功」的象徵。歷代修繕褒斜道的記載中，多次提及修建這條蜀道主動脈所需的人力「發數萬人」，耗費人力物力規模之大，無一不表明修建褒斜棧道這一工程，必在國力經濟積累到一定程度方可進行。於是「修繕棧道」與統治者「盛世宏業」直接關聯。武帝開褒斜，是在經過漢初休養生息，經濟積累基礎上進行，其

〔註4〕　常璩撰，汪啓明，趙靜譯注，華陽國志譯注‧卷三蜀志〔M〕，四川：四川大學出版社，2007.97。

〔註5〕　司馬遷，史記‧卷一百二十九貨殖列傳〔M〕，北京：中華書局，1959.3261。

豐功偉績類似於秦始皇修長城、封泰山之舉。因此，其意義除了發展經濟、文化交流之外，更有「興廢繼絕，潤色鴻業」之意圖。此外，褒斜道所貫通的巴蜀地區之民，處偏遠化外，夷狄殊俗，正是漢代統治者所要重點懾服的對象。司馬相如曰「蓋世必有非常之人，然後有非常之事，有非常之事，然後有非常之功，非常者，固常人之所異也，故曰非常之原，黎民懼焉，汲臻厥成，天下晏如也。」〔註6〕此語或可對統治者這種心理需求以最好的詮釋，修道路不僅爲了經濟利益，更爲標榜統治者力量之強盛，以平定天下、使民（尤其是蜀地外夷）敬慕畏服。

　　由此，褒斜道的修繕通廢的意義，已然從實用功能悄然置換爲象徵國策國運的高度。比如褒斜、子午道之爭，新朝王莽時期，王莽爲篡漢鼓吹「五德終始」之說，以「皇后（王莽女）有子孫瑞」〔註7〕爲由，下詔通子午道，由此取代漢武帝以來所暢通的褒斜道，即有出於政治鬥爭需要，示劉氏氣數已盡，當由王氏取而代之的含義。王莽新朝覆滅之後，東漢明帝下詔廢止子午道復開通褒斜道，順帝即位，其安民措施亦包括詔益州刺史繼續罷王莽所通的子午道，通褒斜路。明帝、順帝以棄子午道，作爲向王莽倒行逆施的一種政治宣示和反駁。因此褒斜道由經濟作用之外昇華出的「非常之功」政治象徵，昭示著大一統王朝之氣象，是國運昌盛、豐功偉業之明證，這也是褒斜道工程屢屢呈現於史冊之原因。

　　這種政治與實用的雙重目的，促成了統治者將此事件加以公示紀念的必要性。豐功偉業功成之後昭示天下是歷代帝王之共同需求，而刻石則是達此目的最有效的手段之一。「昭德紀功，以示子孫」之風氣如西漢霍去病封狼居胥勒石、竇憲封燕然山銘石等記功行爲。同理褒斜道工程既是重大功業，進行石刻上的紀念便順理成章。

　　於是，在東漢明帝進行一次大規模整修——開鑿石門隧道功成之後，一直作爲「非常之功」姿態存於史書的褒斜道工程，第一次被定格於石刻之上進行紀念，石門地區首塊摩崖石刻應時而生。東漢永平四年（公元61年）漢明帝「詔書開斜，鑿通石門」〔註8〕，調發廣漢、蜀郡、巴郡（三郡相當於今四川及雲南一部分）兩千六百多人擴修褒斜道。與之前屢次工程目的相同，

〔註6〕　司馬遷，史記卷一百一十七‧司馬相如列傳〔M〕，北京：中華書局，1959.3050。
〔註7〕　班固，漢書‧卷九十九上王莽傳〔M〕，北京：中華書局，1962.4076。
〔註8〕　郭榮章，石門石刻大全〔M〕，西安：三秦出版社，2001.54。

石門開鑿也是爲了褒斜道整個工程的進一步便利。但石門隧道的開啓更有其獨特意義──攻克了褒斜道最後的險隘七盤嶺，標誌著褒斜道正式成爲基本毫無障礙的蜀道第一通途。而與此前代工程相比，此次組織更嚴密、有規劃、有秩序，且在歷代工程基礎上全面整合，此工程竣工之後的《大開通》紀念石刻作爲對這一「功業」的彰顯載體，文辭中「去就安穩」之語，標誌著這一「非常之功」褒斜工程已臻完美。「上奏天子，下示黎民」，同時兼具工程竣工記錄、向上級述職和題壁公示之效，承載著三重交疊的功能。

　　值得注意的是，這塊紀念石門開啓的首塊紀念摩崖，不存於新開通石門洞內，而是位於石門南五十米的山崖間。雖然石門之功勞在當時歸屬帝王之政績，但是主持修路的地方官員──漢中太守鄐君之名也被記錄下來成爲「記功」的主體。鄐君作爲工程負責人，是大一統王朝統治者意志的執行者，其奉詔而行，在功成之後向上對皇帝述職，向下昭示於黎民，可看作一種典型的「刻石勒功，紀漢威德」行爲。而官員藉此留名的同時，也使得紀念碑整體行文呈現出一種類似漢代「奏疏」的性質，並無多餘華美的誇飾之詞，單純且實在地記錄了工程情況：負責人、徒隸人數、耗費錢財、歷經時日、工程成果，甚至對於功績的彰顯也甚爲樸實，「益州東至京師，去就安穩」一句帶過。此刻石既爲工程負責官吏向最高統治者──天子的述職報告，又是帝國嚮往來商旅及當地民衆「安民告示」，故而無需過多華飾及虛文言辭的渲染，以簡明扼要、準確傳達爲要。形制也粗獷簡樸，整體呈橫向長方形，既無碑首也無碑額，字碩大而刀痕極深刻，保證其不容更改、時效久遠的權威性，體現出昭示帝國偉業的訴求。

　　若將眼光橫向同時代追尋，即可發現，《鄐君開通褒斜道摩崖》（大開通）（圖 2.3-1）是蜀道工程集中地區最重要交通紀念碑之一，但並不是唯一特例，在其附近地區同期出現性質相當、內容類似的交通摩崖。如，在今四川雅安榮經縣的《何君開閣道摩崖》（圖 2.3-2），與《鄐君開通褒斜道摩崖》就基本處於同時代，亦坐落於蜀地的古棧道上，形制同樣實用簡略，樸實無華，內容也是記功。甚至大字深刻的書寫風格，與《鄐君開通褒斜道刻石》都是極爲相似的。因此石門首塊公示性記功刻石，代表著東漢早期刻石記功摩崖的明顯風格特點，亦代表了一種王朝統治者樸素實用的彰顯非常之功的需要，也是後來此地區出現的宏大、精美的漢三頌之類記功摩崖之濫觴。

圖 2.3-1　　《大開通》摩崖拓片

圖 2.3-2　　《何君開閣道》摩崖拓片

二、良吏立傳之風與「群落」規模初成

　　東漢初年石門摩崖首開紀錄之後，褒斜道工程已經基本完善，期間雖屢有修葺，卻再未進行刻石紀念，直至一百多年之後的東漢末年，不到二十年間，在石門洞內最醒目的位置連續立下三方摩崖石刻——東漢建和（148 年）《石門頌》、東漢永壽（155 年）《李君表》、東漢熹平（173 年）《楊淮表紀》。

　　從這幾塊摩崖可窺視出新時代的風氣轉變，與首碑《大開通》風格大不相同。首先，從方位與規模上看，從坐落於山崖間轉變爲石門隧道內顯眼位置，相比東漢早期的《大開通》孤立於南崖，《石門頌》大型摩崖鐫刻在最醒目的隧道西壁。從數量上看，石門短期內相繼湧出三品摩崖，使石門洞內石刻初具群落狀態；其次，從文風來看，一改首碑《大開通》樸素簡約的作風，此三方石刻摩崖，篇幅多較長，甚至有《石門頌》這樣巨製鴻篇，不再是樸實無華輕描淡寫，一筆帶過名字與功績的公文奏疏，而是以文學性濃厚的「頌賦」之體，辭藻華麗工整，洋洋灑灑數百字，極盡鋪陳之能事。再次，從刊刻精美度方面看，比起《大開通》的不規則崖面、橫向形狀亦有了質的飛躍，新的三品摩崖已略有講究的仿碑形制，有意靠攏碑額碑身輪廓以及豎式行列有序的行文排布方式；最後，從行文主題看，雖依舊和交通密切關聯，但主題性質悄然發生變化，由向最高統治者的述職奏疏，變成了對地方官員的記功述德。立碑主人的個人記功主權開始凸顯，歌頌對象已經不單是開通道路工程本身的紀念，更多指向對開通道路「良吏」個人功德的紀念，這與東漢末年樹碑立傳之風興盛有很大關係。

　　刻石紀功，在秦代和西漢、東漢初期還只是帝王才能享有的尊榮，規矩相當森嚴，只有如史書中所載，在國之大事中建立最高功勳，或赫赫戰功、或大型工程的功臣名將才有資格記載，倘若個人私自亂刻還會遭受彈劾，就算是重大事件的記功，也只是風格簡素，在述職紀實基礎上把名字順載入。而此三方摩崖出現的時期東漢末年，刻石文化風氣已由原來簡素向華飾轉變，記功亦由向天子奏疏轉爲「良吏」記功頌德。

　　此外，自光武帝器重「氣節之士」以來，東漢歷代皆遵循其對良吏的尊崇政策，廣大士人的政治環境相對較爲寬鬆。官學、私學興起，收徒講學、著書立說成風。官吏以廉潔愛民爲榮，出現了一批「良吏」群體。政府對於良吏予以表彰與升遷，且允許門徒生員、地方民間爲良吏頌功立碑，亦可爲有功德之人士立生祠，甚至下詔褒獎。而對於名士、名儒、良吏之褒揚，所用最多的方式還是刻石樹碑立傳。

　　中國古代士人積極追求個體生命價值之實現，所謂「三立」──立德、立功、立言，皆具強烈的「建不朽之功，留千載之名」理想。士人普遍存有留名後世的心理需求，推動著追亡頌德以傳千古的立碑風潮。唐代史學家劉知幾曰：「夫人寓形天地，其生也若蜉蝣之在世，如白駒之過隙，猶且恥當

年而功不立，疾沒世而名不聞。上起帝王，下窮匹庶，近則朝廷之士，遠則山林之客，諒其於功也，名也，莫不汲汲焉，孜孜焉。夫如是者何哉？皆以圖不朽之事也。」〔註9〕揭示出人們普遍對留聲後世的企盼。究其原因，一則將個人精神之代表「名」託於石上，正是儒家思想觀念中超越有限壽命、追求永生不朽之獨特方式，若能在有限之「壽」終結之後，獲得無限之「名」，即可在心理上得到最大限度的慰藉與滿足。這種心理需求在儒學興盛的東漢社會中日趨強烈；另一方面，先輩之令名對後嗣子孫之社會地位有著巨大影響，「流芳」為子孫留下可供傳揚之顯赫功業，亦能光耀門楣為後人立身於世增加資本。

在此種深層心理驅動下，東漢末年立碑述德現象開始日趨增多，上至達官下至平民紛紛自覺或不自覺地投入其中，以期在這種不易毀朽的載體上千古流芳。碑文「名莫隆於不朽，德莫盛於萬世，銘勒顯於鍾鼎，清烈光於來裔。刊石立碑，德載不泯。」〔註10〕（蔡邕《太尉李咸碑》）「存有令跡，亡述存勳，銘載金石，永世不刊」〔註11〕（《冀州刺史王純碑》）無一不表明這種觀念：立碑——傳名。門生故吏頌揚美德之士的同時也使自己名字傳於後世。總之，為良吏樹碑立傳之舉蔚然成風。

漢中摩崖石刻就是在這種自發、蓬勃的刻石立傳氛圍下產生的，不長的一段時間內即出現了三方刻石摩崖。可以看到，立大型摩崖《石門頌》的漢中太守王升，並未奉國家詔書修繕石門隧道並為良吏立碑；《楊淮表紀》的主辦者黃門侍郎卞玉，也可自主立碑，乃至漢中地區民眾為李君歌功頌德等，皆是門生故吏組織的懷念頌德性質刻石，這也是當時樹碑立傳風行於世之體現。

褒斜道這項非常工程富含了「非常之功」的榮耀，依附之一方面可名正言順為先賢頌美記功，另一方可彰顯本朝廷力量政績、讓廣大民眾感恩戴德拜服，還可以彰顯個人公德、為己留名。石門隧道內最大的一品《石門頌》，是由漢中太守王升組織對於棧道石基修整的同時，緬懷前代對這件大事有推動作用的官員楊孟文，並為其所立的大型頌德碑。值得注意的是，文中所頌

〔註9〕 劉知幾撰，浦起龍釋，史通通釋·外篇卷十一史官建置第一〔M〕，上海：上海古籍出版社，1978.303。

〔註10〕 嚴可均，全後漢文卷七十六太尉李咸碑（蔡邕撰）〔M〕，北京：中華書局，1982.772。

〔註11〕 洪适，隸釋·隸續卷六益州刺史王純碑〔M〕，北京：中華書局，1985.80。

的以舉國之力修褒斜、復通石門事件，當時並未刻石記功，而是過了三十年後的東漢末年桓帝年間，才由後代官吏王升發起對前代良吏楊孟文偉績的刻石記功，顯然是受時代歌頌良吏的風氣影響，亦可見漢中太守執掌地方軍政大權，行使權力有相當大的獨立性。修繕石門隧道並不需要如《鄐君開通褒斜道》一樣奉天子之詔，而是自發組織對褒斜棧道的修繕，並為前代有德官吏和個人政績以刻摩崖紀念，碑額「漢司隸校尉楊君表頌」，並未歌頌統治者之英明，而是明確表達對上一代建議開通褒斜道的楊孟文功德的追憶。不僅如此，組織立碑者太守王升本人之政績也被一併列入歌頌對象以留名後世。同樣稍後出現的《李君表》《楊淮表紀》等兩方摩崖，也充分表達出對特定「良吏」及後代功德的贊許與敬仰。《楊淮表紀》由黃門侍郎卞玉見到《石門頌》所歌頌的楊孟文，念及其後代——楊孟文的孫子楊淮、楊弼，故而立碑頌之，從《華陽國志》可知，楊家是四川犍為武陽當地的高門大族〔註12〕，以祖先楊孟文功德念及子孫後代從而立頌碑，亦是當時刻石立傳之風以聲名惠及子孫之明證。而《李君表》則是漢中吏民對良吏李君修路造福於民的感念。讚頌對象從國家的非常之功，轉化為「良吏」的德行。同地區與《石門頌》並稱「漢三頌」的《西狹頌》《郙閣頌》也都於此時期湧現，全部都是類似的交通摩崖，內容皆為地方良吏的紀功性質。可見刻石行使權力寬鬆與自由，使得石刻紀功由國家意志之彰顯下放到對地方良吏的讚頌功德。記功碑從向統治者的奏疏性質，成為地方官吏及民眾自發自由的紀功頌德行為，所以當時的石刻紀功，既有彰顯國家大型工程偉業之性質，又有感念讚頌良吏個人功德之效應，還有立碑者個人「留名」之空間，紀前人之功，更籍此宣示自我的道德高標及影響，具有彰顯他人功德且滿足個人留名的功用。

　　總結——東漢源發誕生時期摩崖總特點：從東漢初期到晚期，集中於石門隧道內外，共有《大開通》《石門頌》《李君表》《楊淮表紀》四方摩崖，形成初具格局的石門摩崖群，是具有區域性、原發性、紀念性的石刻「母碑群」，並有著前後關聯的延續態勢。

　　在石門摩崖群的初生階段，以褒斜道石門隧道這一大型交通工程為依託，褒斜道石門隧道為交通命脈，在國家政治、經濟、戰爭中發揮「非常之功」，其修建修繕及功德是國家重大歷史事件，石門石刻發展成群圍繞著兩個

〔註12〕常璩撰，汪啟明，趙靜譯注，華陽國志譯注·卷十廣漢士女〔M〕，四川：四川大學出版社，2007.503.504.518。

重大動因——其一，大一統王朝統治者的刻石記功需求；其二，東漢後期良吏刻石立傳之風，此二因交匯，導致石刻在此區的集合和初興繁榮。前期是以國家「非常之功」彰顯爲目的記功，後期是精英個人「良吏立傳」爲主題的頌德。而其紀念碑分佈從孤立洞外到向石門隧道內集群，形制從早期的粗獷素樸到後期佔據醒目位置的宏大壯觀，篇幅從簡短紀實的工程述職到洋洋灑灑的長篇頌文，歌頌主體由國家向個人轉移，無一不體現著從國家意志到個人意志，逐步開放、自覺或不自覺強化的留名意識與行爲。

第二節　魏晉延續與「母碑群」成型

如果說石門摩崖群發展第一階段——東漢時代是以「交通記功、良吏立傳」爲主題，那麼，漢末到北魏這四百餘年間則是以風雲變幻的「戰亂」爲關鍵詞，以戰亂導致的「通塞不恒」爲促生之動因。隨著漢王朝大一統的結束，「非常之功」的記功氣魄已經消失，良吏樹碑立傳之風也隨著統治者的禁碑令而沈寂。隨之而來的是從「三國鼎立」到「五胡亂華」再到「南北朝對峙」，蔓延中國的五百餘年大動盪，石門摩崖的發展方式也發生變化，從經濟交通記功進入了另一種增長模式——隨著屢次戰爭中褒斜道之興廢而增長。

一、蜀道在戰爭史中的重要地位

大一統王朝將漢中視爲交通樞紐，注重蜀道暢通以促經濟發展，而在割據、紛爭成爲主流的戰爭時代中，漢中則成爲各大勢力爭奪的要地，戰爭各方政權注重的是其軍事戰略地位。由於其爲連接巴蜀、隴西兩地的交通樞紐，亦是進出巴蜀的「門戶」，佔據之可得雙面進攻的有利地位，而橫向夾著漢中的秦嶺和大巴兩道山脈，又形成良好的封閉地勢，是退守割據的絕佳條件，由此，欲進可攻，欲退可守，獨特的地理位置使其在每次割據分裂對峙戰爭中都佔有重要地位，爲兵家必爭之「形勝之地」。故在三國魏蜀對峙、南北朝對峙分裂戰亂中，漢中皆屬爭端之中心地帶（圖 2.4）。

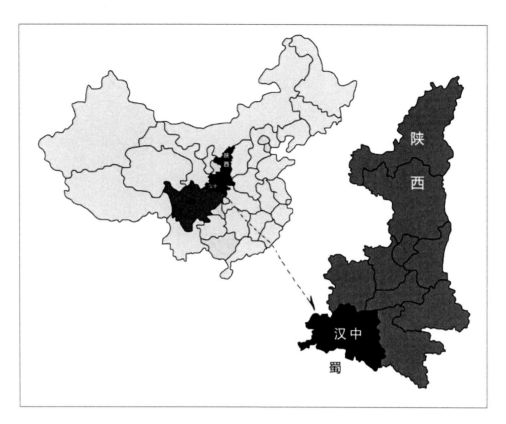

圖 2.4　漢中在中國的地理位置
◎參考中國地圖　陝西地圖

　　蜀道是漢中交通命脈，在戰爭中發揮了重要的作用，毀蜀道則易守難攻，割據政權大都採取斷蜀道的方式以隔絕中原政權的力量觸手；修通蜀道則易攻難守，兩方對峙時出擊進攻，修通可佔據制控權的先驅條件。一有戰爭，守方必然以「斷蜀道」爲最有效的手段，亦爲軍事防禦直接手段。蜀道毀易而修難，其多爲木質結構的棧道，旁依峭壁，下臨深淵，修建危險重重，需要巨大人力物力財力，可是毀掉只需一把火即可燒絕，而一旦阻斷蜀道，便可關閉漢中巴蜀地區門戶，依仗天險固守。因此阻斷蜀道成爲割據巴蜀之地的政權屢試不爽之策，漢中巴蜀也屢屢形成中央難以企及的割據勢力，利用的即是蜀道之險，斷絕蜀道帶來的隔絕割據、退守防禦功能。楚漢戰爭劉邦斷絕褒斜（圖 2.5）、東漢先零羌之亂（圖 2.6）、三國時代張魯、蜀漢、成漢皆是延用此手段鞏固割據政權。

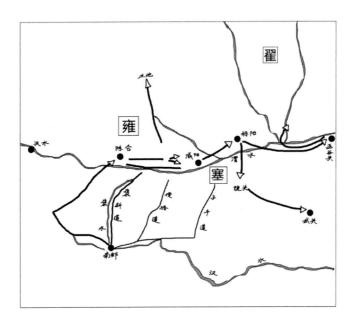

圖2.5　劉邦出漢中還定三秦路線

◎參考《兩漢三國時期的漢中》《漢中地區地勢圖》

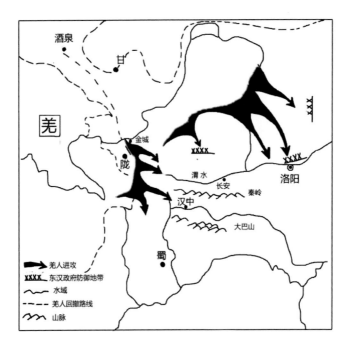

圖2.6　東漢先零羌寇亂三輔示意圖

◎參考《漢中地區地勢圖》《中國羌族》

　　反而言之，進攻方自然不可能任其斷絕，若欲破其割據，則打通蜀道是關鍵。如果在對峙戰爭中佔領蜀道主脈，則巴蜀之地無險可守，門戶大開，易攻難守。因此把握蜀道（尤其是主乾道褒斜道），是戰爭制勝之先決條件。春秋戰國和秦漢時征戰，倘若能把控這兩條道路之先機，則幾近勝利在握，如春秋時，蜀王開明氏二世自秦蜀谷道攻秦至雍（今陝西鳳翔縣南）；戰國時，秦惠文王遣將經褒斜道和金牛道盡得巴蜀之地；西漢劉邦自故道出而還定三秦；三國曹魏鍾會主力從褒斜道、子午道滅蜀。蜀道在屢次戰爭進攻中重修，成為對巴蜀地區進軍、制控權的重要砝碼。總之，對蜀道的爭奪戰，已經成為這個地區固有的經典戰爭模式。

　　在圍繞褒斜道近五百年的大動亂中，各條蜀道都在戰爭中發揮過作用。主線、大道利用率高，其開閉通常對戰爭勝負起作決定性作用。而支脈、小道相對利用率低，在雙方博弈中發揮「奇謀」作用。主線首當其就是蜀道主動脈褒斜道。作為最通暢易行之道，其被毀而又修的次數遠遠大於艱澀陡峭迂迴難行的其他各條蜀道，成為對峙政權雙方或固守、或破毀的重地，「持久戰」中，無論哪一方都不會放鬆對此道的警惕。割據勢力往往會為了最大限度地阻擋對方進攻的暢通，首先毀掉最易行的褒斜道，而留下迂迴難走的另外幾條蜀道，比如米倉道、故道、子午道等（參見圖 2.2）；而統一勢力在進攻中，又會選擇最好行進的褒斜道作為進攻線路，以強有力制控巴蜀，從而積極重修之。因此圍繞蜀道戰爭，褒斜道成為爭奪焦點中的焦點，燒絕與重修成為家常便飯，縱觀歷代戰爭史，從三國到最終的北魏曠日持久、風雲變幻的頻繁戰亂中，褒斜道隨著歷次戰爭退守割據之需要被斷掉，又在另一方進行統一戰爭進攻需要時重新修造，而在這種相當頻繁的「割據」「爭奪」對抗交替中，石門也因此「通塞不恒」，戰事吃緊、棧道被毀期間，自然難有石刻紀念，而戰爭一方在取得階段性勝利後，往往會進行重修摩崖紀念。於是褒斜道石門地區摩崖石刻增長模式也進入了，戰爭——毀道割據——結束戰爭統一——重修道路刻石紀念——再陷入戰爭——又一次毀道割據——再次統一結束戰爭——再度重修道路刻石紀念。每一次刻石都代表一次時代戰亂的暫時結束，亦代表對一個新時代開始的紀念，然後進入下一個戰亂時代，如此持續循環。石門摩崖就在這道路幾開幾合破立興廢之間隨著每一次戰亂的起落而倉促增長，一方方帶著戰爭印記的摩崖陸續誕生，積累起摩崖刻石新的集群。石門紀念是戰爭痕跡，也是蜀道在戰爭史中發揮重要作用的見證。

　　此時期的石門石刻圍繞著戰爭史而生，此期戰爭可分兩個大階段，第
一為三國鼎立到三分歸晉的短暫統一。第二是南北朝，北魏統一北方南北
對峙時期。而這段戰亂期間在褒斜道石門地區總共留下紀念石刻四品。其
一是三國戰爭蜀魏對峙斷絕蜀道，曹魏滅蜀戰爭後增一品《魏李苞通閣道
紀念》（魏景元 264 年），其二為《西晉潘宗伯韓仲元造橋閣紀念》（西晉太
始 266 年），其三為《西晉太康修棧道紀念》（晉太康 280 年），其四為南北
朝對立期間，北魏受南朝獻地，羊祉修褒斜道紀念石刻，即《石門銘》和
《石門銘小記》。

二、三國鼎立到三分歸晉時期紀念

　　三國時期，魏蜀吳三國鼎立，漢中處於魏蜀對峙的最前線（圖 2.7 三國
蜀魏對峙前線：漢中）。漢中的戰略地位幾乎貫穿了整個三國時期，自東漢末
年張魯到三國中期後期，皆以漢中為攻守重鎮，尤其蜀漢後期，《三國志》多
次提到諸葛亮、費褘等屢至漢中。出圖關輔，六出祁山，未有不屯漢中者，
為蜀之「門戶」。（圖 2.8 諸葛亮據漢中伐魏線路）蜀魏雙方往來攻防之重點
則在蜀道防禦之上。褒斜道多次斷絕，早在漢獻帝初平年間，劉焉遣張魯為
督義司馬駐漢中，張魯就曾「斷穀道」「數害漢使」[註13] 其所斷即為褒斜道。
魏蜀爭鋒期間，劉備攻佔漢中，曹操退據守關，兩軍對壘，褒斜道基本閉塞。
為達到割據目的，退守之時褒斜道是需要被斷掉的，但是討伐則需要奮力開
通。可以看到，進攻一方不斷地修路，褒斜道屢斷屢修，變成曠日持久的拉
鋸戰。可考有四次。

〔註13〕 常璩撰，汪啓明，趙靜譯注.華陽國志譯注‧卷二漢中志〔M〕，四川：四川大
　　　學出版社，2007.52～53。

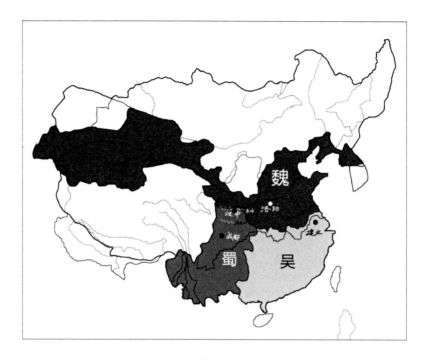

圖 2.7　三國蜀魏對峙前線──漢中

◎參考中國地圖　漢中地區地勢圖

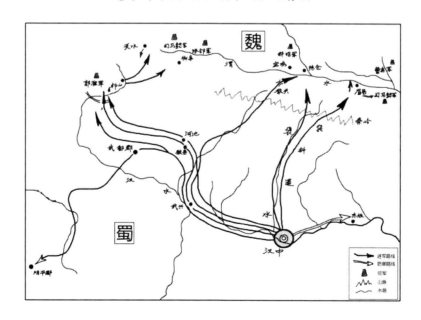

圖 2.8　諸葛亮據漢中伐魏線路

◎參考《兩漢三國時期的漢中》《漢中地區地勢圖》

　　第一次是蜀方爲退守而斷道，鄧芝、趙雲奉諸葛亮之命在褒斜道阻擋魏曹眞軍而燒毀赤崖棧道（赤崖在褒城西北，是褒斜棧道一段），《三國志》記載，「明年（蜀建興六年），亮出軍，揚聲由斜谷道。曹眞遣大衆當之。亮令雲與鄧芝往拒，而身攻祁山。雲、芝兵弱，敵強，失利於箕谷」〔註14〕。蜀軍勢弱不敵，則退兵斷後，絕道以阻之。燒壞赤崖以北閣道百餘里。第二次，魏爲攻蜀而修道，主將是曹眞，「四年，大司馬曹眞征蜀……治道工夫，戰士悉作」〔註15〕「會大霖雨三十餘日，或棧道斷絕，詔眞還軍」〔註16〕。第三次，是諸葛亮爲六出祁山攻魏準備，吸取之前數次攻魏屢因糧草補給不力而被迫撤軍的教訓，戰前兩年便開始一手屯兵備戰，一手修褒斜閣道並發明木牛流馬以轉運糧草〔註17〕。隨著六出祁山失敗，褒斜道又被燒斷了。總之由於魏蜀兩國不斷交戰，加之洪水暴漲，褒斜道輪番毀建，閉塞多而通暢少。

　　這幾輪燒毀修建過於頻繁時間又短暫，沒有留下石刻紀念。

　　褒斜道最後一次相對塵埃落定的修建，是在魏滅蜀之時，《三國志》記載，魏元帝景元四年，征西將軍鍾會率兵十餘萬人由子午谷、駱谷、褒谷三路進攻漢中〔註18〕，取得勝利，此次戰爭滅掉了蜀國（圖2.9魏滅蜀戰爭示圖示）。褒斜道被重修，曹魏將軍李苞收拾局面，重新將褒斜道修好，留下一方摩崖《李苞通閣道題記》作爲紀念。在此之後，三國結束三分歸晉，晉武帝司馬炎建立晉朝，在全國趨向統一的形勢下，自泰始六年到太康元年，武帝司馬炎統治時期曾先後兩次重新修整褒斜道，並沒有開闢新的路線，依然循著原有道路重修，這兩次都留下石刻作爲戰爭結束重修道路的紀念，三方皆位於石門洞外圍，然而，縱觀這幾方隨著戰亂而生的石門摩崖石刻即可發現，此時紀念碑刻顯然已經不復東漢刻石興盛之氣象，相較於東漢的煌煌巨製，彷彿又回歸到了粗獷、樸素的早期工程簡略記錄形態，呈現出草草不工的刻法和無華簡略的敘事風格。

〔註14〕陳壽撰，裴松之注，三國志‧卷三十六蜀書五趙雲傳〔M〕，北京：中華書局，1999.704。

〔註15〕陳壽撰，裴松之注，三國志‧卷十三魏書十三王肅傳〔M〕，北京：中華書局，1999.312。

〔註16〕陳壽撰，裴松之注，三國志‧卷九魏書九曹眞傳〔M〕，北京：中華書局，1999.211。

〔註17〕陳壽撰，裴松之注，三國志‧卷三十五蜀書五諸葛亮傳〔M〕，北京：中華書局，1999.687。

〔註18〕陳壽撰，裴松之注，三國志‧卷二十八魏書二十八鍾會傳〔M〕，北京：中華書局，1999.585～586。

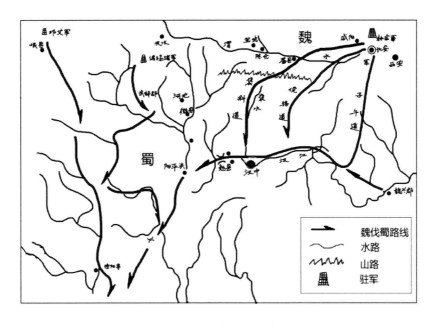

圖 2.9　魏滅蜀取漢中戰爭圖示

◎參考《兩漢三國時期的漢中》《漢中地區地勢圖》

　　由於三國時期曹魏禁碑，東漢末年樹碑立傳刻石之風被遏制，故而三國碑刻甚少，《李苞通閣道題記》主持立碑者是戰亂結束前來收拾局面的率軍將領，自然也無閒情大張旗鼓記功，因此《李苞通閣道》顯出匆忙草率亦是情理之中，「景元四年十二月十日，蕩寇將軍浮亭侯譙國李苞字宗章將中軍兵石木工二千人始通此閣道。」通篇僅三十八字，寥寥數言，精簡已極的記實之作。如今可見的《李苞通閣道》摩崖原刻於石門北口之崖壁上，因原址處山崖受震崩塌，損毀嚴重，後人恐其泯滅，乃爲其復刻於石門南崖間。而統一王朝西晉修葺褒斜道的兩方摩崖，也延續採取與戰亂中的李苞通閣道同樣簡略的手法，「潘宗伯韓仲元以泰始六年五月十日造此橋閣」。僅以簡短一句話記時與事，甚至不能稱其爲篇章，既無優美長篇的頌詞，亦無歌功頌德的豪邁之情。依稀可嗅出此時西晉縱然有「太康盛世」，但依然已經沒有了東漢時期大一統帝國的控制力和刻石銘功之魄力，甚至官吏也無心顧及留名之事，統一局面岌岌可危，正面臨著分裂的威脅，此二次連續整修褒斜道，亦是爲了籍此道路之利，制控蠢蠢欲動的漢中地區割據勢力，果然沒過多久，西晉政權即分崩離析，漢中地區又陷入了十六國成漢政權割據，剛修好不久的褒斜道又在第一時間被斷絕了（圖2.10 成漢政權割據漢中）。

　　此三方動亂間歇期戰火硝煙中生出的摩崖石刻呈現出相類時代特徵——匆忙、簡略、草率，比起上一時期東漢的蓬勃成群，雖然數量上不少，但始終難掩戰亂的動盪痕跡與石刻之風不復的時代文化氛圍。

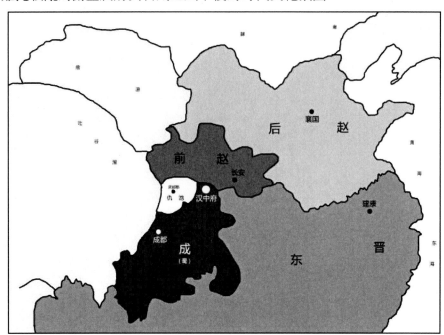

圖 2.10　東晉成漢政權割據漢中

◎參考中國地圖　漢中地區地勢圖

三、北魏「漢中獻地」事件與戰爭時代最後的交通紀念

　　西晉之一統未過多久即告滅亡（公元 313 年），中國再度陷入持續兩百年大混戰。漢中也自然成為大混戰中的爭地。主要對峙情況有兩大階段，第一階段始於東晉（公元 317 年），此時漢中由十六國李特成漢政權控制形成割據勢力。第二階段為（公元 420 年），東晉滅亡，進入南北朝長期分裂和對峙，北方的北魏政權和南方宋、梁政權對峙，均以漢中（梁州）為爭奪前線，其先後屬劉宋、蕭齊、北魏、蕭梁、西魏、北周（圖 2.11 北魏與宋對峙、圖 2.12 東魏西魏與南梁對峙）。由於漢中與關中長期歸屬於不同政權所轄範圍，兩相隔絕，因此褒斜道多被廢棄，常年壅閉。而石門地區最重要摩崖之一，也是整個石門漢魏源生時期最後一方摩崖，即誕生在北魏和南方政權膠著對峙期間的一次重大重修中。

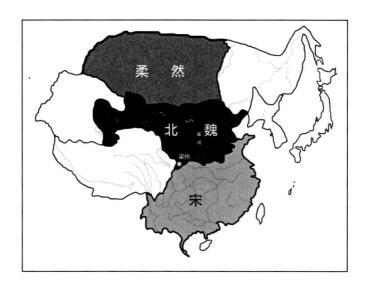

圖 2.11　北魏時期魏與宋必爭之地——梁州

◎參考中國地圖　漢中地區地勢圖　注：梁州（三國設）即如今的漢中

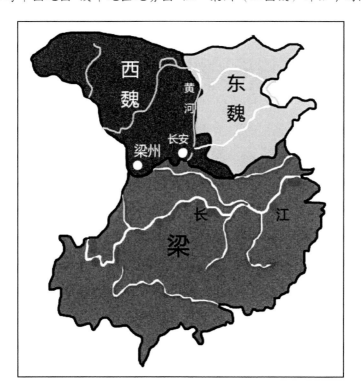

圖 2.12　北朝後期東、西魏與梁對峙要地——梁州

◎參考中國地圖　漢中地區地勢圖

北魏正始元年（南梁天監三年公元 504 年），原歸屬於南梁的梁州（漢中），由於守將夏侯道遷裏應外合的叛降，盡歸爲北魏領地，此即《石門銘》銘文中所記載的「漢中獻地」之重大事件。梁州入於魏境之後，依然是北魏與南梁兩相對峙的前線。北魏朝廷即任命名將羊祉爲梁、秦二州刺史，坐鎮漢中，統治此新收區域。羊祉甫一上任，便以敏銳眼光覺察褒斜道交通對於掌握地區軍事制控權之重要性，爲北方中原勢力把控西南之主脈，隨即上書魏宣武帝，請求將年久失修閉塞的褒斜道徹底修整復通。

此議即獲首肯，魏宣武帝派遣左校令賈三德，率領萬餘名徒隸與百名石師共赴漢中完成此項工程。作爲朝廷專司建築之官員，賈三德在總領工程中盡展其才，採取拓寬狹窄山道、石塊填平深溝、棧橋連接寬壑、陡峻之處推土夷平、易坍之處抵以柱梁等措施，使道路順暢易行。同時廢棄原經由「斜谷」之舊路，新開闢柴關嶺及紫柏山一線的「迴車道」，此亦爲褒斜史上首度重要改道。工程歷時兩年零四月（北魏正始四年至北魏永平二年，公元 507～509 年），改道之後的褒斜道盛況空前，岩穴之內、道路之上可並行車馬，更復通關中與蜀地，使畜產、鹽鐵及絲綢、皮貨貿易得以暢通，這在中國古代交通工程史上無疑是極爲重要的。《石門銘》文中讚譽：「穹隆高閣，有車轔轔，威夷石道，馴牡其駉，千載絕軌，百輛更新」之語，即是當時工程修復之後，褒斜道平坦寬闊、車馬行人熙攘往來之寫照。

北魏爲彰顯政權之威勢，在這項重大工程完工之後進行大型刻石記功，於是《石門銘》及後記性質的《石門銘小記》在石門洞內誕生，其位置特別，不同於前期三方散落在隧道南口外山崖間，而是再次進入隧道內，且佔據洞內東壁顯眼位置，《石門銘》略斜對西壁《石門頌》，《石門銘小記》正對著《石門頌》，《石門銘》大小規模也大致與《石門頌》相當，似乎有意識形成與四百餘年前東漢永平年間所刻的《石門頌》摩崖對視局面。同時相較於前幾方戰亂中摩崖的極簡作風，《石門銘》呈現出可與東漢末年碑刻興盛時代分庭抗禮之勢，可謂氣象宏闊——北魏時代，刻石之風重新興盛，開放碑禁，形成長於碑版的專業刻工群體。《石門銘》六百餘字長篇，無論書法還是刊刻技藝均臻化境（將在四、五章具體探究）。值得注意的是，石門地區發展至此時的所有摩崖中，《石門銘》第一次也是唯一一次出現了刻工的名字，而其書者王遠和刻者武阿仁都不是來自漢中當地，而是跟隨朝廷委派的工程隊負責人賈三德來此作業，是從北魏刻石極其興盛的都城洛陽而來。因此《石門銘》並

不是地方性刻石，可以看作是洛陽地區優秀工匠在石門地區的一次展示，精美絕倫地呈現了來自石刻最發達地區的最高水平刻石技藝。

《石門銘》的長篇銘文歌頌了工程倡議發起者羊祉的功德，以及實際操作者賈三德的能工巧思，在爲道路開通事件本身記功讚美之外，面對石門隧道見證的數百年興亡戰爭、屢次被毀又屢次重修「乍開乍閉，通塞不恒」之狀況感慨良多，且有意營造出和前代摩崖一脈相承的紀念效果，回望源頭，自覺與刻於東壁的東漢《石門頌》發生對話型關聯。這種關聯來自於工程總負責人賈三德所發現一個驚人的巧合——《石門銘小記》中記載「開復之年，同名永平」，即五百年前東漢首次開通石門的年號是「永平」，而此次工程開工年號爲「正始」，但就在正式竣工那一年，北魏將年號改名爲「永平」，於是正好和五百年前東漢《石門頌》記載石門洞誕生那年的年號相同，石門開復之年的年號同名，似乎冥冥中帶有某種循環往復的天命意味，賈三德以刻石以記，希望後人共同見證這種歷史性的關聯。如果把石門地區早期摩崖《大開通》《石門頌》等看作紀念的開始，歷經屢次開開合合後的《石門銘》則是五百年戰爭交通發展的終結，銘文言辭在無形之中具有對於褒斜道在東漢到北魏五百年間，隨著重大歷史事件而陸續發展的各時期石刻的回顧和總結意味。

更爲巧合的是，《石門銘》也的確成爲漢魏紀功時代的最後一方大型摩崖，也是石門隧道作爲交通樞紐的最後一次刻石紀念。在此次的大型修復後，褒斜道沒有暢通過多久又毀於戰火，石門隨之閉塞，而在此之後褒河水位抬高，褒斜改道行雞頭關，石門隧道不再是通行褒斜道必經的交通樞紐，成爲一個廢棄的洞窟。因此，《石門銘》標誌著石門交通記功時代的終結，其後很長一段時間也再沒有出現新的摩崖，魏晉源生時期石刻發展終結於此。

總之，魏晉是石門石刻群的發展期，隨著戰爭的風雲變幻、不同勢力毀道割據、統一王朝的重修紀念而發展，和漢代合在一起，共同形成了石門石刻群的源生時代，也是石門摩崖石刻群發展的第一個高潮。

褒斜道石門在作爲實用交通樞紐的宏大格局中，其往來通達，不論是統一帝國爲經濟繁榮政局穩定大力建修工程，還是動亂紛爭中頻繁開閉工程，皆因記功而聚集成群。一次次對於工程偉業的紀念，以道路通塞、隧道開合爲主線，以政治、經濟、戰爭爲導因，包含著國家強盛之昭示、個人留名意圖之彰顯。刻石形態也隨著各個時代文化、刻石之風的異同，呈現出不同的風貌，烙上時代之印記。在刻石之中人們逐漸加強個人意識，不僅紀念當下，而且開始反思

過去的紀念者。通過遙望、互文，石門石刻之間已初具自覺聯繫的意識。

　　從漢魏五百年褒斜道的興廢以及石門摩崖發展歷史的回顧，可以發現：作為一個巨大工程，石門摩崖的發生、發展與國力緊密相關，摩崖石刻記功蓬勃發展是以政權穩定、國力強盛為前提的。當政局穩定之時，道路暢通，國力興盛，石門摩崖記功規模宏大，書刻也精美。當戰爭頻仍社會動盪之時，道路阻絕，摩崖少而規格簡略；從某種意義上說，此階段石門摩崖的發展史，與本地區乃至國家治與亂、安與危、統一與分裂的歷史息息相關。從大一統的記功時代刻石之興盛，到風雲變幻的戰亂時代刻石之蕭條，石門摩崖見證了帝國一統與分裂、蜀道戰爭與褒斜道的興廢。因此漢魏石門摩崖的誕生、發展史，也是國家統一安定與分裂動盪的晴雨表。

　　石門石刻漢魏發展時代結束，接下來石門石刻群進入了隋唐百年的沈寂期。在石門石刻發展第一個高潮時期——漢魏，石門地區最核心的格局形成，隧道內西壁《石門頌》等幾方摩崖和東壁《石門銘》相對遙望，《大開通》及《李苞通閣道》等幾方散佈洞外山崖間。這批「源生時期」的「母碑群」，具有核心性質，數量並非最多，但是在石門摩崖群中形制最大、字數最多、書刻最精美、製作最講究、位置最醒目、傳播影響力也最廣泛，換言之，石門地區最經典的石刻基本皆在此期生成。文辭簡樸、形制隨意者有之；文辭華美、形制恢弘者有之。記功述史，巍然附著於隧道石壁之上供人瞻仰。這也是石門摩崖下一個發展高潮時代——南宋宦遊官員遊覽石門時「觀古碑」所面對的情形，南宋時代正是以此為基點，掀起新一輪石刻激增熱潮。

第三節　南宋「景觀化」與首次復興

　　南宋是石門石刻史上第二個高潮期。石門石刻經歷了漢魏興盛、隋唐低迷，南宋進入第一次復興期，之後元明又轉為低潮，因此南宋可謂承前啓後，在石門石刻發展史上，有著舉足輕重的地位。

　　任何事物發展皆經歷起落盛衰，石門摩崖發展亦然，漢魏高潮之後，隋唐陷入沈寂百餘年的低潮期。此期漢中地區蜀道交通一直發達，但摩崖石刻發展卻十分蕭條，石門隧道內增數一片空白，究其原因大抵有三：其一，此時期政局相較前一時期平靜，交通要塞褒斜道雖持續暢通，卻未有「乍開乍閉」受人關注之契機；其二，棧道材質已從木質變成了石質碥道，燒毀不再那麼容易，故而道路燒絕的毀路事件基本沒有發生，於是褒斜道主乾道大的

修整重建甚少，多爲局部的修整。爲數不多的幾方紀念石刻也限於新的修整路段，比如《永元新修路記》就是對褒斜道局部支線的整修紀念；其三，隋唐時期由於褒河水位抬高，褒斜路不再通過石門隧道，而是改由其上方的雞頭關通行，於是，石門隧道過往旅人也相對冷清，石刻也相當沈寂。見石刻統計，隋唐百年間石刻僅增 4 品，占總數的 2%，實爲石門石刻發展的低谷。而在宋代所迎來的首次復興中，從發展數目來看，摩崖一下子蜂擁而至——石刻總數約 160 品，其中宋刻 52 品，占總數的 33%，因此，宋代開啓石門復興的新時代，其在石門石刻發展史上也是一個轉型期。

　　所謂轉型，其一，由於石門隧道「景觀化」，使得刻石主體的動機發生轉變，由先前的「紀功」轉化爲「懷古」；其二，是新生重大水利工程紀念，由此紀念重大事件也由「交通」工程轉型爲「水利」工程。此二點轉型衍生成新的摩崖石刻群，這也與南宋時期漢中地區戰略地位和文化氛圍變化有關。

一、宋金對峙與南宋「宦遊」「金石學」之風

　　南宋在宋金對峙這一政治背景和戰略形勢下，漢中戰略地位顯著，全國精英文官聚集於此，文人宦遊成風、金石學亦盛行，文化氛圍濃厚，在石門地區產生出連鎖反應，直接造成了新石刻轉型和激增。

（一）漢中爲宋金對峙前線，精英文官聚集

　　文官群體是南宋石門摩崖「宦遊」的主體，而大量文官在漢中地區聚焦之因，則不能不提及漢中在宋代的戰略地位。

　　漢中在北宋時期即爲重鎮，歷來由重要官員鎮守。北宋開國初期，國都開封府、重鎮興元府的最高行政長宮，分別由宋太祖的兩個弟弟趙光義、趙光美擔任，「壬申，以光義爲開封府尹，光美行興元尹。」〔註19〕而後乾德五年（967 年）更詔令漢中（興元府）直隸屬京師管轄，這也是史上縣級行政區直接隸屬於京師首例。都昭示著漢中不凡的戰略地位。

　　漢中是宋代川陝間經濟文化最發達的城市，仰賴四通八達的蜀道交通，與開封府、成都府、杭州城並稱北宋中期全國四大商業中心，文同稱之爲「巨鎮」，認爲興元府應引起朝堂高度重視。

　　「川陸寬平，魚稻豐美。」（〈謝就差知興元府表〉）

　　「自三代已來，號爲巨鎮。疆理所屬，正當秦蜀出入之會，下褒斜，臨

〔註19〕脫脫等・宋史卷一太祖本紀〔M〕，北京：中華書局，1977.9。

漢沔，平陸延袤，凡數百里。壤土演沃，堰埭棋布，桑麻菽稻之富，引望不及。西南逾棧道、抵劍門，下趣成都，岐雍諸山，遮列東北，深蟠遠跱，孕畜雲雨，蟑道百出，相拱加輻，遠通樊鄧，旁接秦隴，貿遷有無者，望利而入。舊制，中州之人，不得久居於此。今復弛禁，一切不問，故四方來者，頗自占業，殊習異尚，雜處閭里。天下物貨，種列於市；金繒漆枲，衣被他所。近歲洮河所仰，茶產鉅億，公糴私販，輦負不絕，誠山西浩穰之奧區，而朝廷所宜留意之劇地也。」〔註20〕

漢中在北宋已經是全國最重要城市之一，而南宋時期，其戰略地位更加凸顯，在北宋「經濟巨鎮」基礎上，加上舉足輕重的「軍事重鎮」地位。眾所周知，金滅北宋之後，南宋朝廷與金國成南北對峙之勢，分界恰在秦嶺、淮河一線，而漢中之上緊臨秦嶺，是南宋與金國幾大戰區中川陝戰區的核心基地，為秦嶺防線之重地，且地處南宋、金、西夏三國交界處，其得失干係著家國興亡之大局。如（圖2.13）宋金對峙圖所示。

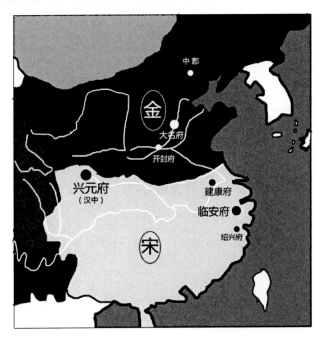

圖2.13　宋金對峙前線——漢中（興元府）

參考中國地圖　漢中地區地勢圖

〔註20〕欽定四庫全書集部‧文同丹淵集卷二十八謝就差知興元府表，卷三十四奏為乞修興元府城及添兵狀（影印本）1096-718.1096-754.1096-755。

　　歷代戰爭史可證，三國時期蜀魏對峙、北魏時期魏宋之爭，均圍繞著漢中，足可見漢中的戰略地位。故南宋人以史為鑒分析現實狀況，紛紛提出把控漢中之重要性，如孫道夫言：「漢中前瞰三秦，後蔽巴蜀，孔明、蔣琬出圖關輔，未有不屯漢中者。今欲進兵陝右，當先經營漢中。」〔註 21〕宋高宗建炎二年（1128 年）川陝宣撫處置使張浚亦言：「漢中形勝之地。前控六路之師，後據兩川之粟，左通荊襄之財，右出秦隴之馬，號令中原，必基於此。」〔註 22〕無論是以史為鑒還是出於現狀考慮，南宋朝廷上下皆視漢中為戰略要地，地位較北宋更顯其重。

　　此期戰局中，漢中蜀道並沒有像漢末至南北朝時期那樣處於反覆焦灼爭奪中，而一直是在南宋控制下的抗金前沿陣地，起到威懾和守禦作用。官員主要任務是屯兵練兵和修堰供戰備軍糧。

　　首先是屯兵備戰，南宋有十萬大軍駐守漢中。《宋史・鄭剛中傳》曰：「先是，川口屯兵十萬，分隸三大將，吳璘屯興州，楊政屯興元府，郭浩屯金州。皆建帥節」〔註 23〕使得漢中固若金湯，確保全蜀及東南安全。《宋史・吳璘傳》論曰：「吳玠與弟璘，智勇忠實，戮力協心，據險抗敵，卒保全蜀。」〔註 24〕其次備戰供糧，修建新的水利工程山河堰灌溉田地，以保障軍糧供應，守戰官員同時也是修堰的主持負責者，如吳玠與弟璘率領軍民屢次修山河堰。守禦將領以此二途徑對漢中前線進行卓有成效的守護。

　　因漢中為要害之地，故鎮守者需具備過人的軍政能力，宋太宗時期，吏部尚書宋琪上書言邊事曰：「臣曾受任西川數年，經歷江山，備見形勢要害，利州最是咽喉之地」「其外三泉、西縣、興、鳳等州，並為要衝。請選有武略重臣鎮守之」〔註 25〕。所以南宋朝廷皆將最能幹、最富實戰經驗的官員派往漢中。鎮守官員無一不是文韜武略的人才，比如在抗金戰爭中立卓越功勳的

〔註 21〕脫脫等，宋史卷三百八十二列傳第一百四十一孫道夫傳〔M〕，北京：中華書局，1977.11765。

〔註 22〕顧祖禹撰，賀次君，施和金點校.讀史方輿紀要卷五十六陝西五〔M〕，北京：中華書局，2005.2662。

〔註 23〕脫脫等，宋史卷三百七十列傳一百二十九鄭剛中傳〔M〕，北京：中華書局，1977.11513。

〔註 24〕脫脫等，宋史卷三百六十六列傳第一百二十五吳璘傳〔M〕，北京：中華書局，1977.11424。

〔註 25〕脫脫等，宋史卷二百六十四列傳第二十三宋琪傳〔M〕，北京：中華書局，1977.9131。

安丙、吳玠、吳璘兄弟等等，另外，還有不少愛國文人自願投軍，在家國危機中，投筆從戎親赴抗金前線，力圖以身踐行報國衛國興復之志。如南宋著名詩人陸游，在漢中也有一段重要的軍旅經歷，其於乾道七年（1171 年）應駐軍於南鄭前線的四川宣撫使王炎之邀，親入漢中（興元府）南鄭幕府八月有餘，其任職期間，力倡取隴右、復長安，積糧強兵，有力則攻，勢弱則守，驅逐金國，北定中原的「進取之策」〔註26〕。傳世名篇「樓船夜雪瓜州渡，鐵馬秋風大散關」亦是其在南鄭幕府時於駱谷口、仙人原、定軍山、大散關一帶等前方據點和戰略要塞之巡視紀實。而其同僚閻蒼舒、章森、張季長等，不少都是在石門摩崖中留名者。總之南宋一批批文武雙全的官吏薈萃於漢中，這些精英文官及其共事的文人群體，形成了石門石刻群發展潛在的活力。

（二）文人宦遊風氣與金石學之興盛

由上分析可見，宋代以來，文臣統兵成為傳統，軍旅多出文人儒將，負責戰事的官員不僅有武略，還是文人中的翹楚。而南宋文人群體秉承北宋興盛的宦遊風氣，喜好流連山水，題詠留名，所謂」山川之勝、翰墨之緣，可以兼得」〔註27〕。此風肇自六朝，唐宋尤烈，南宋雖偏安一隅仍盛行不衰。「南渡以後，神州疆索，淪入金源……其時國步雖艱，士大夫雅好文章，遊宦登臨，往往濡毫以志歲月，名山洞壑，不乏留題。」〔註28〕凡吸引宦遊者目光之所，或為風景絕倫，或有古蹟留存，而漢中石門地區二者兼而有之，因此文武官員紛至沓來，尤以蜀籍官宦、幕僚、家屬居多。清葉昌熾《語石》有云：「由褒斜入蜀，天梯石棧，閣道雲連，石門析里之間，宋時士大夫入蜀者，莫不濡毫於此。」〔註29〕在宋室南渡後，金國佔據北方，因此北方此種題詠幾乎絕跡，而漢中褒斜石門雖處於宋金對峙前線的兩國接壤處「秦隴與蜀接壤處，為兩國犬牙」〔註30〕然其始終為南宋之疆域，因此題刻依然不少。其中亦不乏名流，如章森、閻蒼舒、范仲藝、安丙、趙彥吶等，漢中地區精英文官及文人群體在完成備戰守禦任務的同時，登臨懷古，遊覽山水，寄情抒

〔註26〕脫脫等。宋史卷三百九十五列傳第一百五十四陸游傳〔M〕.北京：中華書局，1977，12058。
〔註27〕葉昌熾撰，柯昌泗評，語石 語石異同評卷五〔M〕，北京：中華書局，1994.349。
〔註28〕葉昌熾撰，柯昌泗評，語石 語石異同評卷一〔M〕，北京：中華書局，1994.47。
〔註29〕葉昌熾撰，柯昌泗評，語石 語石異同評卷五〔M〕，北京：中華書局，1994.351。
〔註30〕葉昌熾撰，柯昌泗評，語石 語石異同評卷一宋四則〔M〕，北京：中華書局，1994.47。

懷，發古今之幽思，留翰墨之題刻，蔚然成風。

　　同時，宋代金石學的興盛，使得文人群體對古代石刻的興趣空前高漲。金石學肇始兩宋，是傳統學術重要領域，著意於訪碑、椎拓和考鑒。宋人雅好搜集古物及拓本，其數目之多、品類之廣、興致之盛、癡迷之深皆爲前代所未有。如歐陽修收集「湯盤孔鼎岐陽之鼓，岱山鄒嶧會稽之石」及歷代各類彝器、碑銘、字書等，稱其爲「至寶」「怪奇偉麗、工妙可喜」〔註31〕，足見其愛之深；趙明誠更是二十餘年傾盡其財，著意訪尋搜集古今「古物奇器、豐碑巨刻」〔註32〕。金石學之興盛，一定程度也與前文所述的文人宦遊風氣有關。其身臨其境尋幽攬勝，將訪碑看作繁冗公務之餘的精神愉悅，溯古之情、感今之思、賞鑒之樂、研究之興兼而有之。同時，以文化傳播之媒介——造紙、印刷以及椎拓手段之發展。使得古器物之形得以脫出原載體，憑藉拓片複製品形式傳揚四方，亦爲無法親歷訪碑者研究帶來可能。宋代在研究金石方面已經有專家，並出現一批金石專著，由此給石刻關注與研究帶來契機，漢中褒斜道地區爲古摩崖留存地，更是研究與訪碑重點，如歐陽修《集古錄》、趙明誠《金石錄》等重要金石學著作中，皆不乏對漢中石門石刻的記載，經典《石門頌》《石門銘》均被收錄其中。宋金對峙期間，興元府（漢中）守禦官員對此也頗爲關注，當時石門摩崖拓片，常被作爲紀念品贈禮。比如歐陽修、趙明誠，洪适等金石學家《集古錄》《金石錄》《隸釋》中所記載，多由漢中宦遊的官員處獲得，洪适曾書信委託駐紮前線友人員興宗轉帶當地碑刻「諮以川蜀兩漢碑墨之所出及古文奇字」，以完成《隸釋》等著作。由此途徑，漢魏石門石刻聲名傳播全國。因此，這批身負備戰邊防任務，極具宦游雅興，且富有金石學研究素質的官宦積聚在漢中地區，使得石門摩崖受到極大的關注，推動了石門石刻的發展。

　　綜上所述，一方面宋人宦遊之風，觀景留題名紀念，形成石門摩崖增長的推力，同時金石學興盛，對於古碑刻的興致乃至發現和保護形成良性循環，開啓了石門石刻研究的序幕。

　　兼具宋金戰略重鎮、區域經濟樞紐、全國經濟中心，歷史文化名地多重身份的漢中聚焦著宋代精英文人的目光。懷著建功立業的壯志、對往昔遺跡的嚮往、對山水盛景的追求，乃至對金石學的熱情，石門石刻發展再掀高潮。

〔註31〕歐陽修，集古錄跋尾〔M〕，北京：人民美術出版社，2010.1。
〔註32〕趙明誠著，劉曉東，崔豔楠點校，金石錄〔M〕，濟南：齊魯書社，2009.序1。

三、循宦遊路線的石刻增長模式

　　縱觀石門摩崖群在南宋的發展，是順著工程與宦遊必經路線而衍生。從石門擴散到褒河附近的玉盆，然後再到新工程所在地山河堰。

　　前已論及，漢中為提供軍需之糧而修山河堰工程以利灌溉，山河堰工程為這一時期官員必不可少的經營項目。而石門是漢魏流傳下來的歷史悠久的古蹟、周邊山川形勝風景壯美，更是文人宦遊不可不至的場所。因此歷任漢中官員多喜歡將每一次親歷視察山河堰工程，安排成視察山河堰與宦遊勝景結合的方式進行。即視察山河堰的同時，遊覽玉盆景區和石門隧道景區。而其他文人來此地遊覽也集中在這幾個景點——觀隧道千年古刻、歷蜿蜒棧道；賞山川盛景、觀山河堰工程。由此逐漸形成一條基本固定的遊覽線路：「石門——玉盆——山河堰」。實際上是一個將歷史人文古蹟建築遺跡、遊山玩水、實用工程結合的景點旅遊線路。於是，南宋所開闢的以褒水為軸線、石門隧道為核心，山河堰、玉盆為重要景點，以雞頭關、河東店為兩翼的遊覽景區線路就此形成。新石刻也沿著此線中各區域增長。

（一）石門景觀化轉型後極強的集群效應

　　在此時期，石門石刻中心——古石門隧道經歷了轉型，由「交通樞紐」轉為一個「歷史文化景觀」。其代表意義和刻石主體的動機發生變化。漢魏時期，石門是褒斜棧道的必經之路，來往商旅熙攘頻繁，而到了隋唐之後，由於褒河水漲，褒斜道雖仍然是主動脈，但棧道這一段不再穿石門隧道而移到石門之上的雞頭關，也就是說，南宋時的石門隧道已經和交通樞紐脫離了關係，不再是旅者經行褒斜的必經之路了，現實「交通功能」已然喪失，成為一個廢棄的古建築遺跡。然而石門隧道並未由於交通功能的廢棄而無人問津，恰好相反，其為南宋文官視察遊歷的必至景點。吸引觀者駐足的並非交通功能，而是洞裏留存的漢魏摩崖古蹟，可供瞻仰寄託懷古之思的先人遺存。在宋人留下題名中多次提及進入石門之目的即「觀古翰」。

　　我們可以想像一下南宋宦遊官員進入石門隧道內外觀景之情形，石門隧道此時呈現的是漢魏發展高潮所留下的格局，可見的古代摩崖主要四方：東壁《石門銘》、西壁《石門頌》《楊淮表紀》《李君表》。石門外崖壁上的《大開通》由於年深日久被苔蘚覆蓋，經發現清洗之後才重見天日。顯然摩崖數量並不很多，但刊刻精美，氣勢宏大，已有上千年歷史，記載著王朝興亡、

亂治更迭的歷史，無論內容還是書法都極具經典性。南宋文人近距離面對漢魏石刻，其震撼性可想而知，正是這不多的幾方漢魏摩崖起到了極爲明顯的集聚效應，因此實用功能雖已消除，吸引力卻絲毫未減，令大批南宋文官圍繞之進行書刻摩崖的再創活動。石門故地作爲古道遺址，隨著實用交通樞紐功能的消失，文化象徵意義凸顯，由此石門轉化爲留存「古人遺跡」的「景點」，引發文人墨客觀景「懷古」抒懷而生出紀念題記。在南宋文人多次重複的追溯貼近經典石刻的行爲中，漢魏摩崖這種對於往昔歷史的象徵意味也越發濃重。

新衍生的摩崖包括兩類，其一爲大量的題名，其二爲初期的金石學研究。

圍繞漢魏源生時代摩崖衍生出的大量題名石刻，是此時期發展的最重要一類，以遊覽爲目的的官員抒情題名留念，一個個題名刻石緊密環繞在漢魏摩崖周圍，即第一章圖 1.4 所示石門隧道內石刻，可見石門洞及玉盆周圍山崖遍佈留題，尤以兩宋文人題刻居多。數量多，篇幅短，內容類似，皆是簡略記載此地督戰官員到石門觀古石刻的遊玩活動，多是漢中督戰官員或幕府成員群體。上文提到的官員安丙等、漢中（興元）南鄭幕府成員章森、張季長、閻蒼舒、范西叔、高子長等人名皆赫然在列，石刻多次提到其是在「視察山河堰」同時來此遊玩，從留下的石刻文字可以看出，純粹以觀碑遊覽爲目的留念居多，且過程極具閒情逸致。

官員們往往乘著暮春修禊活動的時候去石門賞遊，留刻紀念。諸如：「慶元丙辰暮春止餘三日，趙公茂、宋□志、張壽卿，同來觀漢刻，三酌於此。」可見其悠然自得，呼朋結伴，載酒而至，對酌品賞，觀翰品茗，題刻留念，極盡風雅之能事，堪稱爲一次次相約之「雅集」。再比如「成都宋積之攝褒中令，廣漢章以初、彭城賈公肅，從公所約訪之，爲石門之遊。摩挲石門漢刻，酌酒修禊，於此盡醉而返。慶元丁巳夏四月」，微醺薄醉，盡興而歸。還有「紀國趙彥吶敏若視堰修禊事，閬中龍隆之景南、普慈劉炳光遠同徠。登石門，拂古翰，從容淪茗而去。寶慶丙戌前熟食五日。」可見修禊、觀刻、遊宴是宋代石門遊覽時必不可少的娛樂。頗類似蘭亭之會，於山陰蘭亭曲水之畔流觴宴樂，而漢中當地雅士則聚於清幽素樸、古意盎然的石門洞內宴飲，別有一番情趣。

不同於漢魏「非常之功」及「功德」之紀念，此時期是一次次結伴風雅遊覽活動的紀念。刻石記功風氣退卻，尋幽探古、寄情留題山水風氣興盛，

刻石主體為南宋文人，其刻石留念性質，已由功德記功變成了懷古抒情記遊。

留名是所有石刻的目的，南宋題名也不例外，不過與漢魏摩崖記功頌德以傳名後世的動機不同，與漢魏「有功」方有「紀功」資格亦不同，南宋題名的主人公，非有功而記，而是於此地備戰空餘之時，或純粹觀賞古代遺留的人文景觀而留念，或對古人遺跡豐功偉業和當今之事有感，「到此一遊」「到此一閱」即可刻石留書紀念，並不需要自身有鑿石修路之功，也不再延續漢魏時代以替他人歌功頌德從而順留自己的名字，而是通過記述自己的觀閱活動，將自己姓名留在古蹟旁邊，以這種近距離接觸古代遺跡的方式，直接達到自身與古人的貼近和關聯，以表達對往昔精神的仰望、對功德之士的追溯與致敬，並以自己名字能與其共列於隧道之壁而獲得一種愉悅和滿足感。另一方面，石門漢魏摩崖作為千年歷史切實可信的遺存，成為一種承載古代意志精神的象徵。後人通過對古人留下的實證遺跡發懷古幽思，以實際刻石或懷古抒情，或對現狀的感慨，建立起與往昔歷史、古代名人誌士交流的平臺。在這種動機下，留名刻石位置都盡可能的趨近漢魏摩崖古蹟。

關注新衍生之石刻與漢魏舊刻方位關係，亦可看出這種追溯和仰望心態。對比漢魏和南宋石門內部結構圖（圖1.4）就可看出，漢魏幾方間摩崖隔得較遠，或相對遙望，或排布相對稀疏，而宋代石刻依漢魏摩崖而衍生，呈現出簇擁環繞式，猶如眾星拱月，皆欲在離漢魏經典石刻最近的位置佔據一席之地，呈現出盡力「趨近」漢魏石刻的態勢，時間越是早期越是佔據離漢魏摩崖接近的部位，後期只能擠在外圈，寧可擁擠旁邊也不向遠離經典的空闊位置發展。這種行為趨向，一定程度上表現出急切貼近古人遺跡的欲望。從衍生石刻的數量增速和見縫插針的密度，也可以看出宋代遊覽者對於這種追溯活動的熱情高漲，樂此不疲，其中屢可以見到重複遊歷者的名字，可見往往同一個人跟著不同批次遊覽團體在同一地點活動觀摩多次，數次刻石留念。

另外一類則是石刻研究與保護，指的是具有金石學素養者針對石門漢魏摩崖的重點研究。前文已述，南宋時期金石學盛行，石門石刻已被金石學家所關注，不乏賞鑒研究。一般金石學家多是通過拓片來研究，但也有本身具有金石學素養，並真正親歷實地的考察者，最重要的代表人物就是山東臨淄晏袤，其為石門摩崖群發展史上一位關鍵性人物。據《宋書》之記載，晏袤善於書寫古文字，尤工隸書，又在漢中南鄭任職縣令，自然對石門摩崖情有

獨鍾，石門不少區域內都留下其活動印記。首先是他發現並保護了石門隧道南崖被苔蘚覆蓋的《大開通》摩崖，清除生長其上的苔蘚，因見其文字殘損厲害，爲讓後來者便於識別，刻碑敘說發現的緣由經過，並進行文字釋識，《釋大開通》摩崖曰：「紹熙甲寅三月甲子，南鄭令晏袤以堰□□□至褒谷，獲此刻於石門西南險側斷崖中。先是癸丑夏秋積雨，苔蘚剝落，至是字畫始見。字法奇勁，古意有餘，與光武中元二年《蜀郡太守何君閣道碑》體勢相若。建武、永平去西漢未遠，故字畫簡古嚴正，觀之使人起敬不暇。」〔註33〕釋文雖有些許誤差，但基本準確，足可見其金石學底蘊深厚，這是在石門石刻群本體中最早出現的對前代摩崖進行研究的石刻。顯然比起宦遊官員載酒而過的題名留念，更加自覺和講究，也更具有專業的學術性。除發現《大開通》外，《山河堰落成記》摩崖亦係其所書，石刻主要內容爲南宋紹熙年間夏季水患，官府百姓集資修堰，銘功爲紀。另有爲西晉《潘宗伯、韓仲元通閣道題記》、三國曹魏（重刻）《李苞通閣道題記》等摩崖進行釋文並刻於石上，由此種種皆可見其對於石門摩崖石刻之熟諳。

此外宋代石刻向漢魏摩崖簇擁卻沒有一方題名傷及古蹟。對於古代摩崖格外珍惜、一致保護。不僅如此，對於一些瀕臨湮滅的摩崖，還進行了重刻和保護。

由此發展，南宋結束之後，原本只有數塊漢魏摩崖的石門洞內，環繞經典石刻數目又激增數十，洞內崖壁基本被刻滿，達到後人無從插入之地步。據清人潘矩墉《石門遊記》所述，石門隧道內「漢魏頌銘左右列，獨無唐人遺跡，南宋題名甚夥」，而另一位清代金石學家倪蘭畹在《石門道記》中亦言：「來遊題名幾滿，皆宋人手筆」〔註34〕。可以說，石門刻石肇於漢魏，盛於南宋。這就是古石門隧道從交通樞紐向人文景觀轉型後石刻急速發展的情況。

（二）兩大區域新群的生成

宋代石門石刻發展，除前文已述的以石門洞爲中心的石刻新發展衍生外，還在兩個旅遊景點發展成新的石刻群落。

1、玉盆新景區

〔註33〕郭榮章，石門石刻大全〔M〕，西安：三秦出版社，2001.81～82。
〔註34〕郭榮章，石門石刻大全〔M〕，西安：三秦出版社，2001.37。

　　玉盆景區是南宋宦遊石門必遊景區之一，觀石門主要是爲了瞻仰古代遺跡，而遊「玉盆」主要是觀覽壯麗河山。文人往往先遊石門後遊玉盆。觀景攬勝，懷古發幽。「玉盆」即指漢「玉盆」摩崖，爲「石門十三品」之一，其位於石門洞南口外三里許，爲褒河水中一巨石，狀如盆，白似玉，猶若玉盆，內刻有「玉盆」隸書，處於褒斜水流中，水激白石，千層雪浪，其兩岸山川壯美奇麗，實乃雅士蕩舟暢遊之絕佳所在。北宋文同任漢中知府時，便曾於斜谷口乘舟泛流而行，觀石門夾岸奇峰之絕景，沿途賞玩江中「殼然如盆」之「大白石穴」玉盆，實景與盆中石刻古文字交融合一，顯得格外可愛，於是題詩讚曰：「灩灩清波瀉石門，茂林高巘夾煙昏。何當畫舫載明月，共醉江心白玉盆」〔註35〕。(《寄褒城宰》) 宋代人對山水的熱情、對古代往昔遺跡的追思，爲此山此水鍍上人文情懷，構成此處景觀的獨特性。「玉盆」景區石刻主要是宦遊文人就褒河山川殊勝景色而抒發的即時心情。其中不乏名流，除文同外，還有章森、閻蒼舒、范仲藝、安丙、趙彥吶等。此外，圍繞著傳爲漢張良所書的「玉盆」和傳爲曹操所書的「袞雪」二榜書亦衍生不少題名、重刻等。玉盆景區是石門摩崖群在石門隧道中心外首次衍生出的新群落，隨著文人團體屢次遊覽而隨意選址，新刻石散落在褒水巨石周圍或沿岸崖壁間。

2、山河堰新工程區

　　山河堰爲中心的工程新石刻群衍生。山河堰是宋代石門地區主修新的大型重點水利項目。位於褒谷口河東店，傳爲西漢開始修建，由丞相蕭何初立，而後曹參續作，所以又名「蕭曹堰」，灌漑漢中沃野千里，幾與蜀地都江堰齊名，後三國諸葛亮以漢中作爲進軍中原之駐軍基地，也曾踵前人之跡而增築之，而南宋以來，作爲宋金對峙前線，南宋在漢中駐軍十萬，爲供應糧草所需，必須仰仗山河堰發展農業水利屯田灌漑，擔負起大後方糧食供應。因此南宋多次不惜物力財力，大修山河堰。歷任駐軍統帥皆以修山河堰爲重，負責前線戰事，同時也主持山河堰水利工程，屢興修治之役，比如抗金主帥吳璘、之後其弟名將吳玠都曾親自主持修復，足見其對抗金作戰之重要性。

　　山河堰屢修屢潰，綜合史料記載宋代共修七次，每重要修復基本必刻石紀念。(具體過程史料記載見本書第三章第二節中所列表格)

　　首先是南宋乾道元年，守將吳璘修主持修復古堰，灌漑良田數千頃，此

〔註35〕欽定四庫全書 集部・文同丹淵集卷十五　寄褒城宰，(影印本) 1096-644。

功由楊絳所書摩崖《漢中新修堰記》紀念之。五年後夏潦導致河堰決口，即由四川宣撫使王炎與知府吳拱共同督建，「發卒萬人助役，盡修六堰，濬大小渠六十五，復見古蹟，並用水工準法修定。」〔註36〕竣工後灌溉面積覆蓋褒城及南鄭田地二十餘萬畝，於是閭蒼舒撰《重修山河堰記碑》爲記；再一次則是紹熙四年夏日復發大水，又導致「六堰盡決」，由太守章森、常平使者范仲藝等再度發卒重造，此次之規模、耗財、人力皆更高於前面數次。次年完成後，范仲藝、章森及駐軍主帥王宗廉等視察六堰並犒勞工徒，南鄭令晏袤書工程記錄《山河堰落成記》摩崖及歌頌性質《山河堰賦》，分別於石門南崖壁及山河廟內。可以看出，由於是實用工程，故而此區域石刻發展比較偏重於實用紀實性，也屬於一種工程記功，紀念營造之艱辛。值得注意的是，有關山河修堰的最重要的一次「紹熙四年夏」工程修復所留下石刻《山河堰落成記》並未落於山河堰景區，而是刻在石門南口數十步褒河西側的山崖間，可見石門隧道依然是這個時期的石刻聚集核心點。

此二區即玉盆和山河堰爲中心區石門洞外新的發展區域，經過南宋的衍生發展，比起漢魏時期石門洞內中心區大大擴展了。石門完成轉型，即由漢魏實用交通樞紐，變成留存古摩崖遺跡的歷史文化景觀。作爲經典摩崖積聚的紀念場所，石門隧道石刻保持強勁的發展勢頭，顯示出極強的集群效應和向心力。玉盆、山河堰兩大新發展地區，亦呈現出不小的聚集態勢。使得石門摩崖群以石門洞爲中心延續伸展的格局更加突顯。宋石刻發展圍繞著漢魏源生摩崖發懷古幽思、寄山水抒情，並兼有修堰紀功、保護和金石研究等等主題。

總之，宋代漢中是全國經濟高地，更是南宋與金對峙、恢復中原的戰略基地。政治家、軍事家、文人墨客等英才聚焦漢中，開啓了石門石刻研究、傳播的文化熱潮，與漢魏石門隧道相比，南宋摩崖發展觸手向周邊延伸，形成了一個「石門——玉盆——山河堰」，由點到線至面的網絡。宦遊文人成爲這個網絡的主體，掀開石門石刻研究的新篇章。

其一、作爲全國聚焦之重心，宋代漢中吸引了當時上層文化精英人物之目光。循著宦遊之風與金石之風，開始了石門之「景觀時代」，形成以石門隧道爲雅集中心的「石門——玉盆——山河堰」三點一線的遊覽主線路，成爲當時文人宦遊熱點；其二、開啓了對漢魏石門摩崖之「研究時代」。除金石學

〔註36〕脫脫等，宋史卷九十五志第四十八河渠五〔M〕，北京：中華書局，1977.2377。

家歐陽修、趙明誠金石學收錄外，晏袤更首度在石門摩崖中以摩崖形式對漢魏摩崖進行考釋研究，這種方式無疑影響了其後清代乃至民國的石門石刻研究，實爲後一時代（清代）「研究型衍生」之濫觴；其三、宋代是石門在漢魏源生時代之後的「首次復興時代」，圍繞石門漢魏古刻，在此地區留下了五十二品摩崖題刻，包括新開闢的玉盆、山河堰兩大群落。對瀕危之古刻《大開通》、「玉盆」、「袞雪」等或重刻釋文，或建遮蔽物予以保護，極大豐富發展了石門石刻文化。

隨著宦遊成風和金石學的興盛，漢魏古摩崖所在的石門隧道並未隨著交通意義的喪失而被忽略，相反以其悠久歷史與石刻的經典性，向景觀轉型，形成了極具集聚效應和向心力的古代歷史人文古蹟，在象徵追溯往昔的懷古情結中，既有宦遊紀念留下的題名類泛化衍生，還有以金石學家爲主體的專門金石學研究之萌芽。漢魏石刻周圍幾乎被刻滿，同時玉盆、山河堰兩大新群的發展，成就了石門石刻文化史上又一壯觀的新時期。其發展動機從交通偉業的功德紀念，變成了對歷史文化景觀之緬懷與抒情。文人儒將或爲經典石刻所傾心，或爲壯麗山河所陶醉，或觸景生情而抒懷，同時又在金石學術風氣濡染下，石門古刻進一步成爲學術研究的聚焦點。研究性質石刻也開後世清代石門石刻研究時代之先聲。

第四節　清代訪碑熱與廢墟再度復興

石門石刻經歷了南宋的活躍期之後，於元明再度陷入沈寂期。元、明兩代，分裂對峙局面消失、備戰放緩，漢中也不再有官員雲集鎮守，風雅文人群體的消弱，直接導致宦遊風氣驟降，也使得閉塞的石門故地幾近無人問津，加之元明兩代金石學氛圍不濃，石門石刻發展一片低迷。時至清代金石學訪碑興盛，才促使石門石刻發展再興浪潮。

南宋石門摩崖循著景觀遊覽式的發展，形成以宦遊文官爲主體，以石門隧道爲核心，「石門——玉盆——山河堰」三景一線的發展格局，其關鍵詞爲「宦遊」。而清代石門再度復興之關鍵詞，則是「金石學、訪碑」。清嘉慶後金石學風靡於世，金石學家的訪碑熱度空前，石門石刻群再度成爲時代文化的焦點，呈現一主一副兩大脈絡，一條主線即是石門隧道中心地區，金石學家訪碑引發的石刻熱潮，也就是圖 2.14（本章末尾附圖）所示的石門中心區

的第四輪擴大。古代漢魏石刻在徹底經典化中熱播。一條副線,則是伴隨著石門地區新修交通工程的擴散,關隘、驛站等新分區石刻零星持續地滋生。見圖 2.14 中出現的三角形區域。數量不多,範圍卻廣泛,與主線中心區域相比,顯得默默無聞,形成主、副線石刻知名度兩極分化。

一、成為廢墟的石門隧道與金石學家「尋幽」訪碑熱潮

金石學家探尋「廢墟的石門」,使石門隧道中心區在沉沒中再生,在此不得不再次提起石門隧道本身意義及轉型問題,我們知道,石門隧道在漢魏為實用的交通樞紐,南宋雖已失去交通樞紐地位,卻因其存有古摩崖極俱觀賞價值,轉型成為文化景觀的核心。而將時間推移到清初,石門隧道內部環境依舊,外部環境卻發生了變化,陸路不暢,水路亦難至,閉塞荒蕪,南宋時的那種景觀核心、旅遊熱點的氛圍也已不在,從景點轉型為人跡罕至的廢墟。不但交通地位磨滅,連同景觀地位也一併消失,與之相併列的玉盆、山河堰景區遊覽更是低迷。

清代已成為廢墟的石門故地再興,其最大動因就是金石學的興盛,金石學者訪碑,使沈寂的石門再一次成為聚焦點。眾所周知,清代「文字獄」令文人學士惶然自危而無所適從,於是將興趣點轉移至與現世絕少關聯的金石古物考據之學上。而在書法方面,帖學式微,碑學大興,漢魏南北朝眾多的墓誌、造像等刻石進入書法學的視野,碑版蒼茫深厚的金石氣息,是當時書家心摹手追的靈感來源。金石學家醉心金石,孜孜以求。而石門摩崖歷經千年,其時間之古老、數目之廣眾、藝術之經典,名聲已斐然在外,令人神往,更是吸引著金石學者們極大的興趣。去石門的道路雖則難行,但也擋不住狂熱執著的金石學家們訪碑的熱情。為了訪碑往往不畏艱險,披荊斬棘,親至實地踏勘考察,掀起了「石門熱潮」。可以說清代金石學之昌盛,是元明以來沈寂的石門隧道復興的契機,這些金石學研究者,身份大多依然是學識淵博的官員,不過與宋代金石學相比在學術研究方面有了進展。

對同為來石門訪碑宦遊的官員來說,清代金石學家和南宋文人是有所區別的,南宋文人宦遊以「遊覽」為主,研究為輔,而清代金石學家之宦遊,則以金石訪碑為目的,以深入純粹的「研究」為主要嚮導。二者之異在於,「隨心遊覽」與「有心研究」。

首先就訪碑的難度和目的性而言,清代訪碑難度遠大於前兩個高潮(漢

魏與南宋）。漢魏石門爲交通樞紐，是旅人必經之路，順路即可隨意觀碑。南宋雖然棧道主路不經石門，但通向石門的道路通暢，其作爲熱門景點，可輕車熟路，前往遊覽目的也多爲賞玩，態度輕鬆愉悅。而清代褒斜爲「連雲棧」。路面抬高行山巔雞頭關，通往石門隧道的陸路斷絕，其下水流湍急，交通、遊覽價值均不在，可謂人跡罕至，幾乎成爲廢墟。清代金石學家訪碑面臨險阻，需歷經艱難困苦，循幽洞踏秘境，訪碑更類似一種探險，我們可以從當時主要人物的訪碑記錄中瞭解到當時石門探秘研究的情況。

要赴石門故地，陸路不通，金石學家另闢蹊徑，艱辛探尋出一條水路進入石門的路線，首先是王森文宦遊褒城：「覓舟出城東門，溯褒水」〔註37〕，至石門訪碑。王森文之後羅秀書，其同治十年宦遊漢中《遊石門詩》，「辛未季秋，泛舟褒溪，登石門，觀漢魏古碣，老勁奇橫如鍾鼎銘」〔註38〕。另一位則是吳大澂，據其《恒軒日記》所載，曾於1870年隨李鴻章（時任湖廣總督）西入漢中石門訪碑，羅秀書遣舟來迎，可見這幾位金石學家石門訪碑都是走這條水路，路線是由褒城乘舟溯褒水上行，到石門下方山谷，然後捨舟攀援進入石門。一路艱難險阻：褒水水勢湍急，逆流而上甚險，因此，夏秋水勢漲之時難去，必須等到冬春水稍枯、流略靜時方可行。攀援山石更是步履艱難，山勢險峻，石質溜滑，亂石縱橫，幾乎不能容足，況且石門隧道廢棄已久，泥沙壅塞、幽暗陰森。然金石學家羅秀書不但數至石門，爲了全面研究，甚至直接在石門裏吃住羈留了一個多月。剝苔封，洗塵泥，歷數月始將模糊之字考明。吳大澂則冒著風雪滿山，親自尋訪。「前月遊石門，風雪中攀蘿附葛訪得永壽刻石數行及鄐君開通褒余題字尾段殘字，亦一快事」，「魏蕩寇將軍李苞題名在北崖壁最高處，俯臨江水，椎拓艱嶮，世所罕見」，同行拓工都「惴惴有難色」，許以重金才肯拓。故吳大澂將此形容爲「石門訪碑甚苦亦甚樂」〔註39〕。

此等艱難的訪碑，與南宋那般順道「載酒而過」輕鬆愜意之觀覽，顯然大不相同，甚至具有探險田野研究性質，若非對石門摩崖存有異常迷戀的研究者，是斷不會涉險親履其間的。

可以看到，清代訪碑者身份大都是著名金石學家。他們不辭辛勞，多次

〔註37〕馮歲平，石門十三品〔M〕，陝西：西安地圖出版社，2010.197。
〔註38〕馮歲平，石門十三品〔M〕，陝西：西安地圖出版社，2010.201。
〔註39〕吳大澂著，謝國楨編，吳愙齋尺牘〔M〕，臺灣：文史哲出版社，1983。

進入廢棄古老的隧道，不爲觀景遊覽，亦不以政治交通爲目的，專門衝著經典石刻而來，進行純粹的金石學術研究，且不惜耗費重金，長期細緻研究，表現出執著鑽研，以苦爲樂的探研精神。

其次，就研究者群體專業素養和研究深度而言，南宋遊覽者人數眾多，但多好古而不專精，遊覽活動多爲走馬觀花式的賞鑒，留下石刻亦多爲簡略題名紀念，多屬於「瀏覽」式，非專業性。清代雖然進入石門者基數不及南宋之眾，但皆是相當有造詣的金石學家，如王森文、羅秀書、吳大澂、陳介祺等，金石學素養極高，研究專精而深入，成果頗豐，學術專著、學術交流、拓片精度等方面皆是宋代金石研究所難以比擬的。清代金石學家入石門訪碑活動，主要有這麼幾項：獲取拓片、寫遊記、考據研究、著書立說、同行學術切磋、書寫摩崖紀念等等。我以爲清代金石學家對石門石刻研究比南宋深入之處主要有三方面。

其一，撰寫多部較爲系統的學術專著。查訪親自考證，這是訪碑活動最主要的目的，著書立說已由單純椎拓著錄個別摩崖，發展到從整體著眼，對石門區域石刻群大局的研究。較之南宋的歐陽修、趙明誠、晏袤等，顯得更爲系統與專業。由金石著作中的個別記載，成爲了區域性的專著，這是石門石刻能夠經典化的最重要傳播載體。前文所述循水路進入石門的略陽縣令王森文，於嘉慶十九年編纂《石門碑釋》，堪爲有關漢中石門摩崖石刻群研究的首部專著。其以拓本爲據一一摹繪，依各碑行字、款式，別寫釋文一冊，從而保留石門石刻群當初面貌，以備嗜古者考證。此外另一石門研究大家羅秀書，於同治年間造訪石門數回，輯成《褒谷古蹟輯略》，對石門石刻進行著錄並歸類介紹。其專著流傳，迅速風靡於世，爲「石門熱潮」、石門石刻經典化添上關鍵一筆。而石門摩崖從之前零散分佈在金石著錄中的《大開通》《石門頌》《石門銘》，經多部總結性著作，逐步形成公認經典之集群——後世乃至今日提及石門，最經典的「石門十三品」之名號就在此時固定下來。

其二，對拓片質量更加精益求精，如王森文「溯褒水」親自訪碑事畢，捨舟入城「覓拓工，增其價值，令加工遍拓」〔註40〕，親至現場研究的同時，獲取精拓片。石門人跡罕至，前已述進入石門之難，而椎拓過程褒谷多風、洞內昏暗，石面凹凸不平，有的還在懸崖峭壁上，更增添椎拓難度，因此拓片是非常珍貴的，訪碑的重要目的之一就是獲得滿意的拓片。金石學家對於

<hr>

〔註40〕馮歲平，石門十三品〔M〕，陝西：西安地圖出版社，2010：197。

拓片有著近乎苛刻的挑剔，對於紙墨、拓工手法皆有嚴格講究。比如吳大澂親筆書信論及石門碑刻拓片，嫌棄石門拓工不佳，「字口墨暈」，指出問題在於拓工求速成趕工「濃墨速拓」而沒有「字字椎到，用墨輕撲六七遍」，親自教給拓工方法「教以用墨之法，近來頗有長進」〔註41〕許以重金令其精心錘拓。最後選定當地拓工張懋功，專門爲羅秀書、吳大澂、陳介祺拓此地區摩崖。其人祖居石門對岸，家族世代從事石門摩崖椎拓工作，椎拓技藝遠近聞名，且性情風雅，嗜好古碑，且通音律，有著相當的文藝素養，羅秀書《八陣圖注說》碑載：「張子懋功，性嗜古」〔註42〕，另潘矩墉《遊石門記》中亦言：「邑人張懋功，精音律，能氈臘，善與人交。家在石門對岸，茅屋數椽，樹木周匝，殊覺幽雅。約往少憩，具雞黍餉客，更出琵琶而侑酒，雖非流水高山，然亦足以移情矣。」〔註43〕由此可知，金石學家們篩選欽點的拓工是一位世代擅長拓石，熟習石門摩崖且好古有悟性的懂行之「雅士」，有著對石門石刻的熱愛與良好的個人素養，故其椎拓精度高於只知趕工的「俗工」，也足可見金石學家對於石門拓片求精之程度。

其三、學人間交流也趨於密切，形成一個研究群體，互相交流切磋。石門訪碑的主要金石學家羅秀書、陳介祺和吳大澂三位圍繞石門刻石的研究課題展開密切交往，同治末年陳介祺關注蜀道摩崖，適值吳大澂宦遊三秦，就致信託他搜集石門拓片。「惟乞古緣所遇，不忘遠人。羨有奇之必搜，企有副之必惠，當悉拓敝藏以報也」「…《石門頌》諸漢刻，均望洗剔，以綿料厚紙先撲墨後拭墨精拓之，水用茇膠去礬。拓費必當即繳，切勿從賜。收拓必詳其目免有遺復。」〔註44〕而吳大澂到漢中石門訪碑活動，亦得到羅秀書的熱情接待，遣舟接其赴石門訪碑遂其宿願。羅秀書將己所著集褒谷全境石刻之《褒谷古蹟輯略》，呈於吳大澂觀看指正，吳大澂即爲其題名以示讚賞。分別之後，依然多次通信，《簠齋尺牘》、《吳愙齋尺牘》等記載，吳大澂對於羅秀書推薦石門拓工張懋功，多次函授機宜」指出椎拓手法缺漏之處及正確手法「先撲後拓」、關注對於「碑額」之椎拓等等，經此反覆交流切磋，清代金石學家們對石門金石學術研究更加全面深入。

〔註41〕吳大澂著，謝國楨編，吳愙齋尺牘〔M〕，臺灣：文史哲出版社，1983。
〔註42〕郭榮章，石門石刻大全〔M〕，西安：三秦出版社，2001.35。
〔註43〕郭榮章，石門石刻大全〔M〕，西安：三秦出版社，2001.64。
〔註44〕陳介祺，簠齋尺牘〔M〕，臺灣：文史哲出版社，1983。

由此，金石學家關於石門石刻的專著問世，拓片廣爲傳播，使得石門石刻完全經典化並風靡於世，出現「石門十三品」傳世之名。石門作爲「廢墟」遺址也以此被納入當時文化之視野，重新獲得學術界和藝術界矚目。

二、研究之紀念——石門訪碑研究引發的石刻發展

金石學訪碑熱潮，直接導致了石門故地內摩崖的「研究型」衍生。出現數方反映研究活動的研究碑文，這和研究者的活動關係密切，首當其衝就是金石學家訪碑活動留下的紀念文字，金石學者於文字考釋、獲取拓片之餘，更不忘留下自己訪碑研究活動的印記，或將自己研究成果在石門內鐫刻於石，或以保護爲目的對飽經風雨的古代石刻進行重刻留存，這就是石門區域本時期最主要的增長模式。

金石學研究型衍生是承繼南宋晏袤的首創，但可以看到清代比宋代規模比例明顯擴大，觀統計表即可知，宋代有五十二方，金石研究石刻僅兩方，餘下均爲題名；而清代與宋代石刻大約相近，研究保護石刻類型就有八方，也就是說，清代金石研究類石刻的分量、比重較之南宋有了增加。南宋以題名爲主，金石研究略少。而清代金石研究氛圍相比顯得濃厚，題名相對寥寥。

同時可以看到，清代新增石刻以大型長篇爲主。最主要四方，都與石門摩崖的重要金石研究者關係密切。比如上文提到的羅秀書，曾爲研究石門摩崖，駐留在石門裏一個多月，期間留下《遊石門題詩》和《八陣圖注說》兩方紀念石刻。《遊石門題詩》，記述其訪碑活動，將石門比作洞天福地。《八陣圖注說》則是由於研究活動的酬答之作，對此地歷史文化的切磋而生發出的研究。主要是紀念他和拓工張懋功的交往。張懋功是當地人，羅秀書石門訪碑，得其殷勤款待，入石門考察一個多月，張即跟隨爲其椎拓摩崖，羅也抽空給張傳授精拓之法，互相切磋甚密，友情日深，張懋功雖是工匠，卻是好古之人，另此地正是古時蜀相諸葛亮屯兵、運糧之處，相傳其兵法精髓八陣圖，張懋功甚爲好奇久不得解惑，於椎拓閑暇之時向羅討教，羅秀書也就盡道所知「酬答之」，諸葛亮八陣圖與此地歷史文化緊密相關，於是就把這種和軍事歷史有關的酬答得意之作予以刻石紀念。倪蘭畹的《石門道記》，更是直接把訪碑研究成果鐫刻於石碑上，篇幅長，紀念自己訪碑過程，先以遊記形式渲染訪碑之難，繼而詳細的敘述洞內石刻方位。《潘矩墉遊石門題記》與其有著共同特點，都是字數極多的訪碑紀實。而倪、潘二人的碑文隸書也均請

羅秀書執筆書寫。這些都是圍繞著石門訪碑研究而生發出來的刻石。此外，還有致力於對古代摩崖保護和延續的重刻、摹刻。如民國重刻《石門銘》《玉盆》等。

可以看出，金石學家興趣點依然集中在古代摩崖尤其是漢魏摩崖，《八陣圖注說》碑在隧道東壁下豎立，石門題詩、重刻的玉盆、衮雪、石門銘都在原址附近，研究、保護、重刻或復刻都是針對漢魏石刻，對宋代刻石關注相對較少，即清代石刻的衍生還是緊緊圍繞著漢魏源生摩崖中心，以古代漢魏摩崖為重點、原點、經典的研究。

可以說，隨著金石學的蓬勃發展，清代研究呈現出專業性、系統化傾向，出現幾為著名的金石學家。呈現大篇幅的遊記和研究型相結合的碑文，重點研究對象依舊是古代漢魏經典原生摩崖，換言之，新碑文是由源生摩崖而生的。另外研究方法是對前代摩崖總結與歸類，固定成為「石門十三品」「玉盆題名十四段」等經典名號。

以上提及的《遊石門題詩》《八陣圖注說》《石門道記》《潘矩墉遊石門題記》重刻《石門銘》等石刻，其依然集中在石門洞裏。值得注意的現象是，這幾方大型石刻不再是題壁書寫的摩崖，而是倚傍在東、西壁地上的石碑。其無首無趺，這是由隧道實際情況決定的，石門隧道大概長十五米，據王森文記載，宋代石刻的興盛幾乎把石門隧道刻滿了。清代承接發展「幾滿」的石壁，已無處容刀，而研究碑文篇幅又很大，所以只能鐫刻好碑，運進洞內，立於地依靠著或西壁、或東壁，但問題在於，立碑本是為了讓人觀摩，起到宣揚作用，而這些金石學家面臨的情況是，石門洞人跡罕至，廢棄已久，幾百年攀爬進去的也只有他們三四個對經典摩崖迷戀至深的金石學者而已，除此之外基本不會有人涉足，甚至他們本身也難說有機會再進，因為入石門洞需要把握褒河枯水期的時機歷險進入。但其依然堅持費盡周折把刻好的石碑運到洞裏面依壁而立，其原因可能是，其一，他們把廢棄的石門看作是一個存有經典石刻的紀念場所，自己的書刻能與經典為伍是一種無上的榮耀；其二，金石學家以敏銳的學術藝術眼光，預判石門只是暫時的廢墟，其石刻之經典性，具有生命力和光明前景，必將大興於世。自己作品依憑於此，地處經典群落，將來才能比別處有更大增值空間。此判斷果然應驗，由於金石訪碑研究流行於世，不久石門復通，此區成為國內最重要經典石刻群之一。這些金石學家之作，一併成為石門石刻群落發展史的一個環節，成為此時期重

要經典之一，爲世人所重。

三、新交通工程與副線新區域石刻滋生

　　石門故地中心區，在每一個石刻發展高潮期都保持強勁增長的勢頭，它是文化精神象徵的中心區域，如同一個極強的文化磁場，會輻射、傳播，延伸出許多小文化磁場，亦稱之爲副線石刻區域。如，清代石門故地的石刻再度增數盛行，周邊的重要關隘、驛站等新區域也陸續滋生新石刻，並略呈聚集，即形成小文化區。關於新區域的擴展，南宋主要是石門以南的玉盆和山河堰兩景區，而清代傾向於沿著石門以南和以北兩個方向的交通必經之地衍生，副線新石刻滋生地多爲清代新修的褒斜道重要關隘、驛站等。

　　重大交通修整工程，首先是修棧道攻克觀音碥（青橋驛），是康熙三年賈漢復所爲。根據黨崇雅《賈大司馬修棧記》記載，明朝褒斜道仍然爲往來隴蜀之主要幹道，明末變亂，此路閉塞，「羊腸一線，僅供猿狐出沒」，直到賈漢復要巡視此處，深感此路艱阻，發動「捐金募工」以整修棧道。於九月開工，耗費了大量的人力物力。石刻記載曰，「修險碥凡五千二百丈有奇，險石路凡二萬三千八十九丈有奇，險土路凡一千七百八十一丈有奇；修碥橋一百一十八處，計一百五十七丈」〔註45〕。以上工程綿延數百里，其中尤其攻克了原來最爲危險難走的「閻王碥」，使其成爲平坦安然的「觀音碥」。此次修棧道工程巨大，綜合歷代乃至之後代記載，這也是古褒斜道最末一次大型整修。而由此觸發的文人歌頌詠歎熱情不少，連續三篇大型頌德詩石刻《賈大司馬修棧記》《棧道平歌》《棧道歌》，刻於碑嵌於觀音碥（原來的閻王碥）崖壁之上，延續著交通工程紀念及頌德記功之古風。

　　其次，重點關隘、驛站也是石刻增殖的新區域，位於石門以南的有雞頭關、河東店、唐褒城驛等，位於石門以北的重要驛站則是北棧的青橋驛、馬道驛等，這些皆是南北商旅往來休憩聚集區的大驛站，這些關隘和驛站，比起南宋時代的景點旅遊線路，輻射區域更大、點更多，而石刻增數不多，布局稀疏。另外還有向南北縱深的連雲棧，由於清代碑學石刻風氣再盛，行旅商人習慣於在這個區域關隘、驛站駐足，休憩，並刻下字跡以留念，由此這一個個關隘驛站均成爲新的石刻小聚集地。（如圖2.14所示）

　　石門外新區域之所以稱之爲副線，是因爲這幾條發展線，呈現一種立碑

〔註45〕郭榮章，石門石刻大全〔M〕，西安：三秦出版社，2001.137～138。

主體身份和石刻內容、知名度的普泛化現象。與石門隧道中心主路線相比，分屬兩個不同發展系統，石門隧道主線區域爲學術精英型，副線區域爲民間大眾型。

石門主線區域學術精英型，源於石門故地石刻發展參與者都是宦遊官員、金石學者，具有文化精英身份，研究趨向精深與專業。專精的金石學長篇研究、訪碑頌美。而副線即周邊廣大擴展區域的發展，是一種受石門石刻中心區「文化集合場所」磁場效應感召而生的文化傳播，參與者身份越來越寬泛，多爲過往商旅、平民，刻石目的也泛化，內容隨意，或旅經遊地的留念，與金石學、石門經典關聯單薄，甚至完全無涉。還有一種民間祭祀場所，帶有祈福敬神性質。如石門正上方的雞頭關石刻（表1.12、表1.13），多爲借民間祭祀場所祈福敬神，呈現通用的豎立長方形制，刻字布局多爲四個大字不署名。這種民間祈福刻石，似乎成爲當時流行的文化風氣，其專業程度和精美度比起中心區遜色得多。

就影響力而言，主線與副線兩條線路發展顯然是不可比的，主線石門故地金石學研究衍生的數量雖然少，但是名重於世。周邊擴展區域雖然區域廣大且數目眾多，但世所知者寥寥。這種精英層和普泛化雙向發展，確定了石門石刻發展的廣泛性，也使得石門中心區石刻經典更加經典，而副線廣大區域石刻欠佳，則越發沈寂。

總體而言，清代石門石刻發展掀起一波高潮，源於金石學風行。清代之復興和南宋的復興對比起來，無論是金石學者還是研究成果，都更趨於專精與學術化。在金石學之風和書法領域碑學興盛的語境下，石門故地以「廢墟」之身再度強勢進入書法文化之視野，石門地域冠上了「經典石刻展覽館」「石刻文化聖地」等光環，引起金石學家極大關注，訪碑著書，掀起金石研究高峰，石門石刻得以徹底經典化，有了「石門十三品」之名，並以石門隧道爲核心，既深入紀念古代石刻，也以紀念自己的研究事件與學術成果，立下紀念訪碑活動的研究性碑文。通過對研究本身的紀念，形成石刻發展新一輪激進，成爲此時期發展的主線；而和石門並立的南宋其他重要景點玉盆等，因交通不暢，清代爲零增長，幾乎完全沈寂；另外，由於石門石刻極強的文化磁場輻射效應，在新修交通工程沿路關隘、驛站衍生出新的碑刻群，即副線生長群，以民間身份的加入，也使得石門石刻的發展呈現極度經典和相對普泛的兩極分化。

第五節　石門的最後輝煌、危機與落幕

一、近代石門兩度危機

　　石門摩崖群歷經清代的發展，在金石學盛行和書法視野中經典化，大興於世。清末民初，石門已然成為一個石刻文化聖地，吸引著眾多的學者遊人前往觀覽，通向石門之路復通，促其再添光輝。石門石刻在民國延續著清代強勁發展勢頭。與此同時，伴著政權的更迭和道路工程現代化建設的進程，作為樞紐之地的漢中石門地區在民國和建國後曾兩度開啟新工程建設，迫使石門摩崖石刻群面臨兩次重大生存危機，也正是這兩次危機導致其最後的輝煌和最終的毀滅。

　　第一次重大危機，是由民國修國道引發。我們知道，石門地區歷來是交通要塞，民國修建公路意欲由此通行。近現代交通工具汽車等，一改清代之前車馬通行的歷史，古代修造的狹窄棧道已無法滿足現代化交通需求，開闢新的寬闊平坦的交通公路勢在必行，而石門石刻區域所處關口正扼道之咽喉，開山拓道則勢必損毀之，因此，石門石刻之毀與存成為重大難題，這一時期發展的「新石門」題刻即是「舊石門」石刻群化解危機得以幸存的紀念。

　　民國時期，漢中石門地區最重大一次交通工程是於民國1934年，擬修建西漢公路，按原定設計，最為便近的線路就是沿著褒河西岸修建，其間包括石門隧道在內的大部分石門摩崖石刻所在地，一旦工程實施，勢必盡毀。取捷徑毀之，還是改道避之成為矛盾焦點。當時主持留壩至漢中路段的工程師張佐周提出建議：避開褒水西岸的石門石刻群，將褒谷口至雞頭關段，改由東岸開道，也就是在褒水上游修建一座鐵橋，讓公路先由褒水西岸行進，快至石門石刻群區域時，通過水上橫橋鋪設到對岸，接著由褒河東岸行進，由此得鑿通東岸沿途的三個隧道。雖然從實用角度預算經費增加不少，但古代文物能得到保護，這條方案得到了各方的認同與支持，終得以實施，於是兩千年文化景觀石門石刻群躲過一難。新修公路隧道就在東岸的石虎峰下，被稱為「新石門」，與「古石門」隧道隔河相望，新公路竣工，通往古石門的陸路也再次復通，作為劫後餘生的紀念，遊覽的石刻題記也多了起來，形成新的一波小高潮，褒水東岸的「新石門」隧道，也新增不少題刻，有德藝雙馨民國公路界元老趙祖康和葉恭綽先生的題刻，還有民國政府元老、著名書法家于右任，視察西漢公路，親歷「新石門」，留下紀念題刻。歷經劫後餘生，

石刻發展乃欣欣向榮。石門石刻群在這次修路工程中得以幸存，幸虧設計者張佐周與政府同心勠力，不惜費時費力對古代文物的維護，在石門石刻發展史上堪稱一段佳話。

然而，石門石刻群卻在三十餘年後的一項水利工程興建中被無情地毀滅。

建國後，石門熱潮並未消退，國家組織兩次考察，並於 1962 年將其列為第一批全國重點保護文物。然而 1967 年興修石門大壩，由於石門地區兩山對峙如門闕，為興修水利大壩的絕佳地帶，因此，選址在石門上方的鷹嘴崖，而石刻群核心區就在其下方，將面臨被淹沒的滅頂之災，學者們奔走呼告，提議將壩址上移幾公里即褒河上游老君崖，既可不多費金錢，又可保住歷史留存的經典石刻群。然而，當時正值文革特殊年代，破四舊之風猖獗，不可能為了古代石刻而改變大壩的選址，所幸由於保護石門刻石的呼聲甚高，最終決定動用人力物力將石門洞內重點及南口沿岸部分刻石從崖壁鑿出，（於 1967 年遷至漢中市博物館及西安碑林等地）在當時情況下能保存一部分已然是僥倖，隨著大壩建成，石門石刻群故地原址淹毀，石刻群發展戛然而止。可以想像，若非人為強行斬斷其發展鏈條，石門石刻群發展還會延續，此不可不謂一大遺憾。總之，石門大壩竣工，意味著綿延一千九百餘年的石門石刻群發展至此終結。

二、石門摩崖群落發展整體脈絡及規律總結

石門石刻群始於秦漢交通工程偉業，終毀於建國後水利工程。歷經一千九百餘年，縱觀石門摩崖群發展成型之歷史，呈現三起二落，漢魏、宋代、清代三大高峰，中間夾著隋唐、元明兩個低谷時期。以石門隧道為中心，歷代保持增長的同時，向南北輻射延伸，形成廣大區域的石刻群。其主要動因歷經三次變化，即漢魏源發時代交通紀功——南宋宦遊觀景題名——清代金石學訪碑研究。三個高潮時代刻石主要群體身份皆是良吏、文官（或當地任職的官員，或宦遊文官）、金石學家等文化精英。

究其發展動因，主要有如下四個：

1、關係政治經濟軍事的交通、水利重大工程是客觀原因且貫穿始終。

石門摩崖群所依託的漢中作為聯結秦蜀的重要樞紐地帶，其重要地位從古至今從未動搖過，具有關係區域乃至全國政治經濟軍事的功能。蜀道主動脈褒斜道交通工程為是石門最早的源生摩崖石刻發展的直接原因，也是後兩

個時期石刻得以延續發展的重要原因之一，其餘重大工程也客觀帶動各時期石刻發展，換言之，貫穿歷朝歷代的大型工程，往往能造成石刻紀念的聚集。比如漢魏修建褒斜棧道、開啓石門隧道交通工程，宋代興修山河堰水利工程，清代重修觀音碥棧道、青橋驛、馬道驛，民國修建西漢公路……，都引發石刻紀念潮。漢中每次交通、水利大型實用工程開啓，都牽引著地區的政治經濟軍事格局的變動，亦成爲石門石刻群發展貫穿始終的重要客觀原因。

2、歷代文化重心變遷及文化精英的心理需求變化爲內在邏輯。

石門石刻發展波動與各時代文化風氣幾近同步，即每一個石刻發展高潮時代都帶著鮮明的時代文化特徵。每一次轉型也都反映著時代文化中心的變遷。參與者雖都是官吏身份的文化精英，但每個時代風氣下的參與者有著不同的思想傾向和動機，石刻主題亦隨之發生變化。即：

漢魏—————　宋代　—————　清代

（良吏紀功頌德）（文官宦遊懷古抒情）（金石學者訪碑研究）

東漢末年刻石反映的是良吏頌德樹碑立傳風氣、宋代反映的是兩宋金石學和軍旅文人宦遊懷古風氣、清代反映的是金石學訪碑研究風氣。

時代風氣與石刻發展關聯，這一點在石門摩崖核心區域石門隧道在宋、清兩次復興中尤爲明顯，宋、清兩個發展時代中，石門隧道失去了交通功能，正是金石學爲主的文化因素，成爲其持續發展的主因。宋代宦遊之風和金石學初起是石門石刻的復興的重要原因，而清代更是碑學、金石學直接帶動了石門石刻的復興。在文化視野中，石門隧道從交通樞紐轉型爲文化景觀，由實用功能轉移爲文化功能，石門石刻在轉型過程中不斷發展，獲得了獨立於交通之外的歷史文化價值，正是靠著不同時代文化風潮的一輪又一輪變化，得到極度關注，形成不以實用價值爲轉移的石刻風行。

3、漢魏母碑群自身經典性集群效應，是石刻發展的向心因素。

石門石刻中心區經典石刻的集群效應，保證其在失去實用功能成爲廢墟之後始終不被世人遺忘。每一輪石刻發展高潮始終圍繞石門故地這一中心。清代面對水陸難通而喪失景觀的「石門」與「玉盆」，訪碑者目光緊緊鎖定在「石門」隧道，而「玉盆」景區卻完全游離於人們的視線，這是源於「玉盆」缺乏經典，而「石門」石刻極具經典性，具有強大生命力和極強的文化磁場，引發巨大的吸引力所致。

　　石門隧道經歷了實用——景觀的轉化。漢魏石門初開，是實用交通功能爲主。宋代，實用功能逐漸喪失，景觀意義逐漸明顯，最終到清代，「石門」演變成純歷史文化景觀，擁有純粹的象徵意義。也就完成了從「實用」——「實用」與「象徵」兼具——純「景觀」「象徵」的轉化。因此當「石門」主要取其象徵功能時，文人便借其寄託對「往昔遺跡」的懷思、對當下道路的情懷、對山水的興趣戀慕。可以看出人們對於「石門」的概念逐步發生變化，不再是單純的工程遺跡，而是被賦予石刻群的經典展覽館、精神意義上的紀念場所等新的意義。後代題名等石刻也環繞源生石刻衍生出來。同時「石門」經典中心區向南北廣大區域延伸輻射，體現出其極強的集聚效應。這也如同經濟產業的「集聚效應」，產業的集聚效應指各種產業活動在空間上集中產生的經濟效果以及吸引經濟活動向一定地區靠近的向心力，形成產業不斷擴大的經濟現象。反觀這種集群效應反映在石門石刻發展中，即爲「石門」從交通偉業工程樞紐——歷史景觀——人跡罕至的廢墟，其不論是樞紐，還是勝景，以至於淪爲廢墟，石門隧道摩崖始終以其無法磨滅的經典性，形成極強的向心力和精神象徵意義，在時代流轉、文化重心不斷改變之中，一直得到人們的關注，尤其每度金石學興盛時代就會被記起。從數量上、質量上一直保持著核心地位和強勁勢頭，並由此輻射延伸擴展。（圖 2.14 石門摩崖群主要區域發展狀況及動因）

　　4、地擁高山峻嶺，爲摩崖刻石群形成提供豐富崖岩外部條件。

　　漢中地處兩山之間，北依秦嶺，重巒疊嶂，溝谷斷崖交錯。南靠大巴山，山勢陡峭，極爲險峻。漢中盆地居中，地貌總態爲「兩山夾一川」，以山地爲主，中高山面積占總面積57%，低山丘陵占32.8%，平地僅占10.2%。山石結構石英岩、花崗岩和砂岩均有，爲摩崖石刻群形成提供豐富天然崖岩山體之外部條件。

　　此四個主要動因四位一體，互相聯繫和影響。漢中區域地理環境的特殊、交通功能的突顯，大型工程的聚集，重大歷史事件的陸續發生，使得這個地區被歷代統治者、官吏持續關注，吸引著歷代文化精英目光的聚焦，漢魏的良吏、宋代宦遊的文官、清代金石學者等各時代各路精英薈萃雲集。而這些人恰恰又是受到時代文化風氣影響最深、站在時代文化前沿的頂尖人物。通過石刻作爲紀念載體，使得時代最強文化風氣，在石門摩崖群集體映像呈現。各時代經典的代表石刻，在代代仰望中取得神聖化的地位。

附圖表

圖 2.14 石門摩崖群主要區域發展狀況及動因圖

表 2.1 石門隧道內時刻發展變化及動因圖表

表 2.2 各時期石門南崖時刻發展變化及動因圖表

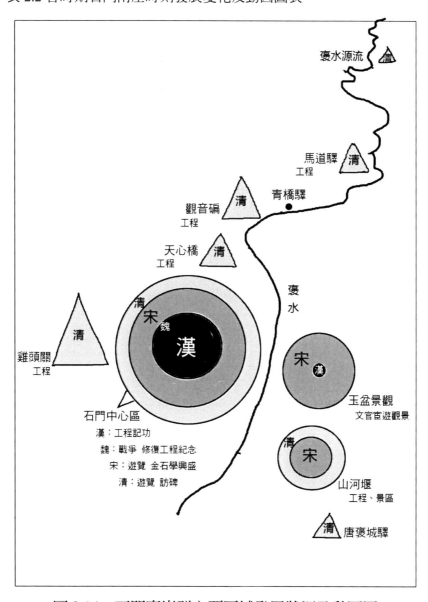

圖 2.14　石門摩崖群主要區域發展狀況及動因圖

◎參考漢中地區水系圖

表 2.1　石門隧道內石刻發展變化及動因圖表

石刻总数 38 品

備註：石刻数　汉 ❶—❹、魏(晋) ❺—❻、宋 ❼—㉙、(元)明 ㉚、清 ㉛—㊱、民国 ㊳

表 2.2　各時期石門南崖石刻發展變化及動因圖表

石刻总数33品

备注：1 石门南崖主要指 石门南口 至 玉盆 一带
　　　2 石刻数：汉 ❶ ～ ❹、魏晋 ❺ ～ ❻、隋唐 无 、宋 ❶ ～ ❻ 元明 ⑰ ～ ⑱、清（民国）⑲ ～ ㉚、时代不详 ㉛ ～ ㉝

　　綜上所述，陝西漢中石門摩崖石刻群，隨著蜀道主動脈褒斜道石門隧道開通而首開刻石記功之序幕，在之後的漫長歲月中，以蜀道交通爲依託，以重大交通、水利工程爲主因，伴隨著不同的時代文化風氣，（東漢良吏樹碑立傳、魏晉戰亂通塞紀念、宋代文官儒將宦遊山水、清代金石學研究）而不斷發展形成摩崖石刻群。其發展史不僅是研究漢中政治、經濟、軍事、文化、交通的重要資料，也是研究文化發展史的寶貴資料。一部石門石刻的發展歷史，既反映著各時代政治經濟軍事的變化，又體現著歷代文化重心、文人心理之流轉變遷。

第三章　石門摩崖群文史價值初探

　　本章主題：「文本細讀」。石門摩崖與造像爲主的石刻不同，其以文字爲絕對主體，因此，石門石刻區域的百餘方摩崖，保留了頗多極爲珍貴的各時代文獻資料，就國內研究情況來看，一方面，長期以來，癡迷石門摩崖的金石學者多著眼於文字考釋與文本著錄，對其文本作爲文學作品的藝術風格、內涵價值挖掘甚少。另一方面，精於古典文學的研究者多專注經典傳世文獻的著錄，對石刻存文的文學價值探討少有介入，因而，石門石刻有關「文學」研究方面，有一定程度的學術脫節。

　　細讀文本即可發現，以文學眼光觀照石門文獻，其作爲文學作品本身的文學價值，絲毫不遜色於其在文字學、金石學方面的價值，尤其是各時代留存完好的石刻文本，是源於碑文的一手文學作品，存有原汁原味的時代特徵，比起歷經潤色篩選刪減的傳世文獻，顯得鮮活、直接、完整。有些經典文本的文辭之典雅、結構之精妙、文體類型之豐富、發展之系統、史料之翔實、情感之深沉、格局之宏大，即便置於文學史中都是毫不遜色的優秀文學作品。另外，其保留烙有各時代印記的古文體，在研究歷代文體的發展、文風演變等方面，也具有很高的價值，堪稱古代文體之活化石。同時，石門石刻的文本有別於其他區域石刻群，還在於其具有獨特發展系統和鮮明的地域個性。在行文的結構組織、詞語組合方面亦有其特色，還流露出文意的微妙變化，隱含著各代文人的各種心態，以石爲載體傳名於世的文化動機。石刻文本作爲史料，以公共性與紀實性、宏觀與微觀的視角來研究，均有著與書籍史傳互參互證的史料價值。整個石門石刻群落文本系統，亦隸屬於文學史重要文學母題「蜀道文學」，極具文化內涵與美學張力。

　　本章擬從文體風格、區域個性、與史傳關聯、蜀道文學關聯等多角度，對石門石刻的文本進行梳理和分類、以期深度挖掘其文學、史料、美學內涵及文化張力，同時對於重點名篇採取文本細讀方法，從而更加細化分析其文學特質。

第一節　文本分類與文體風格解讀

　　石門文獻時間跨度長，自漢代首開紀錄，之後的魏、唐、宋、明、清……各時代均有留存，其數目相當大，文體類型也很多，將這百餘篇文獻作一梳理分類，可見其文體大致有紀功的頌銘類，實用敘事的奏、記類，還有抒情的詩賦遊記類。文風有優美典雅、清鑠嚴肅、氣魄豪邁等。

　　中國古代文學研究根據不同的分類標準，大概有三種分法，一是以文體分類、二是以主題內容分類、三是以時間分類（郭英德《中國古代文體分類學芻議》〔註1〕）。本節先以主題分類，將石門石刻文本進行大致歸整，接著再按不同主題的文體與時間之關聯，理清主題、文體與時間的相互關係。

表3.1　石門文體分類表

主題	文體	時間	代表作
工程紀實	奏、記、	貫穿各代	大開通、山河堰落成記
頌美述德記功	頌、銘、表	漢、魏	石門頌、石門銘、李君表
遊記懷古抒情	題名、大字摩崖、詩歌、遊記	宋、清	段從龍題名、袞雪、棧道平歌
金石研究與保護	記、重刻文	宋、清	石門道記、重刻石門銘

　　其一，主題集中，首先以主題內容分類來看，石門文本圍繞著石門褒斜道工程的歷史進程展開，具體可分為四大主題：工程紀實、述德記功、懷古遊記、金石研究。這些主題和蜀道褒斜交通、歷史、文化關係密切，其間幾乎沒有宗教等虛幻因素。

　　其二，文體類別多樣。石門石刻群經歷了漢至民國，其文本富含各個時代的典型文體。對應不同的主題，分別採用適合的文體，形成文體的多樣化，如漢魏的頌、銘、表記；北魏的銘；宋及以後的題名、題記、詩、詞，各類

型的文體展示出相應的獨特風格。

其三，時間類型，石門石刻時間跨度長（東漢——民國），各個時代均有，主題多含有較鮮明的時代性，而各時代主題與文體之間也存在著對應性，回顧石門石刻文本不同時代主題，大體可分為紀功和懷古。漢魏為紀功述德主題，多以同代或前代修建褒斜道有功之人為歌頌對象，主要採用頌、銘、表等文體；漢魏之後的宋、清，主題由紀功述德轉為懷古紀念，以古代之人、事或物為懷想對象，文體則多用題名、題記、遊記、詩詞等進行紀念抒情；另一類則是金石學研究，用的是記、說、釋文等實用文體。

各類主題應用的不同文體有著特定的語言形式和藝術手法，且受到各時代審美觀念和文學思潮的影響。下面將以四大主題為線，探尋石門石刻文本的文體類型和文學特徵。對文學價值高的典型文本進行重點解讀。這四大主題中，最具文學性、文體典型性、又占石門文本最大比例的，當數頌美主題的銘頌，和懷古抒情主題的詩文、遊記，這是本節重點解讀的對象。屬於學術範疇的一些金石研究類文獻，也有一定的抒情性和文采，亦歸此列，其餘如公文、公告、界碑等均屬於應用文範疇，結構相對單一，雖具有重要的文獻學價值，但文學價值較少，則稍微略過。

一、述德紀功類——頌、銘、表

與述德記功主題相對應的文體：頌、銘、表。其主要目的是「頌美」，即記述和頌揚修建褒斜道有功德之人。頌銘類文體集中出現在漢魏時代，主要是受當時良吏樹碑立傳的文化風潮影響，專為歌功頌德而作，其篇幅宏大、辭采典雅、意蘊深沉，是石門文學中最為古老，也是最具經典性的文體類型。

（一）頌體——《石門頌》

頌體是石門石刻述德記功主題中最重要的文體之一，代表作就是唯一的一篇位於古石門隧道西壁的長篇頌體文《石門頌》，按其碑額所書，其全名實為《故司隸校尉楗為楊君頌》，直接標明其文體為頌。歷代文獻中保留完整的兩漢頌體文學甚少，雖有文章名篇傳於後世，往往由於年代久遠多有散佚，或在文字傳播中有所增減、潤色、錯漏、訛誤，已難於見到原初頌體文學之本真形貌，以摩崖石刻為載體的《石門頌》卻是一個世所罕見頌體石刻檔案，篇幅保存完整、字跡清晰，以主題之鮮明、結構之典型，內容之純正，本真地反映著漢代頌體文學的鮮明特徵。主要有二：

其一、頌美賢者之主題。

頌這種文體是兩漢時常用於頌美的文體，《文心雕龍・頌讚》中言，「四始之至，頌居其極。頌者，容也，所以美盛德而述形容也」〔註2〕。頌爲「詩之至者」，是《詩經》中「風、大雅、小雅、頌」四類之一，其歷史相當古老，最初是專用於宗廟祭祀上告祖宗神明的雅正之音，尤爲純正而美善，如商頌、魯頌，並不用於日常歌詠，後世逐漸發展變化，頌體由專告神明逐漸轉化爲人、物皆可用，如頌人功德、頌物之美。戰國屈原《橘頌》、漢《趙充國頌》《廣成頌》等，雖然放寬題材，不再限於神明祭祀，但始終保持一致的是其文體「褒德顯容」的頌美功能。也就是說「頌」，主要是爲頌美德，具有紀念性質的一種應用文體。王充《論衡・須頌篇》言頌體特點：「古之帝王建鴻德者，須鴻筆之臣，褒頌紀載，鴻德乃彰，萬世乃聞。」〔註3〕《石門頌》就是漢代頌體發展的典型產物，其主題爲漢中太守王升歌頌前代司隸校尉楊孟文奏請帝王復通石門的功德。文末直接點明主旨：「「春秋紀異，今而紀功，垂流億載，世世歎誦」顯然具有鮮明的「褒頌紀載」「讚美盛德」傳於後世的目的。比《石門頌》略晚出現的交通工程摩崖《西狹頌》《郙閣頌》文字也都是頌揚地方官李翕修路、造福黎民的功績，體現出「頌美」目的的一致性。

其二、「前序後頌」之典型結構。

《石門頌》總體結構，保留了最原汁原味的漢代頌體——「前序後頌」的模式。先秦古頌多爲四字句式，傳世的《詩經》中商頌、魯頌、周頌等諸篇頌詩，基本通篇以四字句式爲主體，偶而夾雜五六七字的多字句。而在頌前加序之風始於漢代，使其結構從古代先秦時期的通篇四言，漸成「先序後頌」前、後兩部分組成，即先在四字類型的頌文前面加寫一個序，述明寫頌的緣由，然後才是四字韻文組成的歌功頌德的頌詞。序文篇幅長於頌文，類似史傳性質，主爲敘事，而頌文則繼承傳統古頌詩之特點，多爲四字韻文，或隔句用韻，數句一轉，偏於頌美。這樣「先序後頌」的結構，形成漢代典型頌體篇章穩定的結構特徵。東漢常以頌文入碑，入碑的頌文也多採取這種「前序後頌」的固定寫法。所謂「其序爲傳，其銘爲頌」。

《石門頌》的文章結構，正完整呈現了漢頌典型的基本格局，（全文見表

〔註2〕 劉勰著，周振甫注，文心雕龍注釋〔M〕，北京：人民文學出版社，1981.95。
〔註3〕 王充著，袁華忠，方家常譯著，論衡全譯第二十卷・須頌第六十〔M〕，貴州：貴州人民出版社，1990.1241。

1.1）文章第一部分便是有關石門的傳記，述說石門之歷史沿革，屬於紀實史傳性質，開篇「惟坤靈定位」至「益域爲充」，概括介紹了「石門」所在的褒斜谷地理大勢與褒斜道路對於開發益州的重要意義。自「高祖受命，興於漢中」至「愁苦之難，焉可具言」，爲述褒斜道歷史，先言漢高祖受命於天，於漢中龍興，取道子午來到漢中，又從散關出兵還定三秦，從而成就帝位，以「漢」爲名。接著則是子午道、堂光道、倘駱道和故道這四條道路途艱險、乍通乍閉之景況。接下來是漢明帝永平四年下詔書開鑿褒斜、鑿通石門這一事件，及永初元年至二年間遭受先零羌亂，漢中被災，褒斜受阻，又只得再走子午道。既而以鋪陳而揚厲之手法，描繪子午道之艱險及時人行路苦痛之狀。緊接著，「於是明知故司隸校尉楗爲武陽楊君厥字孟文」至序文之末，記石門史上有功之人，功者之一楊孟文奏請「廢子由斯」，多次奏請修復褒斜石門之曲折過程，從主管官吏駁回，到楊君據理抗爭，終使百僚咸從其議，順帝採納奏請，使這條道路寬敞而平穩安全，路途平坦，一片清寧太平。功者之二則是此頌文之作者——桓帝建和二年在任的漢中太守武陽王升，蒞臨視察道路、追溯褒斜道修復的本源，嘉贊楊君之仁愛賢德，在石門隧道西壁上鐫刻頌德文字以此彰顯其德。數百言以史傳之筆，將石門歷史及歷代有功之人道來，這即是頌體中傳記性質的「序」。而「序」後則爲頌文，以四言句式的頌文歌頌楊孟文之德，「君德明明，焕焕彌光」等等，典型四字頌文，隔句用韻，數句一轉，在頌文後面還加上六句「明哉仁知，豫識難易。原度天道，安危所歸。勤勤竭誠，榮名休麗」再度嘉美，這就形成了頌體「前序後銘」的基本完整格局。而在石刻的實際應用中可以看到，《石門頌》在序和頌結束之後，還有一部分爲「題名」，即有關摩崖製作的人事記載，包括官吏的官職、名字、時間等，這樣的完整結構保存在歷代文獻中是不多見的。不僅如此，在「題名」之後還加上一段有關太守王升造橋閣的功勞事蹟，可以看作是頌之外的「後記」部分。有關這一點第二節將作具體探究。

其三，頌體之文風特色

《石門頌》亦是研究古頌體文風的典型性參照物。在兩漢頌美文體中，漢頌常用以和另外一種典型頌美文體「賦」相比較，文學之中往往以「頌賦」並稱。在西漢中期，以司馬相如所作的《子虛賦》《上林賦》等大賦作爲漢賦的代表，興盛一時，其極盡誇讚漢帝國聲威之能事，以鋪張揚厲、「勸百而諷一」爲風格特徵。而頌體與賦體在主題「頌美」及行文「鋪陳」上相當類似，

向有「漢頌似賦」之說，但是頌這種文體還是自有其獨特文體特徵。劉勰《文心雕龍》言「頌惟典雅，辭必清鑠，敷寫似賦，而不入華侈之區；敬慎如銘，而異乎規戒之域」〔註4〕。即「頌」比起「賦」來，鋪排相類似，卻沒有「賦」的華麗奢侈，文辭敬肅類似「銘」，但沒有「銘」的勸誡之意，也就是「頌」與「賦」之華美絢麗相比，整體偏向於典雅清鑠，行文既要有類似賦體的鋪排，但鋪排的同時又要不失質樸，不能像賦體一樣太過華麗，這樣一種比較矛盾奇異的文體特質，標準較難把握，由於漢代的頌保存不多，與蔚為大觀的賦相比，顯得相當少，據《漢書・藝文志》記載，西漢賦的數目，單武帝一朝即有四百餘篇，不算雜賦，篇目亦總有七百餘。司馬相如之大賦、東漢時張衡《二京賦》《南都賦》《歸田賦》等。而頌僅有存於《文選》及《漢書》《後漢書》中的幾篇，又因文人的加工潤色而略失本真，但這種看似無從把握的文風卻在《石門頌》中得以典型的體現。

1、文辭典雅，韻律和美

首先在於其篇章結構文辭句式的端莊典雅，有意追求通篇句式的整齊，《石門頌》和其他漢頌相比，不同之處在於其序文部分也具有很高的典雅性和文學性，不僅在頌的部分傳承古風，序的部分也富含古風。

漢頌中一般在後半部分即頌文部分才採用整齊的四字式韻文。序則通常為散體，用無韻長短交雜之句，對押韻和字數整齊方面都不作要求，比如「漢三頌」中的《西狹頌》《郙閣頌》都是如此。《石門頌》的特殊之處就在於，其不止是後半部分的韻文，連同前面的長篇序文也絕大部分採取四字句式，可以看到，除了對人物名字籍貫的介紹沒有用四字句型外，其餘通篇序文都儘量採取四字句。比起其他的頌，頗具先秦頌之古風。尤其是四言傳序述史的行文方式，更具有類似古代頌體的整飭美感。頌體以《詩經・魯頌》等為源頭，多為四言句式，因此《石門頌》類同古老頌體的句式，在形式特徵上具有時間歷史的厚度和端莊凝重的高貴之感。

頌體由《詩經》頌詩的雅正之音而來，其典雅敬肅，又不涉及勸誡，只是美言頌讚紀功，態度恭謹嚴肅。頌文樹立的是道德正義的模範，所以具有雅正之風。《石門頌》頌文鋪陳道德，正是以當時「良吏」之標準評價楊孟文，清德無私、忠君明禮，數次為民請命、朝請廷爭，最終成就了褒斜道復通的

〔註4〕 劉勰著，周振甫注，文心雕龍注釋〔M〕，北京：人民文學出版社，1981.96。

利民之舉，是對其個人忠直美德及對人民功德的頌揚。洋洋灑灑數百字，宣揚的不是奢華富麗的享樂，而是道德楷模的醇正之風。

其次，《石門頌》字詞的錘鍊方面具有典雅的韻律之美。不僅句型類似古頌，細讀發現，其音韻也朗朗上口，除題名、後記部分外，不但後半部分的韻文用韻，就連前面的序文也押韻。雖然其時音律學說還沒有流行，但作者憑藉其本能天賦的語感，隔句押韻，數句一轉韻。古音中押韻，亦符合於新韻。

其基本押韻部分是，第一組韻腳 ong，躬、通、隆、充、中。押平水東韻，接下來第二組轉為焉、難、艱、年、殘、顛、淵、晏、磐、寒、前、蔓、殘、患、安、言。韻腳為 an、ian，押平水十四寒、平水先韻。第三組再轉為 ing，聽、經、平、寧，押平水九青韻。頌文部分先以 ang 光、荒、霜、方、常、綱、章，押平水七陽韻，再轉為 ing 明、情，平水八庚韻，再轉 ong 榮、縱、通、雍、同、功、誦，押平水東韻，數句轉韻，甚具韻律之美，由於通篇採取整齊四言句式，又在全文序和頌部分都儘量都用韻。音韻和諧，讀來朗朗上口。整體文辭顯得雅正而有古意。

2、鋪陳似賦而不入華奢，言之有物

《石門頌》文中鋪陳之法有異於賦。首先，比起司馬相如的《子虛》《上林》等大賦的華美極致的白描式鋪陳，辭藻堆砌、炫美耀富，而無多少實質內容與史實情節。《石門頌》以鋪陳來述史，文中極盡鋪陳，敘現狀之艱難，行文有情節、有起伏。回看其文學色彩極濃重的序文，一大段數百字鋪陳的是石門的悠久歷史，包含歷史時間、地點、事件背景、起始及過程……。開篇述先秦褒斜道的地理形貌、四通八達的交通意義，高祖循子午出散關定三秦，龍興於漢中，建立漢王朝的偉業，後述開闢子午、儻駱、堂光、故道等四道難行，漢明帝開闢褒斜石門隧道，遭先零羌「元二之亂」，褒斜道被毀，子午道崎嶇難行的狀況。石門先秦到楚漢再到東漢的數百年歷史，在六段對重大史實的鋪陳中得到了清晰的交代。總之，《石門頌》序文，行文雖然是在鋪陳中推進，但信息涵蓋量巨大，雖時有細緻入微的大段描寫，但文句不失濃縮精練，句意表達亦明確而實在。

以文學眼光來看，其鋪陳是有技巧的，起伏有致、鋪墊映襯。白描鋪陳的時候，採用典型鋪陳揚厲手法，言其道路艱難，連續用了二十二句描繪山崖險峻、河流湍急、荊棘遍地、怪石嶙峋、遍佈毒蛇猛獸，行者無論尊卑、輕車輜重，都一樣舉步維艱，膽戰心驚的狀態，全方位極言渲染其艱難畫面，

雖然字數多，但是繁而不亂，而且波瀾起伏，前呼後應，為後文頌揚楊孟文的功德起到了鋪墊和映襯之效。其序文大段渲染是有意以先抑後揚之法，以此作為反襯，非是一味排開，為鋪陳而鋪陳、誇大炫示。而頌文部分對德行的渲染，也不誇大其詞，勾勒出楊孟文典型的德行高潔、忠直無私的良吏形象，與上文的描寫照應，相得益彰。

其次，鋪陳時遣詞用字質樸實在，不過分使用顯得濃豔的字詞，比如《子虛》《上林》等大賦之中，多有奢靡之器物、動物、色澤、裝飾等細節，通篇用字遣詞充斥著豔麗色澤、神獸異禽、珠玉奇珍，因此文風就顯得濃豔瑰瑋。而《石門頌》的鋪陳，多是現實主義的事物，言之有物，比如，山、水、石、車輛等，少有表現「色彩」之詞，亦無羅列絢麗之物，文字顯得清新而質樸，清朗而堅硬，雖篇幅長但沒有大賦那般奢華神異、光怪陸離的感覺。相比於大賦濃墨重彩式鋪陳，頌之鋪陳中有類似清麗工筆淡彩、爽利的白描特點。反觀東漢時期另一篇馬融的《廣成頌》，劉勰就批評其雖然典雅，但是太過「弄文」，接近於賦，失去了頌文應有的質樸的典型特徵。觀其文字，雖然不及《子虛》《上林》那麼濃墨重彩，但句式繁複，極致精細地描繪景色，確實有和大賦很接近的重彩式描繪，不及《石門頌》能典型地表現出「頌」文體獨特鮮明特徵。

《石門頌》是頌中的名篇，具有典型的頌體特徵，其文清辭美，行文既典雅端重，又清鑠敬肅，既有大篇鋪陳，又不失質樸之風。在頌美中兼具史傳的力度，史實價值不凡。作為樹立正義、宣揚正典的頌體文學，在文學史與同類名作相比也絕不遜色。其保留頌文體的本真風貌對研究歷代文體的發展、文風的演變等，具有頗高的文學價值。

（二）銘體——《石門銘》

古石門隧道東壁的摩崖石刻《石門銘》（全文見表 1.1），其文體為「銘」，亦在石刻首行標出，銘是與頌並立的長篇頌美文學的典型文體，關於「銘」，其有鏤刻、記載的意思，《釋名·釋言語》：「銘，名也。一記名其功也。」〔註5〕春秋時代《左傳》云：「夫銘，天子令德，諸侯言時計功，大夫稱伐。……且夫大伐小，取其所得，以作彝器，銘其功烈，以示子孫，昭明德而懲無禮也。」〔註6〕功德銘於器物鍾鼎彝器之表面，同樣具有頌美記功的特質，「昭

〔註5〕 劉熙，釋名卷四釋言語〔M〕，北京：中華書局，1985.53。
〔註6〕 左丘明傳，杜預注，孔穎達正義，李學勤主編，十三經注疏·春秋左傳正義

德紀功，以示子孫」正是銘文體之功用。蔡邕《銘論》云：「春秋之論銘也，曰天子令德，諸侯言時計功，大夫稱伐……鍾鼎禮樂之器，昭德紀功，以示子孫，物不朽者，莫不朽於金石，故碑在宗廟兩階之間。近世以來，咸銘之於碑，德非此族，不在銘典。」〔註7〕也就是說銘類文體開始是刻在鍾鼎上，兩漢以來，石碑逐漸替代青銅彝器，因此銘的記述功德職能也轉而由石碑承載，後來發展爲風行東漢末年的功德碑，碑銘文體結構也逐漸固定下來。

　　刻於北魏的《石門銘》，顯然是一篇有關石門，兼具正名、記史、彰顯功德作用的碑銘文體之文獻。由於其以碑刻形式流傳，文體結構同樣遵循著碑銘文體的典型範式——「前序後銘」結構。前部序是散文爲史傳，後部四字韻文連綴成頌美銘文。其文學藝術特色歸納起來有三點。

1、記史正名之簡明翔實

　　序爲史傳，曹丕《典論·論文》言「銘誄尚實」〔註8〕，《石門銘》之「實」，首先是對「石門」這一建築的實際正名意義，開篇「此門」以鮮明指示性的代詞指向石刻原址方位，意指對此地、此門的介紹及正名。使後來觀者有如臨其境的在場之感。正如劉勰《文心雕龍》所言「銘者，名也，觀器必也正名，審用貴乎盛德。……銘發幽石……誇誕示後」〔註9〕，隱藏在深山幽谷之中的勝蹟，須用銘文來爲其正名彰顯，以垂後世。由此可以看出銘文體的功能——刻在實物和原址，以正名記事，頌美紀功。因此《石門銘》之意義也正在於，爲其所依託的實體本身——「石門」正名。其刻於石門隧道崖壁，用簡明而確鑿的史實，歷數褒斜道石門隧道的前世今生，於五百年前東漢永平年間開鑿，歷代毀而又修，東晉廢棄不通，終在北魏正始元年由羊祉奏請、朝廷派賈三德負責施工而重新開通。這五百年的石門歷史，切實而可信，使得觀者一覽而明晰其始末。

　　其次在於序文述史的語言特點——簡練扼要，可以說沒有一筆虛文，句句落到實處。質樸通俗，精練概括，清晰而明朗，同樣是對史實的敘事描述，其不像頌賦就一點展開大肆鋪陳，也不像史傳，事無鉅細的繁複羅列敘事。而是詳略得當地記敘，比如，對於褒斜道五百年內歷代戰亂屢次開合，並沒

　　　　（中冊）〔M〕，北京：北京大學出版社，1999.958～959。

〔註7〕　蔡邕，銘論〔M〕∥嚴可均，全後漢文卷七十四，北京：中華書局，1982.751。

〔註8〕　曹丕，典論論文〔M〕∥蕭統編，李善注.文選卷五十二，上海：上海古籍出版社，1986.2271。

〔註9〕　劉勰著，周振甫注，文心雕龍注釋〔M〕，北京：人民文學出版社，1981.116。

有一一記載，而是選擇石門開合的重要節點性事件進行記載，即開——「此門蓋漢永平中所穿，將五百載」，合——「晉氏南遷，斯路廢矣」，其中五百年之變遷則高度概括爲「乍開乍閉，通塞不恒」，而人物事件經過皆略，而以當代「正始元年」重開事件爲重點敘事，詳細紀實。

同樣「紀實」，《石門銘》之「銘體」記工程之事比起《石門頌》之「頌體」紀實性，顯得翔實許多，語言風格也相對質樸。對比前文提到《石門頌》中同樣具有史傳性質的序文可以看出，《石門頌》畢竟是文辭鋪陳的頌體，序文雖含石門歷史「鑿通石門」等歷史事件及人物，但行文四字鋪排，其中對於具體施工過程、建築位置、規模形制等細節信息皆語焉不詳。而《石門銘》則不但有史實性的記載，還有非常具體、實在的工程記述，對於石門的具體位置（門北一里西上鑿山爲道）、施工的徒隸、石師人數（徒一萬餘、石師百人）、穿山隧道的形制尺寸（閣廣四丈，路廣六丈，可容連轉駢轡而進）、如何施工（塡硤棧壑、砰嶮梁危）、路線（迴車至谷口）、道路長度（二百餘里）、都有精確翔實的記載。對於最重要的時間點記載也非常精確：「此門蓋漢永平中所穿，將五百載。」「皇魏正始元年，漢中獻地，褒斜始開」「三年，詔假節龍驤將軍督梁秦諸軍事梁秦二州刺（剌）史泰山羊祉」。耗費時間：「起四年十月十日，訖永平二年正月畢功。」突出體現了記事的功能。石門的來龍去脈、工程過程、取得成果都很確鑿。這些都與後人所見的石門位置和形制吻合，也爲後人考察古代道路交通工程建設提供了非常切實的依據。同時，語言風格簡約、精準，同樣描寫道路之艱險，《石門銘》沒有《石門頌》一樣的大段鋪陳渲染，只以高度濃縮的四字精簡形容，「峭岨盤迂」，言簡意賅，具有質勝於文之特點。這種質樸、精練而翔實的敘事，是記功頌德的銘體文本常見而可貴的寫作風格。

2、頌德手法之藝術性

爲表達頌德主題，沒有一味平鋪直敘的唱贊詞，而是在翔實的敘事中，採取各種藝術手法，使得行文結構通暢而巧妙。

首先，敘事行文巧妙，環環相扣，以穿針引線法串聯二主角。《石門銘》中需要讚頌有功德的主人公有兩個，如何巧妙將二者並列是一大難題，首先以梁秦初降面臨困境急需賢才之局，引出第一個重要人物，朝廷精心挑選良牧，具有名臣風範的泰山羊祉臨危受命，而其在撫境綏邊之中，發現褒斜道之重要，也成爲了重新修路工程理所當然的「首倡之功」者，如實予以讚頌。

接下來，在工程實施之中，還需要能工巧匠現場具體實施，根據前述褒斜道路之險，非絕世之才不可，於是朝廷詔命專司營造的左校令菏臨負責，從而又引出第二個主人公，能工巧匠賈三德，讚頌中心也隨之轉移到他身上。很巧妙地將需要讚頌的兩人物連綴在文中。這兩個重要人物的出場，與前面描述遙相呼應，一環扣一環，突出而不突兀，顯得從容不迫，也體現其敘事頌德中精妙布局之匠心。

其次，極善用典，採取側面烘托法，以前賢先聖之典故，映襯當今工程實施者之功勳，全文共用典十處，讚頌羊祉名臣風範的時候，稱其「有叔子之風」，以名臣羊祜（羊叔子）之遺風來形容其功德。羊祉本身是羊祜的後代，贊其有先祖遺風，又正與當時重家族家風之風氣不謀而合。而在讚頌賈三德的能工巧思之時，「雖元凱之梁河，德衡之損躡，未足偶其奇」「自非思垿班爾，籌等張蔡，忠公忘私，何能成其事哉？」共用了六個與工程有關的名人典故，包括古代博學多才的名臣杜預、機械大師馬鈞、能工巧匠魯班和王爾、科學家張衡、蔡倫，都是在建築營造方面卓有成效的大師級別人物，以古代能工巧匠來類比其修路之高明，使觀者更有感會。同時又以兩組今昔對比進行巧妙反襯，「王生履之，可無臨深之歎；葛氏若存，幸息木牛之勞」昔日王陽履險途臨淵哀歎，反觀如今道路平坦安寧，大可不必有所畏懼。而當年諸葛亮發明的木牛流馬，雖能翻山越嶺，但還是比不上修好的平坦之路來得一勞永逸。今易而昔難，其妙手成就不言而喻。又把石門工程和大禹開龍門的功績相提並論，「龍門斯鑿，大禹所彰。」更顯其功勞之卓著。以典故和現實對應來看，可以看出其並非胡亂堆砌，先賢明哲典故都與現實情況緊密關聯，應用得貼切而自然，又為文章增以歷史文化之深度。

其三、銘文正面側面剪裁得當，以場景呈現法，直觀彰顯功德。銘文並沒有如一般銘文通篇堆砌溢美之詞的寫法，一味直接誇耀功德如何熾盛。前半部分直接寫褒斜道交通「西帶汧隴，東控樊襄」的重要地位，並且上升到彰顯帝國威嚴昌盛「漢德是強」，將其與大禹鑿龍門功績並列，正面歌頌已達到極致。有關其他人物美德前面序文中已經涉及，這裡就不在重複讚頌，於是銘文後半部分則筆鋒一轉，以一種氣魄宏大的場景描繪來烘托出功德。「穹隆高閣，有車轔轔。威夷石道，馴牡其駉。千載絕軌，百輛更新。」」將這種道路修好後的新氣象，天險變通途，車駕轔轔，穿梭往來的壯美場景直接呈現眼前，製造者的功德即可昭然。在銘文之中直接進行場景白描烘托，這在

頌德銘文中也是十分罕見。

3、文采斐然，兼具抒情性

銘文在紀實性的同時，兼具典雅性和抒情性。序文樸實，銘文有韻，頗具文采，而且抒發真情實感，情感真摯而深遠。

駢體銘文，講究平仄相配，音韻調合，《石門銘》前半部分序文為散體不用韻，而後半銘文則用韻，其音韻符合聲律承續迴環之美，正如《文心雕龍·聲律》所言：「沈則響發而斷，飛則聲揚不還，並轆轤交往，逆鱗相比。」〔註10〕前十三句末字皆合平水七陽古韻：彰、皇、方、康、梁、襄、強、疆、亡、光、長、霜、傷。到最後四句轉韻：驎、駰、新、塵，四字皆出古韻平水十一真。聲調鏗鏘，讀起來朗朗上口。

除音韻之外，錘鍊字句，行文中常以整飭之對仗句式，雙向疊加，意蘊更深。序文中駢散結合，如紀實性質的工程規格、數字亦以裁剪為「閣廣四丈，路廣六丈」之整飭，述修路手段則以「填硤棧壑、砰嶮梁危」八字概括，精練而工整。至於用典也是如此「思埒班爾、籌等張蔡」「王生履之，可無臨深之歎；葛氏若存，幸息木牛之勞。」等句，再至銘文部分，整飭的對偶句式更層出不窮，如「昔惟畿甸，今則關壃。」「水眺悠皛，林望幽長」「秋風夏起，寒鳥春傷」等等。若無一定文學功底修養，斷難造出此絕妙文句。描繪風景甚至具有詩性，六世紀早期山水詩興盛，《石門銘》中使用了山水詩式的充滿詩意的語言，「水眺悠皛，林望幽長。夕凝曉露，晝含曙霜。秋風夏起，寒鳥春傷。穹隆高閣，有車轔轔。威夷石道，駟牡其駰。千載絕軌，百輛更新。」浩淼的河水，幽深的森林，霜露凝結的崖岸，盤山伸向遠方蜿蜒如龍的棧道和如穹隆一般高聳的橋閣，沿著棧閣往來暢通行馳而過的數百輛大車，滾動的車輪轔轔之聲不絕於耳。如臨其境，如聞其聲，如見其景，尤為清麗宛轉、從容幽雅，令人耳目一新。

《石門銘》雖然是駢體銘文，文采斐然又旨在歌功頌德，卻全無阿諛獻媚、無病呻吟、浮豔空洞之弊端，反而言之有物，更有著質樸的真情實感流露，正所謂「含情而能達，會景而生心，體物而得神」〔註11〕之境界。其中既有對當世能臣巧匠的忠公忘私造福於民的熱情讚頌，有將險阻變成安逸、

〔註10〕劉勰著，周振甫注，文心雕龍注釋〔M〕，北京：人民文學出版社，1981.364。
〔註11〕王夫之著，戴鴻森注，薑齋詩話箋注卷二·夕堂永日緒論內編二七〔M〕，北京：人民文學出版社，1981.95。

康寧、坦途的壯懷豪邁，亦有面臨古蹟對先烈「跡在人亡」的深沉懷想，而在後記之中，還有工程實施者賈三德發現一個巧遇，即在他負責石門工程完工之年，北魏改年號為「永平」，這恰好與五百年前石門始開的東漢明帝年號「永平」同名，這種冥冥之中遇到古今驚人巧合的竊喜心情，以及對後世君子發出「異世同聞」的預言與召喚，此類情感深沉、幽遠，發自本心，全無矯飾，情感穿梭古代、當今、未來，具有跨越時空的動人穿透力。

　　《文心雕龍》言，「銘兼褒贊，故體貴弘潤，其取事也必核以辨，其摛文也必簡而深」〔註12〕。《石門銘》敘事精準簡約，言簡意賅，核實而辨明，簡練而深刻，情感深沉，是對銘這種文體的最好詮釋。其具有相當高的文學水準，尤其六朝駢文多有纖穠奢靡、華而不實之弊，其簡約實際而宏深之風，在六朝文學中堪稱一股清流，實為難能可貴。

　　總之，石門文本中的頌美類銘、頌文，真實保留了少見的文體原貌，是後世文體研究的重要文本資料，而其於隱惡揚善、歌功頌德之中，兼有紀實性的史傳之筆，同時其文辭之清新、結構之精妙、音韻之調和、氣勢之恢宏、情性之真切，堪稱頌銘文學中高品格的精彩美文，具有相當的藝術感染力。正可謂「揄揚以發藻，汪洋以樹義，唯纖曲巧致，與情而變」〔註13〕——劉勰品論之中有關頌讚類文體之極致，用以評價石門文學中頌美類型的頌銘體文字，亦是當之無愧的。

二、懷古抒情類——詩文、遊記、大字榜書

（一）石門蜀道詩文

　　吟詠抒情詩歌，是宋代、清代石門石刻文學中的重要形式，其與文學史上的蜀道詩交相輝映。存活在石刻上的詩篇，既是重要的文物，有的還頗具文學價值，體裁包括七律、七絕、古風。以寫景懷古為主，相比而言，宋代懷古偏於憂患，格調沉鬱悲涼。名篇乏，數量少，僅有三首，分別為北宋掌禹錫七絕、安丙七絕、吳玠七律。而清代石門詩歌較為繁盛，並出現一些名篇。尤以宋琬《棧道平歌》、王漁洋川陝棧道之旅組詩、梁清寬《賈大司馬修棧道歌》為代表。大體可分為歌頌類型的德政詩和寫勝景詩篇兩大類型，基調比起宋代較為快意、豪邁。

〔註12〕劉勰著，周振甫注，文心雕龍注釋〔M〕，北京：人民文學出版社，1981.117。
〔註13〕劉勰著，周振甫注，文心雕龍注釋〔M〕，北京：人民文學出版社，1981.96。

　　首先是宋代三首詩。北宋一首、南宋兩首，皆以寫景爲主。

　　北宋掌禹錫《遊石門題詩》，以描繪石門地區山川勝景爲要：「峭壁矗雲三峽裏，急湍翻雪五湖邊。」高聳入雲的峭壁，飛浪如雪的褒水，皆是對石門沿岸風光的白描，而「何年造物施神力，移到褒中小有天」寫的則是石門洞宛如造化神力所開闢，行人經此，見到眼前的山水便有豁然開朗的感受，「別有洞天」。恰與石門洞口「別有天」題刻相呼應。將人工開鑿的石門隧道，喻爲神力造物，無疑是一種歡頌。作者掌禹錫，爲北宋眞宗年間人，官至直秘閣學士，史載其博學多聞，好儲書，著述頗多，於《易經》、地理、醫藥諸學皆有建樹。所處時代安寧，其宦遊至此登臨勝景，留詩題詠，爲當時宋人鍾情自然山水的風氣使然。

　　南宋二詩作者安丙和吳玠，均爲南宋守禦漢中對抗金國的名將，身臨宋金對峙局勢，其詩作雖寫觀覽勝景，懷古遊樂，卻不由地聯想起現實的危局，其基調沉鬱，意識憂患，見安丙遊石門題詩：「凌晨走馬過花村，先玩玉盆到石門。細想張良燒斷處，崖間佇立欲銷魂。〔註 14〕」這是安丙遊玩玉盆、石門景區，佇立蜀道山崖間，想起西漢張良燒斷棧道之事而作。安丙時任興元知府，依蜀地棧道之險致力於抗金大業，其收復失地，屢立戰功，令金人切齒膽寒，貼出「得丙首者，與銀絹二萬匹兩，即授四川宣撫」〔註 15〕之告示，足見其軍事威懾力。然其數次諫言，興師伐金北定中原皆未果，反陷入「妄言輕舉」「異志」之謗，只得據守漢中，追憶漢高祖用張良燒絕棧道之計，明示無還心而暗中養精蓄銳，終從漢中出關，還定三秦，逐鹿中原，遂有天下的偉業，而今朝廷偏安，據漢中卻全無進取之意，今昔對比，難免生壯志難酬之歡。

　　而吳玠亦是戰功赫赫的抗金名將，曾於仙人關、和尚原之戰中大敗金兵兀朮部，有詩題於山河廟：「早起登車日未曤，蓁煙萋草北山村。木工已就山河堰，糧道要供諸葛屯。太白峰頭通一水，武休關外憶中原。寶雞消息天知否？去歲創殘未殄痕。」此詩是其作爲漢中守備大將主持修山河堰屯軍糧的紀實性詩作，山河堰爲西漢蕭何曹參所建水利工程，南宋爲了提供軍需糧草，數度重修山河堰。詩中其早起馬不停蹄赴山河堰視察，以寫實的手法，直面

〔註 14〕郭榮章，石門石刻大全〔M〕，西安：三秦出版社，2001.87。

〔註 15〕脫脫等，宋史卷四百二・列傳第一百六十一安丙傳〔M〕，北京：中華書局，1977.12190。

戰爭之殘酷，「菱煙萋草北山村」，山河破碎、滿目瘡痍。修山河堰爲前線供糧，還惦念著前線寶雞戰事。其中用「諸葛屯」典故，三國諸葛亮屢次至漢中修復棧道備軍屯糧，做復出祁山北定中原的準備，類比當今自己也在漢中籌辦屯糧之事。昔日之人未能遂願，當今亦有消息不明，勝負難測之憂心，古今交融，異世同境，難免令人興歎不已。

　　總體來說，宋代石門詩作反映出宋人熱愛自然，暢遊山水，熱衷刻石留題之風氣。北宋早期四海升平，詩作者多爲官宦文人，以純勝景爲主題。而南宋飽受金國虐殘，詩作者多爲軍旅文人，善於將寫景和懷古融爲一體，以古今相似的境遇，今昔對比，抒發幽情，詩作帶有沉鬱滄桑的底色、飽含歷史厚度的幽邃之感。

　　清人題詩者比起宋代，略有增數，其詩分爲兩類，一類是工程紀念之德政詩，一類是寫景抒情詩。吟詠棧道工程德政之作，有《賈漢復撫秦修棧詠》，宋琬《棧道平歌》，梁清寬、王豫嘉《棧道歌》等。寫景抒情類，則如王士禛入漢中游記題詩，汪灝《棧道雜詩》，羅秀書《遊石門題詩》等。篇幅多集中在新修棧道區域，詩作以抒發情志、歌詠壯懷爲主。

　　康熙年間，陝西巡撫賈漢復主持修建橫跨南北的連雲棧道工程，是清代詩篇集中詠歎的對象。宋琬的《棧道平歌》是其中名篇，沈德潛《清詩別裁》稱：「賈中丞名漢復，平險爲夷，因作歌以頌之，歌勒於觀音碥崖石上，出後人手，幾成德政歌矣。此服其筆力之大。」〔註16〕由沈荃書寫，刻於碑嵌於崖壁，其詩云：

> 　　君不見梁州之谷斜與褒，中有棧道干雲宵。仰手可以捫參井，下臨長江浩汗洶波濤。大禹胼胝恐未到，帝遣五丁開神皋，巨靈運斧地維坼，然後南通巴蜀西羌鑿。蚖盤縈繞六百里，千回萬曲緣秋毫。懸車束馬弗克以徑度，飛騰絕壁愁猿猱。漢家留侯眞婦女，烈火一炬嗟徒勞。噫嘻！三秦之人困征伐，軍書蜂舞如蝟毛。銜枚荷戈戟，轉粟窮脂膏。估客爾何來？萬里競錐刀。須臾失足幾千仞，猛虎蝮蛇恣貪饕。出險灑酒始相賀，燐燐鬼火聞呼號。泰運開，尚書來，恩如雨露威風雷。一呼集畚鍤，再呼伐薪柴。醇醨澆山萬夫發，坐看巉崖削盡爲平埃。噫嘻乎！益烈山澤四千歲，火攻莫救蒼生災。昔也商旅魚貫行，今也不憂狼與豺。昔也單車不得上，今也

〔註16〕沈德潛，清詩別裁集卷二〔M〕，河北：河北人民出版社，1997.32。

康莊之途足以走連輦。樊童巴舞貢天府，桃笙實布輸邛嶠。歌齒風，
擊土鼓，賈父之來何晚哉！豐功奕奕垂萬祽（祀），經濟不數韋皋才。
中朝袞衣待公補，璇璣在手平秦階。西望劍閣高崔巍，側身欲往空
徘徊。大書深刻告來世，蛟龍发業磨青崖。金穿石泐陵谷徙，我公
之功不與伏波銅柱同塵埋。〔註17〕

此作在石門文本之詩文類型中，是極具文學價值之名篇。

此為一首古風，通篇行文氣勢貫通，筆墨酣暢淋漓，狂放不羈，筆力不
凡，自首句「君不見梁州之谷斜與褒，中有棧道干雲霄」到「鬼火聞呼號」
止，誇張的白描，極言蜀道之難的驚險。句式長短交雜，自由不羈。行文方
式與李白《蜀道難》相仿。所不同的是，李白之作是通篇一貫的「蜀道難」
主題，而宋琬的《棧道平歌》，後半部分筆鋒一轉，「泰運開，尚書來」，由對
自然勝景的驚絕，轉向對於賈漢復巡撫陝西，攻堅克難的歌頌。連續用了兩
組對比「昔也商旅魚貫行，今也不憂狼與豺，昔也單車不得上，今也康莊之
途足以走連輦。」展示今昔巨變，從而引出其功勞，摩崖大書深刻告後世。
篇末以典故「伏波銅柱」之短暫，反襯賈漢復功業之久長，頌德政性質很明
顯。作者宋琬，據清史記載，甚有文名，有「燕臺七子」之譽，官京師時，
與著名文人嚴沆、施閏章、丁澎相互酬唱。與施閏章並稱「南施北宋」，與書
者沈荃交往甚密，並稱二絕。王士禎《蜀道驛程記》評價其詩風「豪健」，所
言不虛。

與之相應的還有兩首，其一為保和殿大學士梁清寬作《賈大司馬修棧道
歌》，其二為王豫嘉《棧道歌》，石碑都嵌於觀音碥山崖上。這兩首是相互應
和之作。

梁清寬《棧道歌》云：君不見棧道高去天尺五，馬盡縮足人咸
傴。山前白骨野火燐，江岸積骸泣無主。中丞巡邊心惻肶（然），濬
川煉石何今古。誰云天險不可移？五丁曾為施巨斧……吁嗟乎！安
得中丞此大力，盡平世間嶮巇之處長無迕。〔註18〕

王豫嘉《棧道歌》云：

君不見秦隴山危越嶽五，雲棧連綿行役傴。崖懸澗邃聚遊魂，
五夜春閨夢有主。天為斯民生中丞，思大力雄功逾古。平將手足治

〔註17〕郭榮章，石門石刻大全〔M〕，西安：三秦出版社，2001.177。
〔註18〕郭榮章，石門石刻大全〔M〕，西安：三秦出版社，2001.179。

山川，秉鉞能施巨靈斧……我願中丞相聖朝，盡錫天下□平之福永
無迕。〔註19〕

　　此二首同韻相合而作，文風與宋琬的《棧道平歌》類似，皆爲豪邁古風，
均以唐詩中經常出現的「君不見」句式起興，採用烘托之法，前半段先鋪陳
極言自然之險絕，再引出平險爲夷的功勞，最後曲終一筆歌詠，具有直抒胸
臆的抒情性。雖後半部歌功頌德成分略有溢美過甚之嫌，但總體來看，寫景
優美、抒情豪邁，用典得當，不失爲應景頌德的佳篇。這三首詩根據石刻方
位和內容關聯性，可看作連雲棧道的一組德政詩。

　　相傳連雲棧道一處，原號稱閻王碥，後被修路者攻克，由談之色變的險
途變爲平安便利的坦途，並更名「觀音碥」，這一攻克艱難險阻之舉受到了當
時文人的熱情歌詠，可參照王士禛《蜀道驛程記》記載（康熙十一年閏七月）：
「初七日…至觀音碥（舊名閻王碥賈中丞漢復易今名），奇石插天，犀株林立，
飛湍箭激，凝爲深淵，其色黝黑，潭而不流，憑高下瞰，令人魂悸，有舊碑
在道左，大書雲棧首險。近陝撫賈中丞煆石開道，自此迄寶雞，凡木石之工
九百三十八丈有奇，又於此劚大石，置欄楯，行旅便之」。〔註20〕另外其《秦
蜀驛程後記》記載康熙三十四年四月初九日，「夾江兩岸，石色如鐵，壁立千
仞，時有大石牴牾橫道，如巨丈夫頹冠落珮。兩山忽合，疑若無路，從石罅
螺旋而下，有橋跨水，纔通人騎。過橋，石壁益險怪，略如藺相如持璧睨柱，
髮盡上指，又如樊將軍擁盾裂眥，拔刀割彘肩，憤怒鬱勃，不可彈形，余意
必觀音碥（本名閻王碥）也，問之果然」。〔註21〕還寫詩《觀音碥》：「……頗
聞賈中丞，於此鏟疊嶂，故人推沈宋，詩筆各雄長，星宿森光茫，虯龍怒倔
強，解鞍苔石滑，高歌一神王，更須巨靈手，運斤出天匠……」〔註22〕亦是
對這一險關攻克之讚美，以雄壯、神異諸如「虯龍」「巨靈」等不凡意象，歌
頌其鏟平險途、開通疊嶂之功勳。

　　此類頌德政詩，與漢魏時代頌與銘記功頌德的目的頗有類似，皆以筆力

〔註19〕郭榮章，石門石刻大全〔M〕，西安：三秦出版社，2001.179。

〔註20〕王士禛著，袁世碩主編，王士禛全集‧蜀道驛程記〔M〕，山東：齊魯書社，
　　　　2007.2544。

〔註21〕王士禛著，袁世碩主編，王士禛全集‧秦蜀驛程後記〔M〕，山東：齊魯書社，
　　　　2007.3571。

〔註22〕王士禛著，袁世碩主編，王士禛全集‧漁陽續詩集卷三〔M〕，山東：齊魯書
　　　　社，2007.751。

之大、氣勢之盛爲典型特徵。區別在於清代德政詩少有紀實性史傳性質，而抒情性極爲明顯，鋪排式寫景兼直抒胸臆式歌頌，天塹和人力的對抗激發出了文人蓬勃野性，呈現出一種沛莫能禦，傾瀉而出的激情。比起漢魏記功頌德之頌、銘類文字，雖在含蓄、典雅、實在等方面略爲遜色，但更顯勝景與豪情。另外，其因有連雲棧道化險爲夷利民工程爲背景，故而其雖稱頌德詩，卻不同於一般空洞無著、阿諛奉承的吹噓諂媚之作。

　　清代石門詩中除了氣魄宏大的寫景頌德，還有另一大宗是寫景遊記詩，最具代表性且成體系的，是汪灝《棧道雜詩》和王士禎《詠漢中詩》。以棧道沿途風景寫成組詩，並刻石紀念。

　　王士禎爲明末清初著名詩人，入蜀行漢中褒斜棧道，沿途賦詩甚多且頗具典型性，《詠漢中詩》便是從其所寫群詩中篩選出九首刻於碑上，其餘載於《漢中府志》中。單看這九首，呈現出一種寫景與詠史結合，懷古抒情中略露艱難困苦、沉鬱傷懷的意味。

　　王士禎詠漢中詩（九首）云：

　　　　褒斜十日路，白髮忽侵尋。紅葉下江水，始知秋已深。馬驚初出谷，閉城不聞砧。何處天河影？浮雲只自陰。閏七夕抵褒城縣（一首）路遙褒斜夢故園，今朝風物似中原。平羌躞蹀連錢馬，近郭參差橘柚村。萬疊雲峰趨廣漢，千帆秋水下襄樊。只愁明日金牛路，回首興元落照昏。漢中府（二首）　絳灌當時伍，黥彭異代看，竟成隆準帝，不屑沐猴冠。磊落真王氣，蒼茫大將壇。風雲今寂寞，江漢自波瀾。漢臺（三首）　三寸黃柑水浸渠，一林紅桂映棕櫚，鉤簾恰對中梁色，正好高眠讀道書。盧谷庵其一（四首）　太息黃楊樹子前，琳宮歲歲飽風煙。交柯接葉真憐汝，未似先生厄閏年。盧谷庵其二（五首）　黑水梁州道，停車問土風。沔流天漢外，蠻冢夕陽東。處處棕櫚綠，村村穰秠紅。更須參玉版，修竹賤如蓬。南鄭至沔縣道中（六首）　朝過女郎道，遙望女郎祠。溪水疑環佩，春山學黛眉。千林丹橘熟，一徑碧苔滋。日暮神靈雨，西風滿桂旗。女郎廟（七首）　天漢遙遙指劍關，逢人先問定軍山。惠陵草木冰霜裏，丞相祠堂檜柏間。八陣風雲通指顧，一江波浪急潺湲。遺民衢路還私祭，不獨英雄血淚斑。謁諸葛忠武侯祠（八首）　竹條娟娟靜，江流漠漠陰。至今籌筆地，猶是出師心。遺恨成銜璧，元聲有故琴。千秋弦指外，彷

彿遇高深。武侯琴堂（九首）〔註23〕

　　刻石於詩末題道：康熙壬午入蜀作，丙子重過追錄刻石，經筵講官戶部左侍郎濟南王士禛阮亭題，賜進士出身南鄭縣知縣姑孰魏壽期敬書。

　　王士禛兩次入蜀均創有詩篇，一爲康熙十一年（壬午）入蜀之時，二爲康熙三十五年（丙子）又一次遊覽，還有多首創作，《漢中府志》記載，上述幾首是從中選錄的。每首附有題目，分別爲《褒城縣》《漢中府》《漢臺》《虛谷庵》《女郎廟》《武侯祠》《武侯琴堂》。

　　其一《褒城縣》寫經過多日的跋涉，在閏七夕到達褒城縣，以六十三歲老邁之身，親涉蜀道之艱難。其二《漢中府》主繪褒斜道至漢中府沿途之風物。其三《漢臺》遊古漢臺，以歷史典故引懷古之情。即分別對絳侯周勃、穎陰侯灌嬰、淮南王英布、梁王彭越、隆準帝（漢高祖劉邦）、大將韓信……等西漢開國風雲人物鋪陳頌績，引發緬懷與抒情暢想。其四《虛谷庵其一》寫小景點虛谷庵之景。其五《虛谷庵其二》抒發羈旅之艱難，對自己六十三歲依舊艱辛之感慨。其六《南鄭至沔縣道中》其七《女郎廟》爲寫景，南鄭至沔縣道之景及經女郎道過女郎祠之景色。其八《武侯祠》、其九《武侯琴堂》爲拜謁諸葛武侯廟、琴堂之作，皆是抒發對諸葛武侯之追慕。以劍門關、定軍山之景，引出對諸葛亮出師之心的敬仰及對其千載遺恨之深歎。

　　此詩作與記載於《漢中府志》的其餘詩作相參照，可循得其遊覽足跡，遍佈漢中全境，從北邊的煎茶坪開始，一路南下，歷經鳳縣鳳嶺、南星道、柴關嶺、留壩、馬鞍嶺、進入古北棧褒斜道的觀音碥、七盤嶺，然後到達褒城縣、漢中府、漢江、漢臺、南鄭、然後進入沔縣女郎廟，武侯祠、定軍山、百牢關、大安驛、再入南棧原金牛道的五丁峽、寧強州、寧羌、黃道驛。其歷程是從北到南沿著連雲棧道遊覽，基本是遊一處寫一詩，在景點集中見聞較多之處賦詩亦集中，比如南鄭、沔縣等地，而在某些特殊經典之地還以數首詠一個主題，如寫褒斜道之艱難就有三篇：《行褒斜道》、《觀音碥》和《七盤嶺》，原金牛道的五丁峽也有兩首《五丁峽》《雨渡五丁峽》。以上石刻九首詩，是其在遊覽中心地帶——褒城縣到沔縣武侯祠一段的賦詩。相比起來，其他地區的詩作以記景色爲多，而這兩處歷史文化豐富，重點回顧風雲人物之生平和歷代興亡的史實，故而在寫景的同時懷古感慨亦相對深刻，表達情感也濃鬱而深沉，這可能是此組詩被選中予以刻石紀念的原因。其亦可形成

〔註23〕郭榮章，石門石刻大全〔M〕，西安：三秦出版社，2001.139。

一個遊記詩系統，具有相當高的藝術價值，同時也是珍貴的地理遊覽史料。

清康熙年間內閣學士汪灝，工於詩作，清代石門另一組石刻組詩《棧道雜詩》（見表 1.6），便是其入蜀主持科舉時經連雲棧道，沿途觀覽之作，共有十首，明顯也是循著遊覽線路遊記之詩，從煎茶坪、留壩張良歸隱處、觀音碥、七盤關，直到褒城。每覽一處記一詩，寫景優美，充滿對歷史典故的懷想。如「煎茶坪」高出眾峰之上，引「漢高祖引兵由故道出，駐馬烹茶」「張良歸隱」等等之典故。不同於王士禛詩作重點對王侯將相功業追憶，汪灝詩篇之懷古則側重於對石門地區有關古代隱士生活方式之關注，其中數次提到對張良歸隱處的嚮往，以及對隱士懸崖撒手、避世修禪、逃禪、煉丹之類思維的認同，透露出隱逸傾向。

可以看到，這兩位詩人組詩的脈絡，均是順著連雲棧道北棧重要景點延伸，對各處景色描繪和歷經每處景致的所思所感連綴成系統組詩，誦讀之，猶如觀賞一幅連綿的棧道風光畫卷，這也是石門文學中組詩的顯著特點。

除了大型組詩，還有個別的即興題詩，康熙十七子果親王及其子弘瞻，過西藏留題等。其中金石學家羅秀書至石門洞考察，撰寫專著《褒谷古蹟輯略》之餘，亦有抒懷之作，面臨石門實際情況的陰森幽暗，詩中卻仍將其比作有幸發現寶藏的洞天福地。這種體驗自非寫實，而純以情感為主，是對石門刻石難以掩飾的研究熱情和癡迷鍾愛之情，甚有以苦為樂的豁達樂觀精神。

總體而言，詩歌是抒情性的文體，情感皆因事有感而發。各時代背景不同，情感底色不同，反映在詩作上，便是不同情趣的時代風格。綜觀石門石刻中宋、清兩個時代的詩作，可窺兩個時代由於人物所處背景的不同，情感亦有相當大的差異。宋代詩體多為懷古的七律絕句，面臨河山分裂壯志難酬的憂患，觸懷感發，臨山水、憶往昔而生蒼涼沉鬱之情感。清代主要是工程德政詩和寫景記遊詩。德政詩採用自由的古風，吟詠新修工程之豪邁，縱橫古今，豪氣干雲，寫景遊記詩，為沿著棧道攝入美景鋪開之畫卷，自然清新，懷古用典自如，深邃清新幽遠，少有悲愴傷情。也是清代攻堅克難，歌詠功德，成就偉業，留戀山水勝景，既浪漫又豪邁的時代風格的體現。

（二）遊記類

石門題刻中的記類文體，數目也不少。記這種文體是用來記事備忘的，記載內容題材可以很廣，包括各種各樣的事。《文心雕龍‧書記》說，「書記

廣大，衣被事體」〔註24〕。明人吳訥《文章辨體序》中也說：「大抵記者，蓋所以備不忘。如記營建，當記日月之久近，工費之多少，主佐之姓名，敘事之後，略作議論以結之，此爲正體」〔註 25〕。也就是說，記這種文體先是紀實敘事，最後加以議論總結。記營建之事如此，而記遊覽，結構也一樣是先敘述遊覽過程，然後再總結議論。

　　石門文學中的記可分爲工程記、遊記兩大類。其中工程記，比如宋代《重修山河堰記》《漢中新修堰記》《山河堰落成記》明代《馬道驛樊河橋記》清代《賈大司馬修棧記》，有幾篇純爲詳列所修各種類別的道、橋數量規模和投入的人力物力等情況，是有關石門歷史的重要文獻，但文學性不強，不作過多的討論。另一遊記類，是本節重點分析的部分。記體在唐代正式定型，故而石門的文獻中唐代遊記就有數篇，如劉禹錫的《山南西道新修驛路記》、孫樵的《興元新路記》、《書褒城驛壁》等，都是記體，只不過這三篇刻石都已經不存，（注：是刻石還是刻壁或刻於其他地不詳，此處暫以刻石論）只在金石學著錄中存文。其中由劉禹錫文，柳公權所書《山南西道新修驛路記》，記開成年間山南西道節度使歸融開散關至劍門千里石驛之事，存文於歐陽修《集古錄》、趙明誠《金石錄》。孫樵之《興元新路記》及《書褒城驛壁》，一原石在鄭子眞祠，一爲經過褒城驛的題壁之作，原石及壁也都無存，存文於《孫可之文集》、清人羅秀書等所輯的《褒谷古蹟輯略》之中。因此也歸爲石門文獻的篇章。除唐代之外，還有清代金石學家數篇訪碑遊記，如倪蘭畹的《石門道記》等。這些遊記文學，具有敘事的藝術性、議論的深刻性。

1、紀實敘事的翔實性和藝術性

　　記是寫之以備忘的，因此需要將所述之事表達得清晰完整，石門遊記非流水帳式的記錄，記事的同時兼顧文學敘事的藝術性，有序鋪開，娓娓道來。

　　比如遊記中，劉禹錫《山南西道驛路記》，圍繞「修路」核心，先述新修驛道之背景，次述新修驛道之過程，再述新修驛道之利便，驛路的落成，盡述山南西道由昔日「醜地」變成如今「善郡」，萬象更新的繁華都會之事。按時間先後順序展開，井井有條，又間以對話形式，使得敘事生動鮮活。孫樵的《興元新路記》，更是一篇優美遊記散文。其爲孫樵親自行經唐宣宗大中四年新修的「興元新路」之紀實，記載遊覽興元新路（即唐代新開以代古褒斜

〔註24〕劉勰著，周振甫注，文心雕龍注釋〔M〕，北京：人民文學出版社，1981.278。
〔註25〕吳訥，文章辨體序說〔M〕，北京：人民文學出版社，1962.42。

之「文川道」）之場景，此路由扶風入秦嶺始，至城固縣之文川驛止，築修不到一年時間即為暴水所沖壞廢止，通行時間相當短暫，孫樵此篇是有關此道路為數不多的親身體驗且細緻記載之史料。行走棧道，沿途所見之館驛、村莊、崖谷、水脈、閣道、石刻，順著遊行的腳步娓娓而道，描寫周邊景物、風土人情，多層面展現出褒斜道的名勝風光，語言優美，體現出唐代古文運動之後的散文特色。文風與柳宗元《小石潭記》類似，文筆清新而質樸。移步換景，諸如特異之景點「鳴崖」：「壁然而高出，其下殷其有聲，如風怒薄水」。寥寥數筆，即予人以身入真境，親聆其聲之體驗。而描繪澗旁谷中棧道旁的人家時，「有桑柘民多萊居，而自芝田至仙岑，雖閣路，皆平行，雞犬相聞」，水清山奇，氣候和潤、民風淳樸，一派令人嚮往的世外桃源般美好安詳境地。文辭典雅、細緻、清麗。

　　而在工程類記中，即記述修築交通工程褒斜棧道、水利工程山河堰的全過程時，往往因為施工難度大，而詳細記述其悠久歷史與工程曲折始末，成為石門記體文學的獨特之處。如《漢中新修堰記》《賈大司馬修棧道記》

　　《賈大司馬修棧道記》云：

　　　　是昔魏武所謂五百里石穴者也。行人騎畜經其地者，大則有性命之虞，小亦有顛僕之患。自五丁粗開山徑以後，數千年於茲矣。降至明季，逆闖橫肆，秦蜀梗塞，羊腸一線，僅有猿狐出沒。」……「因捐金募工，指授方略，進關南巡使範工而謀之。乃命參戎李君司李曾君□董其事。於是修險碥凡五千二百丈有奇，險石路凡二萬三千八十九丈有奇，險土路凡一千七百八十一丈有奇；修碥橋一百一十八處，計一百五十七丈；去碥橋而壘石以補之者，自江面至岸高三丈許，共長六十五丈二尺，凡十五處；修水渠一百四十五道；煆石三十二處，共一百五十六丈六尺；去當路山根木石二百八十九處；壘修木欄杆一百二十三處，凡九百三十八丈有奇。合營兵、驛夫、人夫各匠，積六萬九千八十三工。是役也，不三月而告竣。成功之速，若有神助。夫自有雲棧以來，閱歷數千載，其間豈無豪傑自命之士，痛昔行路之難，思欲平險為夷？然皆逡巡，未敢施工者，以雲棧地連雍梁二郡，寶鳳、襃三邑，綿互六百里，高者出層霄，下者臨無地，置足靡所，舉平□□，乃欲寸寸□治之，尺尺而易之，嘻，其難也！尚書公獨不以為難，奮焉圖之，一舉而二郡三邑，六

百里蛇盤粗杙之區，無尺寸不坦若康莊，誠不朽盛□□也。□□去
京兆數百里，尚書公開府尊重，設非奉敕南巡，必不遠歷棧碥。是
查城之役，天實假之，以令尚書公竟億萬年未竟之業也。夫人之勳
業□□澤及一時，猶憂憂然難之。尚書公一巡行間，體□□君愛國
之心，開萬古蕩平之績，其志慮爲何如乎？〔註26〕

　　敘述開山之難，功勳之大，皆具體、生動而翔實。在訪碑遊記中也體現
出這一點。如倪蘭畹《石門道記》（文見表 1.1），記的是訪碑研究之艱辛過程，
詳細敘述如何進入廢棄的石門，「夏秋水漲，沒溢崖岸，不能問途。冬春始可
挐舟而入，不能徑達則捨舟而步。山徑溜滑，亂石縱橫，幾不能容足。蓋登
陟之難如此，故斯洞爲人跡所罕到」〔註 27〕。過程曲折且艱難，甚至略帶刺
激性的探險性質，頗爲扣人心弦，引人入勝。

2、議論抒情集於一體的深刻抒情性

　　議論是文學作品之理性靈魂，石門題刻記體在翔實敘事之中多夾雜議
論，或針砭時事，或剖析利弊，或臧否人物，往往以小見大，一點而深。而
議論感悟之深徹，又離不開對事物的本質「生命之體」敏銳的共情與感知，
因而在冷靜理性的議論中，往往又與極爲感性的抒情兼容，以達情理交融。

　　孫樵的《書褒城驛壁》（文見表 1.1）就是通過對一個驛站的興衰進行議
論，映像晚唐社會之巨變。記述原號稱「天下第一」的褒城驛，往昔之「宏
麗」與晚唐時期目之所見「淺混而污」「離敗而膠」「庭院甚蕪，常廡甚殘」
的蕭條景況，形成強烈的對比。經詢問驛吏驛站衰敗之原因，方知晚唐吏治
敗壞、對公物全無顧惜之心，竭澤而漁，暴橫難禁，是其衰敗的根源，由此
作者不禁發出深刻而沉痛的議論：「州縣眞驛耶！刻更代之業，點吏因緣，恣
爲奸欺，以賣州縣者乎？如此而欲望生民不困，財力不竭，戶口不破，墾田
不寡，難哉！」〔註28〕小而言之，小吏之貪暴是褒斜道一驛站凋敝破落之由，
廣而推之，則一州、一郡乃至一國，亦正是由諸如此類生於內部、層層盤剝
的蠹蟲腐蝕，致使千里之堤潰於蟻穴。也正是對晚唐吏治腐朽、社會凋弊現
狀根源的深徹揭示。以今昔對比、三人對話之法，借二人交替之議論爲自己
代言，再以自發之總論爲二人作結。清人《古文淵鑒》中，評其「前幅似主

〔註26〕郭榮章，石門石刻大全〔M〕，西安：三秦出版社，2001.137～138。
〔註27〕郭榮章，石門石刻大全〔M〕，西安：三秦出版社，2001.37。
〔註28〕郭榮章，石門石刻大全〔M〕，西安：三秦出版社，2001.168。

而實賓，後似賓而實主」，對此「變化錯綜」之文法甚爲推崇。而清代高士奇評之爲「深達物情，有關治體」。即是言其能見微知著，達到對「體」之把握，不再局限於就事論事，而是上升爲事物本體發展之共通規律。

孫樵另一篇《興元驛路記》（文見表1.1），則是借一條道路之興廢及一位官吏在道路興廢漩渦中所受待遇而發議論，表達對當時吏治的不平之心。此事見於《唐會要》中所記載晚唐褒斜道與文川道開通情況，當時由於褒斜道舊路艱難，朝廷派遣鄭涯主修新路文川道（圖1.3）〔註29〕，修好之後，朝廷保守者議論紛紛「朝廷有竊竊之議，道路有啁啁之歎」〔註30〕，不久大水損毀橋閣，文川道即被廢棄，鄭涯被罷免，再修舊褒斜道。孫樵行經此處得知此事，甚有爲主修者鄭涯鳴不平之意，作文以論之，以爲鄭涯受詔修築開新的道路，本是利國利民的好事，自己並未獲多少利益，但辛苦修好之後，反而召致朝廷臣工非議，成爲大雨沖壞道路的替罪羊，因此被罷免，而剛修好不久的新路又遭毀棄，再耗資耗力修舊路。如此上下推諉塞責，勾心鬥角的官場作風，以及「利不十不變」之保守頹靡，實令人齒寒。第二章已論及，歷代褒斜道之興衰通塞從一定程度上來說，可看作是國家爲政治亂的晴雨表，而此時國家對於褒斜——文川道問題，短期內數易其政之反覆無常，從中也可見出晚唐時期吏治的敗壞。

《石門道記》（文見表1.1）爲研究性遊記，其篇末的議論抒情則具有對歷史規律的總結和敏銳的前瞻性。感慨石門石刻千年沉浮之命運。「殘碑斷碣久經湮沒，一旦拂拭出土，比於劍氣珠光，自能焜燿千古。物之顯晦，洵有時哉！」〔註31〕

「殘碑斷碣久經湮沒」揭示了石門石刻的命途多舛的普遍性命運，同時對於石門摩崖價值則以敏銳的眼光進行預判：「劍氣珠光、焜燿千古」，此感慨是對石門雖歷經滄桑卻能千年不滅並延續至今的根本原因的總結——正由於其經典性，故能歷代留存，並在各個時代文化風氣下一次次復興，揭示經典絕倫之物終不會被埋沒，暫時的沈寂，猶如珠沉滄海、劍埋豐城，而其所具有難掩的經典特質，必有出頭之日，待時而起大興於世，眼光極具前瞻性，在不久之後即被應驗。其感歎「物之顯晦，洵有時哉」，既讓人欣慰於石門千

〔註29〕王溥，唐會要‧卷八十六〔M〕，北京：中華書局，1955.1575。
〔註30〕郭榮章，石門石刻大全〔M〕，西安：三秦出版社，2001.125。
〔註31〕郭榮章，石門石刻大全〔M〕，西安：三秦出版社，2001.37。

年沉浮，幾經起落危機得存之幸運，又讓人遺憾其終遇劫難至玉碎珠沉、毀寂於褒水之下的消亡宿命。遊記中的方位紀實也成了今人所能依憑想像的極為有限的資料，更令人不勝感慨。

總體而言，石門遊記散文文體的特徵主要是，紀實中兼具議論、抒情。抒發對於人生、歷史現實的感慨。以敘事為主，夾敘夾議，具有敘事的藝術性、議論的深刻性、抒情的動人性。

值得一提的是，大興於宋代的題名，也可算作一種微縮的遊記，雖然短小簡約，略述時間地點事件人物，以達到託物留名之目的，然其中營造出閒情逸致優雅的活動氛圍，也可考證當時軍旅文人群體活動，其文化價值主要在於文獻學意義，將在第三部分石門文獻與史傳的關係中具體論述。

（四）摩崖大字榜書

在摩崖文學中，榜書歷來具有獨特的魅力，其字數之簡約與字徑的巨大，形成鮮明的反差，達到醒目而無限豐富的意蘊，往往成為摩崖群裏的經典標誌。石門石刻的榜書數目不少，為情景交融產物，明為寫景實為表情，「一切景語皆情語」，多為文人遊覽山水，登臨懷古所觸發的直接、強烈的感情體驗，經高度濃縮，凝成寥寥幾字，大書深刻於崖上，成為體現地區文化精髓的最強音符，具有言簡而意深的情感力度。

1、以情入境，點綴山河

石刻榜書文字，其最大特徵就是文字和情境的緊密相聯性，即客觀自然景色與書者強烈的主觀意識高度融合，並由文字定格於崖石景物中，換言之，榜書文字直接生於景中，又反刻於景中，使景物、情感、文字三者和諧地融通，又回歸自然，因此，摩崖榜書既擁有鮮明的自然特質，還起到直接點綴山河的作用，而其間文字的妙處與趣味，也只有在身臨其境時才能得到最直觀的領悟。

石刻榜書之文往往是對景色特徵高度的濃縮，意生於境，比如雞頭關上的「古道雲橫」「雞壁凌空」「雲梯初步」「連雲棧道」等，都是親履棧道者登上高聳入雲的雞頭關，回望古道生於雲間，人猶如漫步雲梯一般，最深刻、直接的親身體驗，與文字完全吻合，從而形成極強烈的共鳴。「石門」石刻則是反映大石門與小石門的景色。自然景觀之中，褒水兩岸兩山遙相對應為大石門，而山崖上人工開通隧道為小石門。小石門崖壁上榜書大字「石門」，是

對整個景觀「大小石門」的縮影，如果脫開環境就很難體味和感受。

　　大字榜書以最直觀的感受濃縮景色，使得文字成為自然的一部分，而又直接讓自然參與成為文字的一部分，構成景與文相生共融的關係。譬如，榜書大字「玉盆」「袞雪」「別有天」皆是如此。即以河中色如白玉形凹似盆的大石與所書「玉盆」吻合；以雪浪奔湧的褒河之水做「滾」字的三點水，共同造成「袞雪」之境；以石門洞為「洞」加上「別有天」構成「別有洞天」的妙語。如此深入契合的景和文字形成雙向的互證，使本身文辭既可通俗易懂，又隱含讓自然參與共造之意識，而對後來的觀者來說又是一種字謎式的文字遊戲，也需要觀者解謎領會後會心一笑。三重交融，三方生成共鳴。因此，位於此處，經典醒目的大書刻石，景與字的互含，意與景的相融，絲毫不顯得突兀，反而讓觀者處於密不可分的關係中享有共情會心之喜悅，為景點增加人文色彩，有畫龍點睛之效果。

2、言簡意深之詩性

　　榜書寫的是最直觀的景色，簡潔凝練的幾字，卻具有無限的言外之意，無窮的聯想延伸空間。可附會先人、暢情懷古，寥寥數字，飽含豐富的歷史信息和宏大幽遠之感情，為歷史文化之代言者。

　　石刻榜書中能附會增殖出豐富的歷史信息，比如「玉盆」傳為張良所書，隱藏著張良出謀劃策助劉邦取得天下的歷史；傳為曹操書寫的「袞雪」，則和三國時期曹操與劉備的數次漢中之戰緊密關聯；「石虎」隱藏著東漢隱士鄭子真隱逸修身養性的神秘傳說；「寒溪夜漲」則包含楚漢戰爭時期，蕭何月下追韓信的典故。榜書不確定的模糊性帶來附會歷史的連鎖反應，影射出無限的文化輻射力度。「袞雪」——曹操——三國文化——古代戰爭史。「玉盆」——張良——楚漢戰爭——漢中開漢業——漢民族、兩漢文化。「石門」——山河形勝——交通樞紐——摩崖群——漢中——漢民族。此系列石刻，涵蓋了漢魏乃至整個古代戰爭歷史文化。展現了群雄逐鹿、博大雄強、受命於天的漢祚。另一派隱逸逍遙，「石虎」——鄭子真——隱士精神。「別有天」——道教——世外新境，其字外之意，含著道教文化中「洞天福地」之體驗，有著引人入勝的風光，行者穿過石門洞這條幽深陰暗的隧道，眼前出現豁然開朗的山川勝景，彷彿進入另一個世界。這種體驗和《桃花源記》中所述進入桃花源的體驗相彷彿，「林盡水源，便得一山，山有小口，彷彿若有光。便捨

船，從口入。初極狹，才通人。復行數十步，豁然開朗。」〔註32〕，實地考察石門，即是如此，由隧道南口入，由於兩山接近如門，四周盡是具有壓迫感的山岩峭壁，而穿過隧道從北口出，眼前陡然擴大，山川爲之一新，水波浩蕩，山川渺遠。確是「別有天地」。「別有天」僅三字即濃縮穿越黑暗隧道，進入道教傳說中的世外「洞天福地」，體驗現實見到新天地，靈魂進入新境界的感受，從中體現出多維度的古代精神文化取向。

總之，由於石刻榜書，字少、言簡而濃縮精華，字大、醒目而富有氣勢，更由於其刻於山崖，字、情、景交融，意蘊無窮，共鳴強烈，極具文化典型性，體現著地域的精神昇華，成爲地域座標和整個摩崖文化群的象徵。其所增殖出的豐富歷史信息，帶著來自遠古乃至新時代的烙印。這些榜書文字，作爲摩崖群的總稱，是整個漢中地區山河形勝的縮影，也是地域文化精神之所繫。民諺「石門對石虎，金銀兩萬五，誰能開此門，買得漢中府。」可以說，石刻大字榜書是漢中整個地域的文化標誌、精神核心，爲地域文化精神的象徵。

第二節　文本主體意識與留名心態探究

刊石勒碑，無疑令生者揚名、逝者不朽，契合了人們積極追求死而不朽以延續生命價值的心理。將姓名、事蹟銘之名山，傳之後世的「託物留名」，既是一種時代風向，也是一種文化現象，縱觀歷代石門石刻文本，隨著士人個人意識的逐漸覺醒，留名傾向不斷趨於強烈。亦由於時代文化風氣的變遷以及立碑主體各種心理需求的驅使，呈現出類型各異的特殊表達形式。本節著重探討石門石刻文本中，有關「留名」的幾種特殊現象：「一石二主」並列、「一人多刻」重複、「附會先賢」託名，從而研究不同時代文化背景下，刻石者主體心理的相似與差異，以及刻石留名中各類文化現象產生的緣由與動因。

一、「一石二主」並列留名

在石門記功頌德摩崖中，經典石刻名篇《石門頌》和《石門銘》，前者爲頌後者爲銘，其文體基礎結構相似，仔細讀之即可發現這兩篇記功主題的文

〔註32〕陶淵明，桃花源記〔M〕//陰法魯主編，古文觀止譯注，吉林：吉林人民出版社，1982.534。

本，不約而同存在並列兩個歌頌主體（人物）現象，即「一文二主」。一般而言，一方頌德碑中集中歌頌一人「碑主」，尤其歌頌碑額題目寫明的碑主，而這兩方長篇石刻文卻同時出現了分量相當的兩個碑主，一明一暗，一顯一隱，甚至還略偏重於隱形碑主——實際操作的立碑者，這在頌德碑中是不多見的，東漢《石門頌》中並立司隸校尉楊孟文和漢中太守王升兩位人物之功德，而北魏《石門銘》中亦並立泰山羊祉和左校令賈三德。以下就文本中二主之關係和出現這種特殊現象之原因作一探究。

（一）「石門頌」屬吏追述先賢與述「上」之德的名實錯位

有關《石門頌》之名，雖然以「石門頌」廣爲流傳，但從這方摩崖之形制（碑額和碑身）來看，其碑額上清楚刻明其題目——「故司隸校尉楗爲楊君頌」，由題而言，此文顯然是一篇指向「楊君」個人的頌德碑文。然而令人詫異的是，通篇六百餘字，實際對碑主楊孟文的記述相當有限，除「奏請開石門」事蹟外，非但生平事蹟寥寥，甚至連其名字都沒被寫全。而相對而言，文中有關發起者王府君王升的存在感卻相當強烈。觀其文本結構分三部分即：序傳、頌讚、後記。除頌讚部分完全符合碑額的題目，在序傳和後記等部分，都與碑額之名存在一定程度的名實錯位現象。

1、序傳重心為「石門」史傳而非楊孟文個人傳記

《石門頌》處於東漢碑文定型階段，其文合於碑文先序後頌的基本結構，序傳部分吸取了史學紀傳體「列傳」紀人物寫法，因此《故司隸校尉楗爲楊君頌》序文部分應該是一篇以楊君爲主人公的傳記即「楊君傳」。就一般而言，頌德碑文之序的述事方式是以人爲中心，以時間爲順序展開生平功德記敘。即先記載名、字、籍貫、世系、然後記學業、歷任官職政績、立碑緣由等情況。起首有三種，最常見的是以「君諱×，字××，××××人也」句型開端。如公元 186 年的《漢故轂城長蕩陰令張君表頌》和《曹全碑》等。也有極少數從緣由寫起，直敘立碑之由，多發生在一人多方碑的情況下，不循規範寫法以規避雷同。如比《石門頌》稍後，同爲交通紀念摩崖的《西狹頌》和《郙閣頌》，二刻石同歸屬讚頌太守李翕，時間只相隔一年，先刻的《西狹頌》採取一般寫法「漢武都太守漢陽阿陽李君諱翕，字伯都。天姿明敏，敦詩悅《禮》……」而《郙閣頌》則採取先記事再記人的另類行文方式。還有一類先追溯碑主世系，以《詩經》爲源頭，如《魯頌‧閟宮》序文稱頌的是魯僖公，開篇用了不短的篇幅追溯家族世系及先祖功美，周朝的發展、魯國

的建國歷程、先祖的功德，直到第三章才論及魯僖公。

> 閟宮有侐，實實枚枚。赫赫姜嫄，其德不回。上帝是依，無災
> 無害，彌月不遲，是生后稷，降之百福。黍稷重穋，稙稚菽麥。奄
> 有下國，俾民稼穡。有稷有黍，有稻有秬。奄有下土，纘禹之緒。
> 后稷之孫，實維大王。居岐之陽，實始翦商。至于文武，纘太王之
> 緒。致天之屆，于牧之野。……敦商之旅，克咸厥功。……乃命魯
> 公，俾侯于東，錫之山川，土田附庸。周公之孫，莊公之子，龍旂
> 承祀，六轡耳耳，春秋匪解，享祀不忒。……〔註33〕

其後碑文中也多有將家世追溯到上古帝王之喜好，比如《三老趙椽碑》「出
自少昊」，《荊州刺史度尚碑》《郎中馬江碑》《綏民校尉熊君碑》「出自顓頊」，
《山陽太守祝睦碑》《冀州從事張表碑》「系帝高辛」，《漢成陽令唐扶頌》《衡
方碑》「出自帝堯」，《太尉陳球碑》「裔出有虞」，還有「帝禹之苗」「祝融後
裔」等等。

　　之後傳記一般敘歷任官職，一敘一詠，按遷官次第，先記任職一官或數
個官職，詠頌其在任政績，然後再記下一段時間所任官職，再詠頌政績，敘
事詠頌相間。最後敘立碑緣由，點明發起者、立碑者身份，或為碑主之親朋
故友，或為碑主之門生故吏故吏。

　　因此，若按一般慣例《故司隸校尉楗為楊君頌》碑文的展開方式，當以
楊渙（楊孟文）為中心展開。即「君諱渙，字孟文，楗為人也，君之先…」
然後展開其歷任為官之功績「……司隸校尉，奏請開石門……」據《華陽國
志》記載，顯然楊孟文為官經歷素材不少，其為東漢楗為郡武陽人，生卒年
月不詳，以清秀博雅著稱，先後任臺郎、相、尚書、中郎、司隸校尉。

　　但事實上，《石門頌》既沒有直接由楊孟文展開，也沒有追溯其祖先功德，
對其歷任官職也都沒有涉及，其敘述方式是以「石門」地區交通發展史為線
展開。先記石門所在的區域褒斜谷山川地理和交通狀況，繼而述高祖建定漢
業的歷史，然後是帝王開四條蜀道，再是永平年漢明帝開石門，後遭到元二
之亂後石門難行之狀。而碑主楊孟文在序文進行到三分之二之後才出現，其
「數上奏請、執爭」。幾字敘說，奏請復通石門而皇帝聽從其建議的功德。不
僅如此，楊孟文功績簡述之後，隨即就並列相當分量的立碑者緣由及功德，

〔註33〕姜亮夫，先秦詩鑒賞辭典・詩經魯頌・閟宮〔M〕，上海：上海辭書出版社，
　　　　1998.709。

即當時太守王升對石門之功。「漢中太守犍爲武陽王升字稚紀」。涉歷山道、推序本原，嘉美先賢，勒石頌德。整個序傳部分，對楊孟文生平僅一句帶過「司隸校尉犍爲武陽楊君厥字孟文」，且只有字未寫名，以致於酈道元的《水經注》中誤以爲其名爲「楊厥」。其實應姓楊，字孟文，「厥」爲助詞，據晉常璩《華陽國志》中記載，楊孟文實名爲「楊渙」〔註34〕。

也就是在這篇本該是楊孟文傳記的序傳部分裏，重心移位至「石門」，而非「楊孟文」，大篇幅講述的是石門歷史，而非楊渙的個人經歷。體現出來的主線是石門地區的交通發展史，褒斜自古地理四通——高祖受命於天通四道——永平明帝開石門——元二之災石門被毀道路艱難——楊孟文奏請順帝復通——王升視察整改古道頌美先賢。楊孟文是串聯在其中的歷代對石門交通發展有功者之一，而非以其爲傳記主人公，將石門作爲其生平政績功德之一。因此，碑主楊孟文之作用只是石門發展歷史裏的一個環節，名諱、生平、歷官、功績等介紹皆模糊，《石門頌》雖名爲「楊君傳」，卻更類似一篇「石門傳」。這是由於《石門頌》中，序傳敘事重心與題目的錯位所致。

2、文章結構中石刻發起者王府君（王升）之強烈存在感

立碑發起者，一般只有嘉美碑主的資格，最多只是在記述刻石緣由時可提到名字，或依附留名在後。而王升作爲「爲楊孟文立碑」這件事的發起者，其本人在整篇頌文中的分量相當大，已超出了一般的立碑發起者所應有的分量。在正文「序傳」的部分已經敘述其親自涉歷山道、頌美先賢的美德，不僅如此，在後記部分還專門添了一段純粹歸屬王升的記功文字，記述其因憐憫民眾行路危難，修整了道路。置六部道橋、造作石基、解高閣就平易，造福於民，行者欣然。敘明王升對石門地區交通做出實際貢獻。如此一來，以實際功德而言，王升不亞於楊孟文，也理所當然成爲對褒斜道石門建設的主要貢獻人，作爲立碑發起者，其既有追溯讚頌先賢之美德，又有實際工程（造橋、石基、解高閣）的貢獻，其功德自然可以和碑主楊孟文並列石門交通發展史。此後記完全屬於王升記功的段落，更加進一步改變了《石門頌》整體文字的頌美重心，使得文章內容結構變成了如下（表3.2）所示的狀況。石門傳（序）＋楊孟文（頌）＋王升記功（後記）。

對比與《石門頌》同時代的另外兩篇交通頌文——《郙閣頌》《西狹頌》，

〔註34〕常璩撰，汪啓明，趙靜譯注，華陽國志譯注·卷十廣漢士女〔M〕，四川：四川大學出版社，2007.503。

我們也可看出《石門頌》的頌美重心之名實錯位，《郙閣頌》《西狹頌》兩篇行文敘述方式不同，《西狹頌》是依據一般慣例的標準寫法，先由李翕名諱生平歷官，接著頌文＋銘文。其之後的《郙閣頌》由於間隔時間較短，便改變行文方式，先行記事，鋪墊極盡寫郙閣道路之難，然後述解決之功。但這兩篇共同點在於，從序到頌，主線都在李翕身上。換言之，全文一以貫之只有李翕一個頌美重心，《郙閣頌》附加後記、頌詩，同樣還是對李翕的讚美，發起、製作者仇靖等人只依附留名在後。我們可以用一個對比表格來顯示《石門頌》的行文特殊之處（表3.2）。

表3.2　《石門頌》《郙閣頌》《西狹頌》行文框架比較

框架	《石門頌》	《郙閣頌》	《西狹頌》
序	石門歷史（高祖—明帝—安帝）	郙閣地理交通艱難	李翕名諱身世
	（楊孟文）奏請＋（王升）表功	（李翕）功績	（李翕）功績
頌	四字頌文（頌楊孟文）	四字頌文（頌李翕）	四字頌文（頌李翕）
題名	（王升）屬吏	（李翕）屬吏	（李翕）屬吏
後記	記（王升）修路新功德	新詩讚（李翕）	無

從字數來看，《石門頌》傳序部分：寫褒斜道石門歷史字數201，楊孟文事蹟67字，王升視察表功楊君49字。頌文部分一共178字，完全歸屬楊孟文。後記部分，84字，全歸屬王升造石基記功。序部分加上後記來看，楊孟文奏請、王升表楊君、王升修整褒斜道，都是石門史的一個個環節。由結構比重上來看，楊孟文與王升相當，楊孟文顯然不是唯一的主角。立碑者王升主角地位醒目，用意明顯。

因此，整篇文章表層結構雖屬於標準的先序後銘，但究其實際內容，卻形成類似「石門史傳＋楊君頌＋王府君功德記」的複合結構。由文本讀出信息與題目《故司隸校尉楗為楊君頌》給人純頌楊君功德的感覺，存在一定程度的名實錯位。出現這樣的一文雙主，一顯一隱，頌功德重心由「碑主楊孟文」傾移至「隱形碑主王升」的名實錯位現象。我以為應當從兩個方面解釋。

1、石門工程本身屬性及楊孟文實際功績

首先石門功德歸屬問題。褒斜道石門工程隸屬國家，具有公共性。因此其開通功德，並不能完全歸功於某任官員個人。

其一，褒斜道工程歸屬國家政績

褒斜道歷史悠久，其修建功績，歷來史載歸屬於帝王本紀，即直屬帝王功業，且歷代數修，非是某任職官員個人政績。其能否通行亦屬於國策，是帝王層面基於政治、經濟、軍事的大局考量。如前文所言，開通子午道與褒斜道之爭，亦非由地方官員可隨意決定之，這是由其工程本身性質決定的。

其二，楊孟文在褒斜道工程實際作用

史料中可以看出，此次復通記載在《後漢書》順帝本紀中，是繼前面的高祖、武帝、明帝，多次開通褒斜道工程之後的又一次重修，是褒斜道長久發展中一個環節。楊孟文在此功勞是向帝王「奏請」通石門提議，在朝廷會議中「執爭」，然後由皇帝決策，同意後方才下詔開通石門，主持實際工程又另有其人。從提議到決定再到實施不是由其一人包辦，而是群策群力。

由此可知，楊孟文是褒斜道重修復通的提議者，爲褒斜道發展功臣之一，但並非決策者和工程的操辦者。這和其他由地方官員全權負責某地的工程不一樣。比如西狹、郙閣棧道，完全由當時任太守的李翕一力決定、主持操辦，其功績完全歸屬李翕，所讚頌的主角自然亦僅李翕一人。

而石門此次開復相對於石門歷史只是一個環節，又由於褒斜道石門的國家工程性質、楊孟文本人對工程實際作用和影響力，決定了將石門功勞專美於楊孟文並不合適。立碑者在文中僅將楊孟文列爲復通褒斜道的有功者之一，也正基於此事實。

然爲何王升要選中楊孟文作爲讚頌對象，而呈現出的頌文對其生平除了「奏開石門」外，其他的事蹟一律不載，更與當時文化背景與發起者、主事者地位心態等有密切關係，且看以下分析。

2、東漢文化背景與發起者、主事者深層心理與隱含動機

首先是《石門頌》發起者王升的心態。東漢末年個人樹碑立傳風行，紀功頌德碑的立碑者主要有碑主的子孫、族親、掾屬、鄉黨以及門生故吏，且又以門生故吏居多。趙明誠在《金石錄跋尾》中說，「自東漢以後，一時名卿賢士大夫，死而立碑，則門生故吏往往寓名其陰，蓋欲附託以傳不朽爾」〔註35〕。門生故吏，藉此託名，或爲下級對上級的褒美，或讚頌先賢，不過一般這樣門生故吏只是「託名碑陰」，簡單落款在碑文最後。

但《石門頌》發起者王升的情況並非如此，他非是楊孟文的門生故吏，

〔註35〕趙明誠著，劉曉東，崔豔楠點校.金石錄跋尾卷十五‧漢州輔碑陰〔M〕，濟南：齊魯書社，2009.123。

而是地區高官，顯然不能滿足於被一筆帶過。作爲有功官吏，其一、以自己切實政績立德，其二，爲先賢楊孟文頌德刻石，本身也是一種美德。此事起因，是王升任漢中太守，親歷山路視察褒斜道石門，造作石基和六道部橋，爲石門附近的棧道進行一次修整改造，通過行動塑造出一個親力親爲、涉履山道指揮修建實際工程，不辭辛勞造福於民，對褒斜道工程完善做出不小貢獻的良吏形象，自然有著相當大籍此留名之期待。但由於當時「至德在己，頌則由人」之風，他不便明目張膽的直接歌頌自己，因此要借著頌他人來留自己之名，即通過發起追頌先賢，爲前代有功者楊孟文勒石頌德的行動，完成「至德在己」的良吏形象。而「頌則由人」，則需由其手下屬吏來完成。以期達到刻石留名而不顯自誇，有德有功垂世之目的。

其次，《石門頌》實際操作者以心理眞正效忠對象（王升），爲隱形的頌美主體。

《石門頌》發起者爲王升，而直接主事者則是王升治下屬吏，他們以行文方式和後記的補充讚頌，將太守與楊孟文並列爲石門發展史有功之人。這是由他們與太守王升的關係決定的。洪适在《隸釋》卷七《泰山都尉孔宙碑》中言「故吏」爲「舊所治官府，其掾屬則曰故吏」〔註36〕。「下有述上之德」，對比《西狹頌》《郙閣頌》，主事者是李翕的門生故吏，《石門頌》主事者即當時漢中屬吏，與已逝先賢楊孟文並無直接關聯，而與其「上」——倡議立碑者太守「王升」關係極爲密切。東漢時期太守又稱郡守，爲一郡最高行政長官，在一郡之內可謂職無不總，其職權相當廣泛，包括辟除權、選舉權、獎懲、司法、財政、監察權。可自設教條、生殺予奪、并掌握兵權。而其下郡廷組織，分爲佐官與屬吏兩類：一類爲「佐官」，包括丞、長史、都尉等，由朝廷任命。另一類「屬吏」，由郡守自行辟除，如功曹、五官、督郵、主簿等掾史。由於屬吏是由太守全權提拔任命的，所以往往與郡守結爲一種堅固的私恩關係，甚至有「君臣之義」。此源自於戰國以來遊俠刺客諸如豫讓、聶政、荊軻，及孟嘗、信陵所蓄門客等一脈私恩知遇、意氣相尙之風，趙翼《廿二史箚記》之東漢崇尙「名節」之事中言，「郡吏之於太守，本有君臣名分，爲掾吏者，往往周旋於死生患難之間。」〔註37〕屬吏往往以忠義報答知遇之恩，爲其主守孝持喪，待遇等同於父

〔註36〕洪适，隸釋·隸續卷七泰山都尉孔宙碑〔M〕，北京：中華書局，1985.83。

〔註37〕趙翼著，王樹民校正，廿二史箚記卷五東漢尚名節〔M〕，北京：中華書局，1984.102。

母。《後漢書》中記載此類事例屢見不鮮，太守李鴻之功曹李恂，不應州徵召之命，爲舊主守喪三年「太守潁川李鴻請署功曹，未及到，而州辟爲從事，會鴻卒，恂不應州命，而送鴻喪還鄉里，既葬，留起冢墳，持喪三年」〔註38〕。（《後漢書·李恂傳》）而且這種忠誠「私恩」一定程度上高於「國家法度」「是非對錯」，就算舊主觸犯國法被誅，屬吏此種報恩之心依然生效，甚至尤爲彰顯。如樂恢、桓典，都是在舊主犯法受誅，故人親戚莫敢至的情況下挺身而出，爲舊主「獨行喪服」或「棄官收葬，服喪三年，負土成墳」。形成一種不避生死是非的獨特屬吏之「氣節」。

可見當時門生屬吏有著爲主盡忠盡節之風，完全是郡守的私人心腹。甚至心目中只有郡守而無朝廷，東漢後期還逐漸發展爲對抗朝廷的地方勢力。而我們看《石門頌》的主事者，種類包括：五官掾、屬、書佐、都督掾，這幾類正是屬吏類型。他們與碑主楊孟文之間只有對先賢泛泛的敬重關係，而與發起者太守王升卻有著切實的君臣之義。「下有述上之功，臣有敘君之德」，所謂「至德在己，揚之由人，苟不皦述，夫何考焉？」〔註39〕。王升修建道路歷經石門，想起同鄉楊孟文之功德，讓手下刻摩崖讚頌之。發起頌揚先賢楊孟文之「德」的是王升，但實際主事者是王升的屬吏而非楊孟文的屬吏，面對功德並不遜於碑主的太守，這些屬吏則自然含有積極揚太守王升之「德」的心態與義務。

因此這些屬吏在主事之時，心懷著以王升爲暗含的「碑主」，以「頌揚彰顯王升之德」爲己任。不時流露出在頌楊孟文的同時，儘量最大程度頌美「主君」王升的深層心理。正如《西狹頌》《郙閣頌》的主辦者是李翕的門生故吏，此二篇即全心全意地歌詠李翕功績。

而《石門頌》行文時，如果把筆墨用於追溯楊孟文的祖先及歷任官職，然後把開石門作爲楊孟文的主要政績，王升的功德分量勢必非常小，自己跟隨王升修路之名也無從留下。因此王升屬吏們沒有按一般寫法以「楊孟文生平」爲脈絡中心展開，而是由「頌楊孟文」改爲「頌楊孟文對石門某一環節的作用」，於是以石門爲歷史脈絡展開，篩選資料，擇有利於達到目的的行文方式，減弱楊孟文分量，將其生平、世系、政績等等其他信息一律捨棄。以開放性的述史方法，以石門歷史爲脈絡串聯歷代重要人物，爲頌美王升留下

〔註38〕范曄，後漢書卷五十一李恂傳〔M〕，北京：中華書局，1999.1137。
〔註39〕酈道元著，王先謙校，水經注卷二十四〔M〕，成都：巴蜀書社，1985.403。

了參與空間。借楊孟文對石門的作用，引出王升對石門的作用。正文裏楊孟文功勞在於數上奏請廷議抗爭，王升也絲毫不差，其親歷山道改造橋閣褒美先賢教化當世。同時再加上後記的補充，造橋解高閣、造作石基萬世之基，似乎還更勝一籌。全篇既不失對楊孟文奏請復通石門功績的頌揚，同時亦完美呈現了王府君「顯先賢名」的美德，以及視察石門並改造石基，對石門建設的實質性政績與功德，終使王升得以與楊孟文並列爲石門發展史上有功之臣。

而大篇幅的追溯石門的宏大規模、政治軍事重要性及悠久歷史追溯，也無形之中帶有一種宏大歷史比德目的。褒斜道石門本體在歷史上對國家政治的重要地位和價值，對於共同作用於宏大工程的相關人物的功德是一種烘托——主修開通修繕一個偏僻的山野峽谷，和修繕一個作爲地域樞紐、肇自高祖受命於天、歷代更迭的宏大國家工程，功德自然不可同日而語。拔高石門之重要性，對石門發展有功之人的功德也就越發水漲船高。這都是屬吏在行文之中以「主君」王升爲眞正讚頌主體的心理導致的。主事者以石門歷史爲鏈條，頌美楊孟文的同時，將王府君王升的功德一併顯現。

另外，在書刻具體操作的時候亦不忘爲主彰顯，見石刻「王升」的「升」字拖出飄逸長筆，在整篇視覺效果中格外醒目，一定程度上可看作突出王升的心理傾向之體現，也可與碑文流露出的心理傾向相照應。因此，《石門頌》所出現的一文兩個主體，是石門工程本身屬性和碑主、立碑者、主事者之間關係與時代深層文化心理的反映。

（二）《石門銘》之二主並立與側重

北魏《石門銘》與東漢《石門頌》兩篇東西壁相對而立，《石門銘》的標題則直接明確指向一個地方而非個人，其文章結構兩部分，序傳和銘文，主題與題目完全相符，都是有關石門的傳和銘文。《石門銘》所記載的事件起因，與上幾個世紀的《石門頌》一樣，即爲「復通石門」。這兩篇碑文的基礎結構亦相類似。而對比《石門銘》和《石門頌》的序傳部分，也有著相當類似的行文結構，都有兩個歌頌主體，《石門頌》是後人爲前賢所立，體現出碑主和立碑者功德的交織。而《石門銘》的「一石二主」則體現出同時代兩個共同作用其上的有功之人的爭鋒與共存。

可以看出，北魏時期褒斜石門作爲國家工程的性質地位和東漢相比併無二致，開復石門的程序和東漢時期《石門頌》所記載的一樣，還是需要由官

員奏請，朝廷批准，然後派遣專屬施工官員具體實施。這也就形成了《石門銘》序傳中的兩個主角身份——處於同時代的奏請者和工程實施者——作為梁秦刺史有奏請之功的「泰山羊祉」和朝廷派遣的具體工程負責人「左校令賈三德」，左校令，是掌管修建、修理宮室等建築物的官名。《後漢書·百官志四》：「左校令一人、六百石」。本注曰：掌左工徒，丞一人。根據前面分析，由於石門工程性質不專屬一人，凡是有功者都可歌頌。此文也同樣並列二主（表3.3）。

在前面第一節部分有所分析，《石門銘》的序傳在行文中相當巧妙的串聯了這兩個主角，而仔細相比較對這兩個主角的讚頌分量，明顯可以發現，以「實際施工負責人」賈三德為歌頌側重點，而對「奏請開通」太守羊祉的讚頌反而不甚熱烈，只以「羊叔子之風」一句帶過，讚頌賈三德則用了大量溢美之詞，連續用了八個典故，類比人物為大禹、杜預、魯班、王爾、張衡、蔡邕之類絕頂人物，還以王陽、諸葛亮作為反襯烘托。

有關這種現象，或許可以從史書中找到緣由，羊祉在《魏書》中，被列為酷吏之一，據記載其頗有軍事才能，但為人嚴苛，崇尚法家，劣跡斑斑，少有德政，被告發強迫俘虜為私奴，侵吞公款建私宅。因此，如此一筆帶過的評價應該是記功碑隱惡的特質。

而賈三德作為朝堂指名特派的負責人，一方面，其實幹能力相當強，富有大型工程營建與管理的經驗，其掌握著建造棧道所需的整治崖石、搭設橫樑礎柱支架、鑽孔鑿穴等特殊技術，經他總負責指揮整修的褒斜道遠比修復之前之舊道宏大壯闊、結構精妙、平坦通順，展現了令人折服的巧思。另外賈三德還親自在《石門銘》刻石之南下加了一段充滿感慨的「石門銘小記」，由此可見，從開工到結束，其一直都深入施工現場，為修此路兢兢業業，殫精竭慮，傾注心血，「忠公忘私」，修好此道的確立下不世之偉業。另一方面，賈三德是整個工程的直接負責人，對於石門工程更具有直接權威性和掌控性。可以在石壁上發表個人感慨，其作為朝廷委派帶著數萬徒隸石師來的專員，可以推測工程直接負責者在石剞實際操作中佔據較為強勢主導的地位，也體現著「奏請者」和「實施者」留名力量博弈的結果。

石門長篇紀功摩崖《石門頌》與《石門銘》並列二主之結構對比簡表如下：

表3.3　《石門頌》《石門銘》並列二主之結構對比簡表

框架	《石門頌》	《石門銘》
序	石門歷史（高祖─明帝─安帝）	石門歷史（漢高祖～北魏共五百年）
	（楊孟文）奏請＋（王升）表功	（羊祉）奏請＋（賈三德）施工
頌	四字頌文（頌楊孟文）	四字銘文（贊石門）
題名	（王升）屬吏	（羊祉）屬吏＋（賈三德）手下石師
後記	（王升）修路新功德記錄	（賈三德）感慨小記

　　將此表3.3與上文表3.2（《石門頌》《郙閣頌》《西狹頌》行文框架比較表）比照，總體來看，石門作為「國家工程」的宏大業績，比起郙閣和西峽這兩個地區工程功業專屬李翕「個人」，更具有公共屬性，歷代有功者、刻石者儘管個人留名欲望強烈，但是從始至終，在任何時代石門功績不能被個人所佔有，個人功德只能「記名」，並依附於石門開天闢地般的偉大工程之下。

　　這種以石門發展史為鏈條，多主角的行文方式，客觀上形成一種氣魄宏大的史傳視角，將這兩塊石門洞內最重要的大型記功碑《石門頌》《石門銘》，從一般記功碑記個人的功勞，變成了具有公共史傳性質、宏大主題的歷史見證物。不單頌個人之令名，且統以石門來標記時代「公德」，這也讓石門的記功摩崖有更加寬泛、極具包容性的主題，使得後人對褒斜石門工程及石刻的紀念，指向於追溯「往昔時代」之悠久輝煌而非特定某個人的功德，從而能承載後世更多元、更廣泛的情感投射，可以說，正因為記功德的源頭不是歸屬單一個人，才使此石門摩崖石刻具有更廣泛的懷古意義和紀念性質。

二、「一人多刻」重複留名

　　宋代以後，石門石刻出現了一人多次刻石留名的現象，或隨著不同次文人結伴遊覽景點多次刻石留名，或一人獨立多次撰文於不同地點刻石留名。而且留名不再是相互立碑頌德，而是呈現個人直接行為。多次石刻留名的人群主要是：當地的官員，還有對石門石刻發展、研究關鍵性的人物。一人多次刻石留名的現象，在石門石刻受關注度越高的時代如宋代、清代表現的越發明顯，主要人物有安丙、晏袤、羅秀書等。

　　景點多次留名者，南宋曹濟之在石門及玉盆等地均有題刻，清同治萬方田在石門與白石土地祠兩地亦皆有刻石。更具有典型性的多次留名的有：宋

代安丙曾三次遊覽石門各景並刻石留名，即《遊石門題名》《遊玉盆題名》《遊石門題詩》，因此在石門與玉盆三次留下大名；南宋晏袤的四方摩崖刻石全部由其一人撰文並書寫；清代羅秀書亦三次刻石留名，均由其獨立撰並書。宋、清代刻石留名與漢魏不同，主要是石刻功能及主體動機發生了變化，由記功變爲抒情。

（一）宋、清文人主體意識之張揚

在留名欲望方面，雖然對身後不朽之名的追求意願相同，「託有形之物，寄不朽之名，」以滿足追求不朽的深層心理需要，但可以看出，東漢官吏顯得比較矜持。良吏自己的德行需要別人的歌頌揚名才可流芳，而門生故吏則只能通過「寓名其陰」，以附託以傳不朽。東漢早年，私自立碑甚至是有罪的「奏緄將傅婢二人戎服自隨，又輒於江陵刻石紀功，請下吏案理」〔註40〕，而宋代以後，刻石主體直抒胸臆，相當爽快且毫不掩飾的多次留下自己的大名，其中明顯的區別就在於，不需要或通過讚美他人、或依仗於他人的頌文在石上留下自己的名字，只要有感即可刊石留名「國步雖艱、士大夫雅好文章，遊宦登臨，往往濡毫以誌歲月。名山洞壑，不乏留題」〔註41〕。此顯然與東漢「至德在己，揚之在人」留名作風很不相同。

宋代題名刻石體現了文人思想主題的轉移，從關注「功業」「德行」遷移到關注「山水」「個人情感體驗」，宋代文人流連於山水，多維度地表現了「善適」自然、「貼近」古代的怡悅情懷。心靈在山水間砥礪高潔，在懷古中臻於深邃，達到自然審美與懷古情愫的交融，從而感悟自然、古今交感，進而探求眞理、感悟哲理，最終實現精神超越，這一切無不體現出這種思想重心的轉移。

這種強烈和明顯的留名行爲，體現出宋以後文人自我意識張揚，倘若把鏡頭由古推近，可見歷代刻石緣由步步變遷：最開始是對帝王偉業的記功，後來是良吏不朽的功德才堪記載，宋以後變成個人觀覽有感即可記載。由此，能夠留於山石的主題顯得越來越「小」，不需爲他人稱頌爲由頭，也不需自己親自參與修路工程，而只要是單純的遊覽抒情就值得誌石爲記。這是一種對於本體紀念資格的自信。當然，金石學家訪碑遊歷經過、個人遊覽的懷古體驗，比起古代有功之人及明哲先賢的修路功德，其主題的大小及莊嚴度上有

〔註40〕 范曄，後漢書卷三十八馮緄傳〔M〕，北京：中華書局，1999.863。
〔註41〕 葉昌熾著，柯昌泗評，語石 語石異同評 卷一〔M〕，北京：中華書局，1994.47。

所區別，其動機比起東漢立德、立功、立言，「建不朽之功，留千載之名」，泯滅了「至德」「功業」刻石之門檻，帶來的是更具參與度的開放性，由功——情，由紀念——交流。文人與刻石之間越來越貼近。這種由「記功」向「記遊」的主題轉化，極大地拓寬了文人參與的「廣度」與「興趣度」，帶來強烈的刻石自主權利以及個人體驗性的親切感。在刻石文字格式上，宋清代刻石不再有漢魏那般嚴格的文體格式的限制，行文更自由，可以是研究性的訪碑記，也可以是一般遊覽懷古抒情詩文，還可以是「到此一遊」之類的純留名……另外，宋、清刻石，也沒有了東漢時代莊嚴肅穆的儀式感，趨於更加輕鬆的直接交流，類似於觀古代名書畫隨手「題跋」。只要有興致即可留題，少了些表現功業奮發圖強的艱難感歎，取而代之的是清新的閒情逸致，比如安丙三次遊覽均結伴而行，一次為前後遊覽石門、玉盆等景區，來年再次遊覽石門，遊覽期間，或題名，或賦詩優游自得。

多人成群、多批次流連於一個地區，形成群體活動的風潮，保證了石門石刻廣泛的群體參與度，也為宋清石刻學者專門的「精研」營造了良好的氛圍。刻石體驗由間接體驗到直接參與，比如東漢乃至魏晉世代由太守發起，上奏皇帝，批覆之後，再由太守轉交手下多個屬吏完成各類分工，宋、清兩代的刻石發起者和文、書實施者多為一人，即除刻石難以完成之外，文、書均不再假手他人，而是親自進行懷古刻石，這種自身體驗式的留名被視為理所當然。至於碑學家，更是將石門石刻作為自己發現的寶藏進行考察，從清洗碑石到監督拓碑到考釋記錄文字一手包辦。並把自己的探尋的印記和研究成果留在石刻上，石刻的探究成為自覺的行動與喜好，這亦為研究的深入打下堅實的基礎。

（二）多方位表現自我欲望與研究深入度

一人多刻，透出文人多方位展示文化素質的表現欲望。文人風雅，往往自負其才，多方碑刻，可以從不同類型的文體、不同主題的內容、不同寫作的文筆展現出知識的淵博和才情，而親自書刻，可以展示其書法的藝術天賦與古文字的紮實根基。比如晏袤，出身書香世家，為文學家晏殊的四世孫，史載其「嗜古有文才」，多次立碑體現出其五方面才能。其一金石學方面，具有考古、古文字考釋的功底，他發現了《大開通》石刻，紹熙甲寅（光宗五年）三月甲子，在褒谷獲《大開通》於石門西南險側斷崖中。石刻題記說：「先是癸丑（紹熙四年）夏秋積雨，苔蘚剝落，至是（碑）畫始見。」並對其進

行考證，考證爲東漢永平六年（63）的石刻。撰寫釋文，並欣賞其書法爲「字法奇勁，古意有餘」。爲其餘《潘仲伯韓仲元造橋閣題記》《李苞通閣道題記》寫釋文。雖有錯誤，在當時已爲難能可貴；其二，古物考證中，不僅顯示古文字識別能力，還體現出對古代歷史的瞭如指掌。晏袤考釋「潘宗伯韓仲元造橋閣李苞通閣道題記」文中云：「漢魏兩晉以泰紀年者凡七，惟魏明帝有泰和六年，晉武帝有泰康十年，餘皆一二年或四三年，則知此魏泰和六年明矣。是歲，蜀建興十年，先是泰和四年，魏司馬懿伐蜀，五年，蜀諸葛亮圍祁山，魏詔司馬懿拒之。秋七月，亮復軍。明年，亮休士，作木牛流馬。故魏人得人褒谷治橋閣矣。後題景元四年三十八字者，魏陳留王年號，自泰和六年至此，凡三十有三年，則此二號皆魏之紀年無疑。其書蕩寇將軍云者，蜀張嶷亦有此將軍號。魏蕩寇將軍浮亭矦李苞字孝章復通此閣道於景元四年，即蜀炎興元年冬十一月，魏鍾會、鄧艾率眾伐蜀，至江油降馬邈，至綿竹斬諸葛瞻，劉禪詣艾降，巴蜀皆平。十二月，魏分益州爲梁州，褒余（斜）閣衢（道）於是乎通矣。」〔註42〕對於漢魏年號、三國戰爭史相當熟悉，雖也難免有所疏漏，（由於把「始」錯看爲「和」字導致年號考證錯誤，將西晉「泰始」誤爲魏「泰（太）和」，連帶之史實解釋也並不正確）但對歷史之通曉是毋庸置疑的；其三、深厚的文學底蘊，文才出眾，所撰《山河堰賦並序》證明其不但能寫記事散文，亦能作洋洋灑灑文采飛揚的華美賦體。其四，同時體現卓越的書法才能。四方碑刻全部自書，主體均採用當時少有人能作的古體隸書。《釋鄐君通閣道記》「釋文」和「題記」同時刻於石上，「釋文」以楷書，「題記」以隸書，而其《山河堰賦並序》《山河堰落成記》則爲大字隸書，從而展現出兼通多體，尤其嫻熟於古文字之能。其五、除了這些文學藝術方面的才能，他甚至還表現出對水利工程的熟習，《山河堰落成記》敘其在修復工程中起到了至關重要的作用，文述：發起者爲章森，但實「董其事」者爲晏袤、張柄、查沇、賈嗣祖等人，時任南鄭縣令晏袤乃其中尤爲主要的一人，他實際主持了修堰工作，字裏行間明確體現其爲實幹之才。由此歷史、文學、書法、金石學、工程營造、組織領導等等……全方位多角度展現了自己不凡的文化水準、高超的藝術天賦以及工程實幹能力。

　　相似情況的還有羅秀書，他也以不同身份參與了多方石刻留名。作爲金石學家，所著《褒谷古蹟輯略》金石著作，是其石門訪碑活動主要成果彙集，

〔註42〕郭榮章，石門石刻大全〔M〕，西安：三秦出版社，2001.83～84。

文中述其在石門北口懸崖上發現《李苞通閣道題記》眞跡，由此推斷晏袤在石門南崖所見的《李苞通閣道題記》當係晉代重刻，此爲重大發現；而在石門洞內刻碑《八陣圖注說》，展現了除金石學之外的淵博知識，《八陣圖注說》是應拓工張懋功所求，爲其進行諸葛武侯八陣圖解析，「八陣圖」傳爲諸葛亮有關排兵佈陣及八卦奇門遁甲之秘術，其博大精深，晦澀難懂，有神鬼莫測之能，失傳已久，而羅秀書卻能將其來歷、神妙之處娓娓道來，爲張懋功答疑解惑，顯然其不僅通曉軍事，而且上通天文下知地理，還知神異秘術，智慧超群之形象躍然而出；而其在石門觀漢魏古碣寫下《遊石門題詩》「影漏褒斜雲外樹，明通漢沔鏡中天……」也是其文采風流的另一側面；鑴於古石門隧道南山崖的《祈雨記》，記述道「夏旱禾槁」「祈龍湫，不應」，又「祀河，大雨傾盆」。體現其善通神，禱雨有方，爲民造福；而在書法方面，歸屬自己的兩方碑刻皆爲「羅秀書撰並書」，另外還爲倪蘭畹《棧道平歌》書碑，均展示其碑學及隸書的深厚功底。

同時，一人多刻者在群體泛化觀覽中獨以專注精神，拓展石門石刻研究的廣度和深度，凸顯出專業研究的主體意識、專精化和系統性。

晏袤在研究的全面性、系統性方面極具典型。其在南宋多次遊覽石門中，獨自系統研究了洞內外的多處石刻，研究觸角包括發現並清理《大開通》石刻，爲其刻石作釋文及考釋，即《釋鄐君開通褒斜道摩崖》；重刻並考釋已經殘缺的晉刻魏三國《李苞通閣道題記》與《晉潘宗伯韓仲元造橋閣題記》，不僅僅寫釋文，同時還有相關史實、書寫時間等等的考證、對文字實物存滅泐損情況的記錄。以這三方的「考釋」作石刻研究，體現出其研究的全面性和系統性。

清代金石學研究已形成小群體的交流互動，羅秀書與吳大澂、陳介祺等金石學家，就石刻方面的問題常互相聯繫並一起研究探討，將當時整個地區的金石研究連成一片，成爲一個石門研究小群體。這一點在第二章已經論及不再贅述。

可以說，這些石刻者強烈留名欲望和極致的探求眞理的欲望相結合。從留芳功名昇華爲研究熱情。其孜孜不倦求索眞知，實現了研究層次的不斷提升。由於石門石刻專業學者的癡迷與執著，浸淫其中，在同一地區、同一主題上反覆打點，不斷深入研究，也使得這個地區的石刻經典性越來越凸顯，使得經典石刻在地區乃至全國關注度不斷飆升。

三、大字摩崖「託名附會」文化現象

石門摩崖群裏，成爲地區文化標誌的大字榜書，常有未署名者，多在歷代口耳相傳中被附會歷史名人所書，其中最著名當數曹操手筆「袞雪」，此外還有張良「玉盆」，鄭子眞「石虎」。雖然歷代已經考證疑爲僞作，但仍被各方將錯就錯，繼而逐漸坐實，並進一步發揚這種聯繫，甚至出現在遊覽受眾群體中比漢魏眞跡更著名、更有吸引力的現象。因此，在特定情況下，碑的關注度，不在於眞僞，而在於文化上能否提升地區影響效應。以下以大字「袞雪」爲例，探尋其被附會坐實爲名人之書的過程，以及傳播中受歡迎背後的文化心理。

（一）古刻被託名附會之過程

最爲著名的「袞雪」隸書摩崖，旁邊有兩個小字落款，署名「魏王」，被傳爲魏王曹操傳世唯一眞跡，從而頗受青睞。值得注意的是，「袞雪」爲魏王所書在一開始並沒有坐實，而是在歷代傳頌中逐漸和魏王建立起密不可分的聯繫。這其中既有民間人眾的廣泛傳播，甚至還有金石學家推波助瀾，這一無名石刻如何被一步步與曹操建立起關聯？形成關聯的背後「推手」力量何在？值得細考。

有關「袞雪」的最早記載，是在南宋寶慶二年題記中，但文中並未說明書寫者，也就是說，宋代並沒有認爲此「袞雪」是曹操所書。而後清代王森文的《石門碑釋》對其摹刻之時，也沒有「魏王」小字落款。故當時依然是無名石刻，不過此刻爲魏王所書之說已於民間大量流傳，而署名是在其後，據《嘉慶漢中府志校勘.上》記載清初（嘉慶前）「袞雪」旁邊尚無「魏王」二小字〔註43〕。而在王森文訪碑之後，吳大澂、羅秀書訪碑之前這段時間裏（嘉慶至同治年間），有「好事者」爲一直被傳說是魏王所書的無名石刻「袞雪」左旁補刻了「魏王」小字落款，這是第一次被明確指名坐實爲曹操，讓其形成有落款署名的局面。按曹操在建安十八年（213）被漢獻帝封爲「魏公」，建安二十一年（216）被封爲「魏王」，而曹操兩次到漢中，第二次到漢中的時間是219年，如果此時題寫「袞雪」二字，其確實已經被封爲「魏王」，然而此二字就算眞爲曹操所寫，其自以「魏王」署名也不成體統。因此好事者

〔註43〕嚴如熤主修，郭鵬校勘，嘉慶漢中府志校勘，上〔M〕，陝西：三秦出版社，2012.166。

本想直白坐實此爲曹操題寫，反而畫蛇添足，弄巧成拙了。因此吳大澂在考察石門石刻的《石門訪碑記》中說「袞雪」，「相傳爲漢刻，旁有魏王二小字，想係宋人僞刻。」顯然當時金石學家對此說頗有猶疑。眞正一錘定音將其坐實在曹操名下的是清代羅秀書。其多次考察石門石刻群，《褒谷古蹟輯略》專著中，不但沒有考其訛誤，反而替這個有明顯漏洞的傳言圓說，曰：署名是後人加的，但兩個大字確實是魏王所寫。後人只不過「追書」廣而告之，同時以「字如其人」理論，認爲此二字書風和歷史記載的曹操「獅子」「好動」等性情吻合。並且爲之寫詩讚頌「浪花並作筆花舞，魏武精神萬頃波」，羅秀書是金石學家、書法家、古文字學的權威，又對石門摩崖研究頗深，通過其考證，於是「袞雪」爲魏王唯一眞跡隨著《褒谷古蹟輯略》一書的興盛而被坐實了。此後論及此者無不引用其中考證。而「袞雪」不過區區百餘年迅速風靡成爲文化座標也正由此而起，可見，「袞雪」爲魏王手筆的坐實，其最大的推手是歷代民間眾人、好事文人和清代訪碑金石學家。

今日看來，「魏王」落款署名顯然不可信，而「袞雪」兩個漢隸大字歸屬曹操所書亦是疑點重重，其一，以歷史文化氛圍來看，山水榜書題名之風始自唐宋，盛行於宋代，漢魏時代幾乎無文人流連山水大書題刻風氣，同時，三國魏曹操曾發佈禁碑令，作爲法令者本人的曹操在軍中大書留刻山水似亦不合時宜。其二，以字跡本身來看，不似漢人，疑爲唐以後的手筆，根據晏袤在漢中地區的多次頻繁訪碑、立碑活動和筆跡分析，其與南宋晏袤所書寫的《山河堰落成記》的筆跡極爲相似，筆者認爲此很大可能是晏袤所書，（具體筆跡分析在第四章圖 4.24）。就算不能確定是晏袤，據書風斷代也無疑是唐宋人手筆。

上文提到，晏袤在此地區留下有署名的碑就有三方，筆者猜測，此二大字在書寫當時，有一部分人知其眞實書者，然而其名卻被歷代口耳相傳的傳播者聯手「附會傳訛」掩蓋了，於是「袞雪——曹操書」的信息就此定格。以嚴格的考釋及書風筆跡分析來看，出自曹操之手並不可靠。有關這一點，歷來亦有不少學者論及，此處不再贅述。

然而值得細究的是，面對顯然不甚可信的「魏王眞跡」，筆者發現一個有趣的現象，即無論是學者、漢中博物館員、還是慕名遊覽的觀者都對考證訛誤之說加以選擇性的忽略，最多談及時加上「傳說」二字，更多的是將「僞作」之說屏蔽，就算知其有訛，卻仍舊興奮地加以傳播，甚至還愈發積極將

其作爲最重點宣傳對象，以吸引觀者的更大興趣。因此當幾乎所有人都願意相信並積極促成「袞雪」歸屬於曹操而非無名氏或晏袤所書，「袞雪」即被賦予與曹操越來越密不可分的關聯。由此看來，將錯就錯，以訛傳訛，此現象已不止是考釋眞僞的問題，而是體現出一種人心所向的集體文化心理，其背後勢必有一定的合理性和某種文化動機。

（二）附會魏武之名的文化歷史「契合點」

有關此附會之合理性，可從兩方面分析，其一，附會之與史實關聯，《三國志》等史料中皆有明文記載，曹操曾多次到漢中褒谷的史實；其二，與歷史文學中的曹操經典形象相吻合。

其一，附會之與史實關聯

此地爲魏蜀漢中之爭的重要戰場，曹操一生軍事活動中，曾兩至漢中，首次爲建安二十年（215）三月征張魯取漢中，十二月北還。其二爲建安二十四年（219），定軍山之役，夏侯淵於漢中沔陽（今勉縣）定軍山被老將黃忠所斬，陽平關、定軍山要隘失守，曹操於同年三月親率十餘萬大軍經褒斜道伐蜀，準備重整旗鼓復仇。「夏侯淵與劉備戰於陽平，爲備所殺。三月，王自長安出斜谷，軍遮要以臨漢中，遂至陽平。備因險拒守。」〔註44〕遠道而來，利在速戰，但遭劉備「斂眾拒險，終不交鋒」。又被趙雲、黃忠火燒絕天蕩山囤積「數千萬囊」糧草，軍中缺糧，加之連降陰雨，「積月不拔，亡者日多」人心浮動，軍士多逃逸，進退兩難，發出「雞肋」之歎〔註45〕，五月，曹操在無可奈何的情況下無功而返。留將杜子緒駐守漢中。然撤兵不久，漢中遂爲劉備所佔。連續敗績，除人不和因素外，漢中易守難攻之險絕地形也是一難。

其兩軍相持之時屯褒斜谷南口，駐石門附近。爲傳說提供了時間上的可能性。

其二，「魏武精神」與流傳曹操經典形象之吻合

「袞雪」所呈現的所謂「魏武精神」即曹操在正史記載與文學傳播中綜合呈現出的情性。來源包括《三國志》等史書、《世說新語》軼事、自身詩文傳世，古典名著《三國演義》及歷代民間傳說話本等，附會流傳的「袞雪」故事確實和這些歷史、文學多處來源共同匯聚成的曹操經典形象精神相契合。

〔註44〕陳壽撰，裴松之注，三國志·魏書武帝紀第一〔M〕，北京：中華書局，1999.37。
〔註45〕陳壽撰，裴松之注，三國志·魏書武帝紀第一〔M〕，北京：中華書局，1999.37。

1、山水之興、詩文造詣與書法才藝

漢中有關三國名人當中，曹操文韜武略，多才多藝。詩文與書法才藝造詣皆高，登高必賦且有書名。

詩文方面，其文藝素養頗高，《三國志・武帝紀》載：「登高必賦，及造新詩，被之管絃，皆成樂章。才力絕人……及造作宮室，繕治器械，無不爲之法則，皆盡其意」〔註46〕。曹操的文學成就、文藝才能不亞於其軍事才能。《觀滄海》詩：「東臨碣石，以觀滄海。水何澹澹，山島竦峙。樹木叢生，百草豐茂。秋風蕭瑟，洪波湧起。日月之行，若出其中；星漢燦爛，若出其裏。幸甚至哉，歌以詠志」〔註47〕。其有登臨山水、橫槊賦詩，抒發感慨，觀景詠志的先例，因此，面臨褒谷山水有觸景生情揮毫的合理性。

曹操在書法方面也頗有造詣。史載其有書名，張華《博物志》曰：「漢世，安平崔瑗、瑗子寔、弘農張芝、芝弟昶並善草書，而太祖亞之。桓譚、蔡邕善音樂，馮翊山子道、王九眞、郭凱等善圍棋，太祖皆與埒能」〔註48〕。常與大書家鍾繇一起談論書法，尤愛書家梁鵠、師宜官之隸書，以重金購得，甚至行軍途中亦掛於營帳中觀閱。後世書論家庾肩吾《書品》記載其「筆墨雄贍」〔註49〕，唐代張懷瓘《書斷》言其「尤工章草，雄逸絕倫」〔註50〕。因此這些記載也提供了其題壁作書的可能性。

2、流傳軼事中的遊戲精神

傳說魏蜀對峙之中曹操率文武官員遊褒河，見滾滾褒水激深澗亂石，巨浪飛濺，如雪翻滾，蔚爲壯觀。縱情揮筆直書「袞雪」二字，侍從問及「袞」缺三點水，曹操即指滾滾褒河激流爲字中之「水」偏旁，後人因此言「狂濤巨浪流石邊，『袞』字左邊不用點。」是一種以自然造化爲己用的遊戲精神。

曹操性格飛揚跳脫，頗具遊戲精神，《三國志》記載：「太祖爲人佻易無威重，好音樂，倡優在側，常以日達夕。被服輕綃，身自佩小鞶囊，以盛手巾細物，時或冠帢帽以見賓客。每與人談論，戲弄言誦，盡無所隱，及歡悅

<hr>

〔註46〕陳壽撰，裴松之注，三國志・魏書武帝紀第一〔M〕，北京：中華書局，1999.38。
〔註47〕吳小如，漢魏六朝詩鑒賞辭典〔M〕，上海：上海辭書出版社，1992.202。
〔註48〕張華著，祝鴻傑譯注，博物志全譯〔M〕，貴州：貴州人民出版社，1992.233。
〔註49〕庾肩吾，書品〔M〕//黃簡編輯.歷代書法論文選，上海：上海書畫出版社，1979.89。
〔註50〕張懷瓘，書斷〔M〕//黃簡編輯.歷代書法論文選，上海：上海書畫出版社，1979.183。

大笑，至以頭沒杯案中，肴膳皆沾污巾幘，其輕易如此。」〔註51〕

歷來記載軼事中，也多有曹操喜玩文字遊戲之傳說。《世說新語》載有兩個與曹操有關的傳說典故。

其一：魏武嘗過曹娥碑下，楊脩從。碑上見題作「黃絹幼婦外孫齏臼」八字，魏武謂脩曰：「解否？」答曰：「解。」魏武曰：「卿未可言，待我思之。」行三十里，魏武乃曰：「吾已得。」令脩別記所知。脩曰：「黃絹，色絲也，於字爲絕。幼婦，少女也，於字爲妙。外孫，女子也，於字爲好。齏臼，受辛也，於字爲辭。所謂『絕妙好辭』也。」

其二：「楊德祖爲魏武主簿，時作相國門，始構榱桷，魏武自出看，使人題門作活字，便去。楊見，即令壞之。既竟，曰：門中活，闊字。王正嫌門大也。

人餉魏武一杯酪，魏武啖少許，蓋頭上題合字以示眾。眾莫能解。次至楊脩，脩便啖，曰：公教人啖一口也，復何疑？〔註52〕

可以看出曹操愛玩文字遊戲，在門上寫「活」字，嫌門太「闊」；還有書寫「一合酥」，意思是「一人一口酥」。而「袞雪」傳說也體現出和記載軼事貼合的思維模式，門框參與的「闊」（門＋活＝闊）和褒河水參與的「滾」（氵＋袞＝滾），都是性質類似的拆字合字遊戲。「袞雪」本是文人尋常的文字遊戲，一旦冠上魏武之威名，便有了畫龍點睛之效果，具有分外的豪情與詼諧的巧思。

3、人物精神氣質與地區精神的融合

羅秀書在《褒谷古蹟輯略》中賦詩讚頌大字袞雪：「滾滾飛濤雪作窩，勢如天上瀉銀河，浪花並作筆花舞，魏武精神萬頃波。」陸機弔魏武，「溯秦川而舉旗」將「袞雪」作爲曹操精神的代表，也作爲區域精神的象徵。所謂「魏武精神」，筆者以爲，不僅是雄才大略、張揚豪邁，更是身處逆勢之豪情、於艱險中之堅忍、於困苦中之不滅的抗爭精神。石門地區景致並非雍容、壯大、偉岸，而是雄奇、險峻、殘酷。無論是險絕的褒斜棧道，還是急湍的褒河雪浪，山川勝景之下，蘊含著對險阻「克難」之因素，趨於逆勢險境之中的雄強，此景致與「魏武精神」是相應和的。換言之，曹操生於險絕逆境之中的豪邁情懷，正與整個石門區域精神不謀而合。

〔註51〕陳壽撰，裴松之注，三國志・魏書武帝紀第一〔M〕，北京：中華書局，1999.39。
〔註52〕徐震堮，世說新語校箋・捷悟第十一〔M〕，北京：中華書局，1984.317～318。

　　文學形象中曹操面對重大失敗，往往有非同一般的樂觀堅忍思維模式。演義廣爲流傳的其於赤壁之戰慘敗狼狽逃竄途中尚能大笑數次，體現出超強的自信精神、抗壓能力與頑強意志。

　　羅秀書曾將曹操比作「獅子」，帶飛揚跳脫，同時兼具「力量」「危險」「殘酷」「堅忍」等特質。簡單回放一下此區傳說之中曹操書寫「袞雪」所發生場景，時間點正是魏蜀漢中之爭的「定軍山」「失漢中」，皆以曹魏一方遭遇挫折而慘淡收場。即軍心動搖即將無功而還，發出雞肋之歎，進退兩難之時，一般將帥當焦頭爛額，不可能有興致閒情書寫，然而曹操非比常人。退卻既可有「雞肋」不失統帥風度之隱語自解，駐軍相持時有「袞雪」之豪情當不足爲怪。

　　由上可知，傳說故事中曹操寫「袞雪」二字，非其戰績輝煌春風得意之時，而是進退維谷、兵敗遇困之時，但其在激烈對抗的艱難困境之中不墮其志，此乃眞正的雄健精神，正與此地區整體呈現出在自然山川險絕之境中以人力開山通道、知難而克難之精神吻合。

　　綜上所述，此處附會之曹操形象，不論是其詩文與書藝、還是其遊戲精神、人物性格，其人設是歷史與文學交織而形成的，並不單出自正統魏晉史書中形象，更糅合宋以後民間津津樂道的三國話本及演義故事，形成雄才大略、飛揚跳脫、多才多藝的經典梟雄形象，因此「袞雪」爲曹操所書之說，最先是廣泛流傳於漢中民間。而傳說附會事件與人物性格、才華、精神等有史實爲基礎、有文學經典描寫做先例，附會其書「袞雪」的行爲存在相對合理的契合度。

（三）文化效應宣傳需要與受眾心理需求。

　　「袞雪」附會成爲魏王傳世唯一眞跡，是文化傳播者、當地民眾、遊覽受眾共同的文化心理需求。所以從開始的書寫者、到指名者、再到傳播者、至最後的觀賞者，都不斷進行「魏王」與「袞雪」的關聯活動。而這種行爲的動機則源於所附會人物身後附加的歷史文化厚度和「名人效應」帶來的精神愉悅及吸引力。

　　對致力於石門石刻的研究者和當地民眾而言，將所癡迷的地方山水盡可能與名人建立起特殊的關係，對提升地區文化厚度與經典性有極大作用；而對於觀者而言，亦符合觀景懷古之心理期待。

　　來此觀景，歸根到底就是爲了進行懷古體驗，希望見到能夠寄託情感的實物，喚起對歷史人物的追憶，顯然碑刻附會在熟悉的歷史人物身上更有歷史美感。對於絕大多數觀者而言，觀碑是一種歷史文化精神體驗活動，能與聲名如雷貫耳的曹操、張良等名人遺跡近距離接觸所得到的心理愉悅，顯然高過並不熟悉的歷史名人。面對一個無名石刻，觀者是願意接受嚴肅考證其爲同時代或者前代某位籍籍無名之人所書之「眞相」，還是願意聽到此爲婦孺皆知、雄才大略的三國英雄魏武帝曹操唯一眞跡之「傳說」？答案不言而喻，因所得到的審美體驗天壤之別，宣傳效果也大相徑庭。

　　三國故事自古流行，曹操爲經典人物，具有經久不衰的巨大影響力，可謂無人不曉。「袞雪」傳說借助定格的書寫時間點「漢中之戰」，定位的地點爲褒河崖石，史實爲著名的歷史典故。其形象之鮮活、受眾之廣泛、文化之經典、大字榜書之醒目、精神與曹操歷史文化形象之有機契合，使石刻烙上了歷史文化典型記憶。由此，一方面爲官方宣傳者提供了吸引觀者眼球的招牌，另一方面又極大滿足了觀者欲與歷史名人貼近，懷古追思、好奇獵奇的心理需求，因此，將錯就錯，樂爲「袞雪」貼上魏王的標籤，使傳說廣爲流傳。

　　「袞雪」單純書法造詣顯然不及同區《大開通》《石門頌》《楊淮表紀》《石門銘》《山河堰落成記》等名刻水準，但不可否認的是，與其相關聯的魏王，比起其他碑相關的郙君、王升、楊孟文、楊淮、羊祉、賈三德、晏袤等歷史人物，具有更強的文化感召力，成爲提升區域經典性的名片和資本。而在附會先賢大字摩崖（魏王——袞雪、張良——玉盆、鄭子眞——石虎）中，若以名氣排列，即曹操＞張良＞鄭子眞。因此這種附會最成功的數「袞雪」，其比起其他二個（玉盆、石虎）更爲人所津津樂道。這無疑和文學歷史中曹操形象經典性有很大關係。這種相互關聯，也有利於雙向的價值提升，「袞雪」石刻能逃過劫難被重點保護搬遷，正是這種文化價值的體現。因此「魏王——袞雪」與漢中石門地區形成一種聯手的文化傳播。

　　這種文化聯手就效果而言，無疑極大提升了地區知名度和歷史厚度，傳播者利用其宣傳效應，引發群體心理的趨近。

　　最爲明顯體現在漢中博物館石刻陳列的參觀旅遊活動之中，筆者在漢中博物館石刻陳列室做過調研。採樣三百名觀賞者，或個體或旅遊團，在「袞雪」石刻前平均停留時間明顯多於在其他石刻停留時間。而在漢中博物館配

備講解員以及各旅遊團導遊中，以曹操「袞雪」故事作為重要講解項目，講解詞有完整的故事脈絡，其餘包括《大開通》《石門頌》《石門銘》……等多個經典石刻皆僅以數句帶過，抽樣問卷調查中，事先慕名而來的分兩類，一為旨在訪碑的觀賞者，觀看《石門頌》《石門銘》等漢、魏碑的時間遠多於榜書大字；另外一類，即絕大部分遊覽者，最感興趣的就是傳為曹操所書的「袞雪」。因此博物館方也將「袞雪」作為引導觀看的最大看點，「袞雪」成了博物館宣傳的重點噱頭所在，總之，曹操的「袞雪」對普通觀者的吸引力超過漢魏經典石刻，即便知道是偽也不願放棄與魏王之關聯。

可以說，氣魄宏大且沒有署名而附會名人的榜書，恰好給大眾特供一種精神的聯繫，以實物及傳說為懷古精神找到寄託。因此普遍的受眾不重「考據」真偽而重歷史「體驗」，不在「求真」而在於「精神愉悅」，其樂於接受的動機與觀景體驗的心理有關而與學術無關。因此對其訛誤求真的學術考證，淹沒在精神文化需求的聲浪裏。而以書法訪碑為目的之觀賞者，以書法藝術為第一追求，則醉心於藝術水平高絕的漢魏碑刻。「袞雪」單以書法水平來說，實遜《石門頌》《石門銘》等遠甚，卻能得到如此關注追捧甚至成為旅遊文化座標，其原因正是其為大部分遊覽受眾提供的歷史文化價值遠超過書法價值所致。

「託有形之物，欲垂無窮之名」〔註53〕以達「身沒稱顯，永遺令動。表行揚名，垂示後昆」〔註54〕詮釋了士人「託石留名」的普遍心理，但由於時代與歷史文化背景差異，使得石門歷代刻石留名的緣由發生變遷，由帝王偉業記功、變為的良吏功德記載，再變為個人遊覽抒情便可誌石為記。還由於士人個人意識的逐漸覺醒，留名行為亦由隱轉為顯，由晦澀轉明朗，即由「頌德由人」，變為自我張揚。以至於多方位表現自我。無論是文意微妙變化中產生的「一石二主」並列留名、還是帶有強烈個人意識張揚的「一人多刻」重複留名、以及為提高區域知名度，「將錯就錯」的大字摩崖託名附會現象，均折射著文化風氣與石刻留名主體心態的歷代遞變與石門地區獨異的地域特色。反映出以刻石文本為載體傳名於世的不同心態與文化動機。

〔註53〕歐陽修，集古錄跋尾·後漢郎中王君碑〔M〕，北京：人民美術出版社，2010.69。
〔註54〕嚴可均，全後漢文卷七十五琅琊王傅蔡朗碑（蔡邕撰）〔M〕，北京：商務印書館，1999.760。

第三節　石刻文獻「公共史傳」的史料價值

自宋代以來，研究石刻文獻的金石學家，便開始關注石刻文獻與史傳之間的關聯。作爲歷史當事人遺留下來的一手資料，石刻文獻完好地保留著許多史書未記載的豐富的歷史信息。「屬碑之體，資乎史才，其序則傳，其文則銘」〔註55〕。注明了石刻文獻與史傳的密切關聯。比如碑之序傳部分具有史傳性質，工程記述、遊記題名等亦可提供歷史人、事的活動細節，爲史書闕漏之處予以補充、參證、訂正。具體可修訂歷史人物的生平事蹟、歷史事件的發生過程、典章制度的發展源流等。因此石刻文獻具有極爲重要的史料價值。趙明誠《金石錄》序言云，「《詩》《書》以後，君臣行事之跡，悉載於史，雖是非褒貶出於秉筆者私意，或失其實，然至於善惡大節，有不可誣，而又傳之既久，理當依據。若夫歲月、地理、官爵、世次，以金石刻考之，其牴牾十常三四。蓋史牒出於後人之手，不能無失，而刻辭當時所立，可信不疑。」〔註56〕就是說明石刻資料作爲歷史當事人或親歷或見聞的親手記載，其眞實性、保眞度，比起時代懸隔的後人對前代史實的記錄及評說來得可信可靠，故其可以匡正史料之誤。

但不可否認的是，石刻文獻證史亦有其不足之處，有關這一點前人多有論及，筆者以爲總括而言，相比於史傳，石刻文獻之弊端主要有二：其一，資料的孤立和視角的局限，相比於史傳總覽時代全局的宏觀視角，大部分石刻碑誌的著眼點僅限於個人身上，對於碑主個人的家世背景、升遷履歷及業績，不計繁複，羅列鋪排，而缺乏對時代大背景的觀照，也少有與其他同時代者之關聯，只見樹木而不見森林；其二，隱惡揚善、溢美過甚。相比於史傳的善惡兼表、秉筆直書，石刻資料或是與碑主有關聯的故吏門生、親眷友朋，或受其所託，正因處於同時代，往往礙於情面或利益關聯，缺乏客觀性，或有虛美隱惡現象，私門撰述甚至多有粉飾溢美之詞，如歐陽修所言「余於碑誌唯取其世系官壽鄉里爲正，至於功過善惡未嘗爲據者，以此也」認爲只有世系、官職之類是可採用的，其餘功過善惡之類事蹟則需存疑以待，正是對於所謂「私門撰述」的審愼態度，但其實爲抬高所頌者身價，編造世系現象也不少見，亦不可信不可採，因此石刻材料往往又不及史傳之無私公允。

〔註55〕劉勰著，周振甫注，文心雕龍注釋誄碑第十二〔M〕，北京：人民文學出版社，1981.128。

〔註56〕趙明誠著，劉曉東，崔豔楠點校，金石錄〔M〕，濟南：齊魯書社，2009.序1。

　　石門的石刻文獻，史料價值是毋庸置疑的，其史傳性質的序文、工程紀實、遊記題名、無疑可彌補史料之闕漏，而相比於一般石刻文獻，又獨具特殊優勢，筆者以爲主要有兩點——其一，文獻的系統承繼性、兼具宏觀與微觀的視角；其二，不隱善惡大跡的紀實客觀性。

一、系統鏈條承繼性——宏觀證史與微觀補缺

　　石門文獻具有完整的系統性和鮮明的前後承繼性，也就是說，群內文獻之間內容存在著關聯，即記載同一項工程在不同時代的發展，以及在相應時代的歷史地位，前後相連、同代互參，可連成一部區域工程乃至政治、經濟發展歷史，這在其他石刻文獻中是極爲罕見的。這種極具關聯性和承繼性的記載，又兼具宏觀與微觀的視角。

　　宏觀方面，石門文獻普遍具有廣闊的公共史傳視角。前文已論及，兩方頌德銘功文體的獨特敘述方式，均以石門發展史爲鏈條展開，並不局限某個人功德。比如名爲私人德政碑的《司隸校尉犍爲楊君頌》卻對碑主楊孟文個人生平以及世系官職升遷皆少關注，而是以大局視角，把個人的功績置於石門區域整體發展史的環節上來考量。此外，一文不專美一人，而是同時並列多個角色的功績，也體現著頌美視角的開放性。更以全局性的眼光，關注石門地區交通在整個國家政治、經濟、軍事中的地位，把區域發展與整個王朝帝國的命脈聯繫在一起。因此在述史方面具有比其他一般碑誌更爲高屋建瓴的視角和廣闊宏大的背景。

　　微觀方面，對於紀實性的工程記錄部分，工程直接負責人、現場遊歷者的記載，將正史籠統概括或極少關注到的工程細節、具體施工方式、耗費資材人力、責任人等微觀方面予以詳盡而客觀記載。題名與遊記，將正史中叱吒風雲的歷史人物平素交遊活動的多個細微側面眞實地保存下來。

　　如此使得石門地區的文獻整體形成了一種世代綿延，既有宏觀大局觀照，又有微觀具體細節留存，具有獨特歷史視角的史料價值。

　　這種視角具體地體現在古代工程建設方面：石門地區兩項關係國運的大工程——蜀道主幹線褒斜棧道和水利工程山河堰。本章選取有關石門文獻與史書的相關記載進行比對，探尋其宏觀與微觀兩方面史料價值。

（一）褒斜道工程

　　石門文獻中可以歸納出有關褒斜道石門隧道工程的一組文獻，這組文獻

包括：《鄐君開通褒斜道》《石門頌》《李君表》《李苞通閣道題記》《潘宗伯韓仲元造橋閣題記》《石門銘》《賈大司馬修棧記》等。

宏觀方面，這組文獻以時代連成系統，以史實建構體系，串聯起一部蜀道主動脈褒斜道從東漢到清代近兩千年的發展史，完整而系統地還原了古褒斜道修築的過程，反映了每次的道路變遷與各時代的戰爭、政治因素之聯繫，對於古代建築史、交通史、戰爭史等研究均有極大的意義。

其宏觀史實與微觀工程紀實可有力參證、補充史書所記載的歷史。

表3.4　石門史料與史書記載串聯褒斜道路歷史脈絡 [註57]

題目	時代	石門石刻文獻記載史實	與史書文獻互證	補充史實工程細節
《鄐君開通褒斜道》	東漢明帝永平六年（63年）至九年（66年）	以詔書受廣漢、蜀郡、巴郡徒二千六百九十人，開通褒斜道（文見表1.2）	《水經注》：「褒水又東南歷小石門，門穿山通道六丈有餘」《史記·貨殖列傳》「棧道千里，無所不通，唯褒斜綰轂其口」	人數：廣漢、蜀郡、巴郡徒二千六百九十人工程結果：始作橋格六百廿三間，大橋五，為道二百五十八／里，郵、亭、驛、置、徒司空、褒中縣官寺並六十四所
《石門頌》	東漢桓帝建和二年(公元148年)	詳細記載：高祖四道明帝開石門元二之災順帝復通王升修整（文見表1.1）	《史記·河渠書》：「其後人有上書，欲通褒斜道及漕事，下御史大夫張湯⋯拜湯子印為漢中守，發數萬人，作褒斜道五百餘里，道果便近。」《後漢書·鄧騭傳》「時遭元二之災」。	石門歷史、開通閉塞時間石門隧道重開時間：漢順帝延光四年（公元125年）。奏請人物：楊孟文工程性質與啟動過程王升修整具體方式：分置六部道橋、造作石、積、或解高閣，下就平易。

<hr>

[註57] 注：本表所列史書記載，來自司馬遷，史記〔M〕，北京：中華書局，1959。陳壽撰，裴松之注，三國志〔M〕，北京：中華書局，1999。范曄，後漢書〔M〕，北京：中華書局，1999.，所列出石門文本，來自郭榮章，石門石刻大全〔M〕，西安：三秦出版社，2001.，以及本人根據現存原石校對之記錄。

《李君表》	東漢桓帝永壽元年(公元155年)	李君修道（文見表1.2）	無記載	主修人物：李君 工程：解大臺就卑下
《李苞通閣道》	三國魏元帝景元四年(公元263年)	蕩寇將軍浮亭侯譙國李苞字宗章將中軍兵石木工二千人，始通此閣道（文見表1.2）	《三國志・鍾會傳》：（景元四年秋）會統十餘萬眾，分從斜谷、駱谷入……諸軍數道平行，至漢中。	時間： 主修人物：李苞 耗費人力：中軍兵石木工二千人
《晉潘宗伯韓仲元造橋閣》	西晉晉武帝（司馬炎）泰始六年(公元270年)	潘宗伯韓仲元以泰始六年五月十日造此（文見表1.2）	無記載	時間、主修人物
《石門銘》	北魏正始四年	詳細記載（文見表1.1）	《魏書・世宗宣武帝紀》：「（正始四年九月）甲子，開斜谷舊道。」	石門五百年歷史、奏請開通人：羊祉 具體實施人：賈三德 耗費人力、時間 工程成果
《賈大司馬修棧記》	清	詳細記載（文見表1.3）	無記載	人物：賈漢復 方式：捐金募工 水激火燒法《棧道歌》：「積薪一炬石為圻，錘鑿既加如削腐」 工程結果：修險碥凡五千二百丈有奇，險石路凡二萬三千八十九丈有奇，險土路凡一千七百八十一丈有奇；修碥橋一百一十八處，計一百五十七丈。

　　可以看到，石門洞內這組時間延續的不同時代的石刻文獻，連續記載了不同時代褒斜道石門隧道的交通史實，有些是可與史書對應互參的，有些是史書記載所無，能起補充作用的。如實記載褒斜道隨著歷代政治因素屢次整修的史實，尤其是漢魏五百年間，發展鏈條極為清晰、完整。

　　首先宏觀方面與史書橫向對照，展現出石門褒斜道在區域交通戰爭史上的地位，其工程與國家大事相關聯。石刻文獻與史書可互相參照的主要有三個時間點，分別是東漢《石門頌》和《後漢書》、三國魏《李苞通閣道》與《三國志》、北魏《石門銘》與《魏書・世宗宣武帝紀》。可見其交通史性質、其修建、毀壞、重修與各時代戰爭、政治背景密切相關。

　　東漢《石門頌》和《後漢書》比對，《石門頌》中記載褒斜道石門的開合經過及影響因素與《後漢書》中東漢明帝通褒斜道及先零羌之亂等背景相照應。《石門頌》「至於永平，其有四年，詔書開斜」與後漢書「詔益州刺史罷子午道，通褒斜路」〔註58〕正相對應。而《石門頌》記載道路斷絕難行之狀況所對應的歷史背景則是貫穿於整個東漢時期的先零羌族的威脅與戰爭，東漢先零羌之亂，與西漢所面臨的「匈奴」威脅幾為同一等級，《後漢書》可以看到，多處記載有關「先零羌」作亂的情況，而先零羌每寇中原，多「斷蜀道」，為禍甚劇。如安帝永初元年、二年，連續兩次先零羌叛亂，「先零種羌叛，斷隴道，大為寇掠」〔註59〕。史上被合稱為「元二之災」。《石門頌》所記載的褒斜道斷絕、道路難行的史實與此完全契合——「中遭元二，西夷虐殘，橋樑斷絕，子午復循」「失秋截霜，稼苗夭殘。終年不登，匱餒之患。」也正對應《後漢書・鄧騭傳》中記載：「時遭元二之災，人士荒饑，死者相望，盜賊群起，四夷浸畔。」〔註60〕天災人禍、寇亂四起，燒殺擄掠、蠻夷肆虐、民不聊生、道路斷絕之悲慘景況。而《石門頌》頌揚的漢順帝採納司隸校尉楊孟文提議覆通石門褒斜道，則是《後漢書》所述寇亂稍平息的延光四年。

　　三國魏《李苞通閣道題記》與《三國志》比對則可見證歷史上三國鼎立末期的滅蜀戰爭，三國之戰，前期魏、蜀均多次燒絕棧道，而在《三國志》中記載的滅蜀之戰，即魏元帝景元四年，征西將軍鍾會率領東路主力十餘萬人馬由褒谷、子午谷、駱谷分兵三路進攻漢中，而對應來看，石門摩崖《李苞通閣道》石刻文字所記其開通褒斜閣道之時間也正是「景元四年」，正可和史書之記載互相參照。

　　《石門銘》與《魏書》，皆記載北魏漢中獻地，羊祉為了軍事往來溝通，上書復通褒斜道事件。《石門銘》「自晉氏南遷，斯路廢矣」，對應著魏晉數百

〔註58〕范曄，後漢書卷六順帝紀〔M〕，北京：中華書局，1999.168。

〔註59〕范曄，後漢書卷五孝安帝紀第五〔M〕，北京：中華書局，1999.140.142.145。

〔註60〕范曄，後漢書卷十六鄧騭傳〔M〕，北京：中華書局，1999.407。

年大動盪，自西晉滅亡後，晉元帝於建武元年（公元 317 年）在南方建康建立東晉，北方則爲十六國五胡亂華時期。百餘年後東晉滅亡，又進入南北朝分裂對峙階段，直至隋朝統一（589 年），在此二百六十四年間，漢中幾度易手，根據不同政權政治軍事需要，褒斜道時開時閉，《石門銘》所載正是這個歷史的概況。而《石門銘》「皇魏正始元年，漢中獻地，褒斜始開。」對應著梁天監三年、北魏正始元年（公元 504 年），梁州夏侯道遷以州降魏之史實，漢中區域歸入北魏，而爲撫境綏邊轉運糧草，負責官員羊祉上表請求，褒斜道才得以開通。相應《魏書‧世宗宣武帝紀》記載「（正始四年九月）甲子，開斜谷舊道。」〔註61〕

褒斜道進行重大修整的三個時代石刻皆對應著史書中載入帝王本紀的功績，石刻與史書同時期重大工程並載，且連帶著互證重大歷史事件。可見褒斜道工程性質在漢魏時代一直是關係國運之大事，和從未見諸史傳的地方所修的小道是不同的。

其次，石門文獻還補充了史書對修整道路記載之缺漏。

這種情況有四次，分別是其一、《鄐君開通褒斜道》，彌補了《史記》秦代「棧道千里」、漢武帝開褒斜通漕運的記載之後和《石門頌》記載順帝復通石門之前的石門隧道開通歷史，即漢明帝時期，調發廣漢、蜀郡、巴郡（三郡約相當今四川及雲南一部分）兩千六百多人擴修褒斜道，由漢中郡太守主持，鑿通了石門隧道的史實；其二、《李君表》補充繼順帝復通、王升整改後的修建歷史；其三、《晉潘宗伯、韓仲元造橋閣題記》是史書未記載的晉太康年間修路情況記載，晉武帝司馬炎建立西晉，統一時間雖短，卻在十年中（泰始六年——太康元年），兩度整修褒斜道，此唯見於石門摩崖所載，可以補充史書之闕；其四、《賈大司馬修棧記》是對史書未記載的褒斜道在清代一次大規模修繕的記載，也是褒斜道史上最後一次大規模的修整，從黨崇雅《賈大司馬修棧記》來看，直到明代，褒斜道仍然爲秦蜀往來的主要通道，明末變亂之後凋敝，這一道路梗阻爲僅供猿狐出沒的羊腸小道，在康熙三年賈漢復巡視漢南，才發起整修之事。

這些石門文獻中翔實可信的記載，參證、補充了紙質史料的缺陷，使後世對褒斜道整體歷史沿襲有了更爲完整的認識。

石門石刻各文獻之間，常有互相提及，如《石門頌》「至於永平，其有

〔註61〕 魏收，魏書卷八世宗紀第八〔M〕，北京：中華書局，1974.204。

四年，詔書開余（斜），鑿通石門」，對應著同一地區文獻《鄐君開通褒斜道》所記之事，而其後的《石門銘》「此門蓋漢永平中所穿，將五百載。世代綿迴，屯夷遞作，乍開乍閉，通塞不恒。」又對應著《鄐君開通褒斜道》《石門頌》的記載，也是對其間的《李苞通閣道題記》《潘宗伯韓仲元造橋閣題記》等的概括。將此串連、排布、互參互補可成一部自成體系的區域歷史，而其區域歷史反映出與國家大政方面的連帶，從楚漢戰爭、漢武帝、東漢先零羌亂、三國割據到西晉統一、魏晉時代動蕩，再到唐代、宋金對峙、清代。棧道發展史與歷代許多重大的事件緊密連接，可以得出蜀道發展的歷史規律性，也是褒斜在古代戰爭史上極其重要地位的明證，從中可總結出古代重要道路與戰爭、政治關係變化的規律。交通本身隨著時代而變遷，道路的通與塞是社會治與亂的晴雨表。即褒斜道之通塞在一定程度上反映社會治與亂、安與危、統一與分裂。當國家戰亂頻繁陷於分裂之時，則道路壅塞，反反覆覆被斷；而政局相對穩定統一的時候，則致力於交通的發展、經濟貿易的往來。而歷代軍事對壘，據險守禦，則破壞寬敞易行的交通主動脈褒斜道，而選用子午、儻駱這種或迂迴、或艱險的道路作為實施奇謀的軍事道路，反映了古代戰爭中對道路的利用方式，也證明道路在古代戰爭史中的重要作用。

此外，石刻形式也給考據提供參考，史書記載唐李賢注以「元二」之「二」為重文符號，當解為「元元」。趙明誠就依據石門拓片實物判斷李賢注解有誤，因為石門石刻也記載了此件事，其中「元二」之「二」字為大寫「元貳」，「元二」為東漢當時常用語，洪适亦考證此「元二」實為安帝永初元年、永初二年，並非「元元」之省文，以東漢當時一手資料與史書互證，可使得一些面對史書難以辨明之詞義變得清晰明朗。

微觀方面：石門石刻文本中有著比史書翔實的具體過程記錄，可補充工程細節。

褒斜道由於重要意義被數次載入史冊，但史書多只有「通子午道」「下詔通褒斜三千里」等簡略事件記載，而有關其開通之來龍去脈、具體施工過程、所耗費之人力物力、動工具體時間乃至所使用方法、路線改變等信息皆不可考，綜合石門石刻文獻就可以得出這些具體信息，即包括道路幾次改道、具體工程耗費、施工過程等等。這些信息在古代棧道工程史上的意義不容忽視。

比如褒斜道幾次改道的路線變遷方面：

　　東漢褒斜道是從高祖「四道」、漢武帝開山所通褒斜道演化而來，在東漢初期明帝時期基本定型，在大石門險關開通小石門隧道，直至西晉路線不變，只是屢次對局部棧道進行修整，或者戰爭被燒毀再修。而北魏《石門銘》記載，魏正始四年（507），賈三德所造道路就對原褒斜進行了改道，在北端出斜口以後改向鳳縣，後循奧河西溪走向進入褒城，將褒斜道一小部分與原「四道」中的故道重合，「自迴車已南開創舊路」「迴車至谷口二百餘里」。而到了唐代《興元新路記》所記載唐文宗開成四年（83），由山南西道節度使歸融重新修整，稱爲「文川道」，將褒斜道下半段改經文川。宋代再度改道，廢石門隧道，抬高道路到雞頭關，這從宋人題名文獻中可以得到證明。明清則將褒斜道和金牛道連成一線，整條稱爲「連雲棧道」「屢年修砌，可並行二轎四馬」（明・王士性《廣志繹》）成爲「四川官路」「川藏通衢」。《金川瑣記》卷三述其繁盛狀況爲「商旅滿關，茶船遍河」。最後由賈漢復所修的「連雲棧道」就是原褒斜道的部分與原金牛道的結合。褒斜道的變遷歷史在石門石刻文獻中昭然。

　　具體工程耗費、施工過程方面：

　　有關於項目啓動程序及參與人員配置方面，如果是大規模的開通、復通則需要一整套程序，即地方大員（司隸校尉楊孟文、梁秦太守羊祉等）上表提出議題，經過朝爭討論數次駁回再申請，最終由帝王批准下詔（漢明帝、漢順帝、北魏宣武帝等），委派工程負責專員（漢中太守鄐君、中央左校令賈三德等）指揮工程隊伍，調發施工人員則是附近郡縣的徒隸，共成其事。而小規模的整修程序不需那麼複雜，可以由地方官員或將領主持並決定，比如太守王升、李君、李苞、西晉潘宗伯、韓仲元，都是直接主持進行的局部修整。

　　發動人力方面，大工程所需徒隸人數多達千乃至萬以上。《鄐君開通褒斜道》：廣漢、蜀郡、巴郡徒二千六百九十人，《李苞通閣道》對耗費人力的記載「中軍兵石木工二千人」《石門銘》「領徒一萬人，石師百人」。

　　有關耗費時間，首次開通石門所耗費時間最久，從東漢永平六年（63）至永平九年（66）四月落成，工程歷時三年之久。而復通工程，從北魏和清代兩次大規模修整來看，北魏賈三德承修起於太始四年十月十日，訖永平二年正月畢功，耗時兩年多。清代賈漢復主持復修於康熙三年九月開工，不到三月告竣。

　　工程方法、結果及道路設置、規模方面：首開石門穿隧道，具體開鑿方法用「水激火燒」。即「積薪一炬石爲坼，錘鑿既加如削腐。」修棧道則在山崖設橋閣、大橋、鋪道路、間隔設有郵亭、官寺。「橋閣六百二十三間，大橋五，爲道二百五十八里，郵亭、驛、置、徒司空、褒中縣官寺並六十四所。」這是有關棧道形制的完整記錄，也是史書上所少見的。

　　《石門頌》《李君表》有對褒斜道的修整記載，面對道路崎嶇，具體修整的方法是「解高閣」，「分置六部道橋、造作石積、或解高閣，下就平易」「解大臺就卑下」也就是把高處的「橋閣」降至與地同一水平面上，使得車馬好通行。而《石門銘》記載「填溪棧壑，砰險梁危」則是把深坑填上，高聳危險的地方鏟平。同時，在世界隧道工程史上，第一次對穿山石門隧道的具體形制、具體尺寸方面作記載，如「閣廣四丈，路廣六丈」。與北魏酈道元《水經注》記載：「褒水又東南歷小石門，門穿山通道六丈有餘」相證。而「自迴車至谷口二百餘里，連輈駢轡而進」則說明了道路的規模，長度二百餘里、可供兩輛馬車通行，可謂不世之盛舉。

　　《賈大司馬修棧記》是清代又一次大規模整修，資金來源，用集資方法「捐金募工」，不再是朝廷委派徒隸，而是由負責人自己召募，具體營造方法是「修險碥凡五千二百有奇，險石路凡二萬三千八十九丈有奇，險土路凡一千七百八十一丈有奇，修碥橋一百一十八處，計一百五十七丈」。工程主要是攻克危險路段，使道路易行。

　　由此可知在褒斜道通行的兩千年來，歷代褒斜道行經路線的變遷，以及各個時代或開通、或修整褒斜道這樣規模的工程，需要啓動什麼程序、何人負責工程，耗費多少人力、時間、資金，工人從何方招來，具體施工方法如何、規模與具體設置等等，各個方面信息皆有較完整可考的實證。在古代棧道工程史上的意義不容忽視。

（二）山河堰水利工程

　　山河堰工程是我國古代歷史上著名水利工程之一，是僅次於都江堰的水利工程。在水利工程歷史方面有重要價值。

　　經統計，山河堰在宋史當中記載比較翔實。筆者整理了宋史中屢次修建山河堰的記載，同樣可與石門石刻文獻中有關山河堰發展的一系列文獻相參證，楊絳《漢中新修堰記》閻蒼舒《重修山河堰記》、晏袤《山河堰落成記》、《山河堰賦·序》等，相互參照，可還原山河堰這一重要水利工程在宋代的

工程修築歷史。

表3.5 石門史料與史書記載串聯之山河堰水利工程修建歷史〔註62〕

修堰時間	人物	宋史記載經過	石門石刻文獻記載
1、紹興七、八年（1137、1138）	吳玠	《宋史·吳玠傳》：「七年，玠與敵對壘且十年，常苦遠餉勞民，屢汰冗員，節浮費，益治屯田，歲收至十萬斛，又調戍兵，命梁、洋守將治褒城廢堰，民知灌漑可恃，願歸業者數萬家。」補充嘉祐三年：《宋史·河渠志五》：「嘉祐中，提舉常平史炤奏上堰法，獲降敕書，刻石堰上。」	修堰起因：閻蒼舒《重修山河堰記》紹興三年（1133）漢中被兵，民多驚擾，而堰事荒矣。 廢棄：由漢訖今，維梁爲巨鎮，世宿重兵，取足南畝，稅事宜力。國朝有山河軍，嘉祐三年，提舉常平史炤謂游手擾人，罷之，歲用食水，民計畝出工。
2、紹興二十二年（1152）	楊庚	《宋史·河渠志五》：紹興二十二年，利州東路帥臣楊庚奏謂：「若全資水戶修理，農忙之時，恐致重困。欲過夏月，於見屯將兵內差不入隊人，並力修治，庶幾便民。」	無
3、不詳	楊政	《宋史·楊政傳》：「政守漢中十八年，六堰久壞，失灌漑之利，政爲修復。漢江水決爲害，政築長堤捍之，凡利於民者不敢以軍旅廢。」	無
4、乾道二年（1166）	吳璘	《宋史·吳璘傳》：「璘至漢中，修復褒城古堰，漑田數千頃，民甚便之。」	楊絳《漢中新修堰記》乾道元年，四川宣撫使判興州吳公朝行在所上寵嘉之。□拜上□□爵眞王，仍以奉國節旄移鎮漢中。……明年（乾道二年）春，農務□□□，公□□□□內漑浸之源□□者，無若漢□國曹公山河堰，導褒水□□□木石，□□而疏

〔註62〕 表摘錄參考之一，脫脫等，宋史〔M〕，北京：中華書局，1977.參考之二，郭榮章，石門石刻大全〔M〕，西安：三秦出版社，2001.以及本人根據現存原石校對記錄。

			□□□而西者，□注於襃城之野，行於東南者，悉歸南鄭之區。其下支分派別□□□□□□田疇之渠，百姓饗其利。惟時二邑久□怠作，每歲鳩工度財以鉅萬計，□□□□□□狡獪者贏其材，僥倖者奮其工□以異時小夫賤隸染污習熟□丁□□□□為奸，以故無告蒙害，澤不下究。公□然念之，銳意改作，與提典刑獄兼常平使者祕閣張公商榷利病，先事設備，皆詣堰所。擊鮮格神，涓日起役。畚鍤如雲，萬指齊作。乃檄通判軍府事史俾總督之，僅兩浹日斷手。凡用工若材昡曩為省，而□捌護□之堤又數百丈。祁會邑宰宣勞殫力，往來其間，申畫畔岸，以杜紛爭，檢校精□以□勤惰。如公指麾，人自知畏，不□而辦……（文見表 1.5）
5 乾道七年（1171）	吳拱	《宋史‧河渠志》：「中興以來，戶口凋疏，堰事荒廢。累會修葺，旋即決壞，（乾道）七年，遂委御前諸軍統制吳拱經理，發卒萬人助役，盡修六堰，濬大小渠六十五里，復見古蹟，並用水工準法修定，凡溉南鄭、襃城田二十三萬餘畝。昔之瘠薄，今為膏腴。四川宣撫王炎表稱拱宣力最多，詔書襃美焉。」	閻蒼舒《重修山河堰記》乾道五年，上命參知政事相臺王公宣撫四川。明年，移府漢中。一日，行堰上，顧視慨然，乃命知興元府利州路安撫使御前諸軍都統治吳侯拱商度之。圖以獻日：謹酌民言，堰敗，當自外增二垠；渠埑，當競力通之。異時野水衝激，當濬以新港出水槽，俾不為渠病。顧規模宏深，非常歲比乞用，紹興累降旨，發工徒，出官幣修之，冬十月，公命大出後府錢幣，募兵市財積岸躋山。明年（乾道七年）春正月丁酉，厥役告成。合六堰，袤一百（千）二里，五十步外，增修二垠。皆精堅，可永勿壞。
6、淳熙九年（1182）	張堅	《京口耆舊傳》「堅在興元，教閱義士，勸課農桑，夏六月，三堰壞，堅自督役，三堰俱復。」	無

7、紹熙五年（1194）	章森主盟、晏袤實辦	無	《山河堰賦・序》紹熙四稔，工役不便，夏潦暴漲，六堰盡決，田疇幾荒，民用戰粟。常平使者張史君、司漢郡范公，顧瞻吁嗟克廣德心，捐錢千萬，助民輸木。勸農史者連帥關學，侍郎廣漢章公實主盟之。集材於癸丑之冬，明年春，大役工徒，日以萬計。畚鋪運斤，如列行陣。進退作止，枹鼓相應，皆有準繩，桁梁，數以千萬輩。作於仲春之乙未，告成於三月之申子。南鄭令臨淄晏袤實司是職。《山河堰落成記》（文見表1.2）

　　如此相互參照，宏觀方面，可見南宋山河堰數次修建，石門石刻文獻中記載工程具體過程以及當時的現實局勢。

　　表中可以清晰地看到，將石門文獻與宋史相對應，可連成一個完整的南宋時期山河堰發展脈絡，南宋時期山河堰一共修了七次，平均七至十年有一次大修。

　　其中，第一、四、五次是石門文獻中記載的，可與宋史記載相參照，主要起到互證和補充細節的作用。而第七次修堰，紹熙五年（1194）宋史中沒有記載，在石門文獻中有重點記載。修堰的實際主力承辦者，爲時任南鄭縣令的金石學家晏袤，其在石門石刻群活動頻繁，因此，以石刻文獻形式詳細記錄了這次史書未記載的修堰工程。

　　由此可以看出山河堰工程在南宋的重要作用，尤其是在宋金戰爭中的地位，山河堰的屢次主修者見史書記載，多由前線將領、官員所組成，因此，與抗金戰爭有密切關係，修堰是備軍糧的重大工程。石刻文獻可彌補史書未記載的修堰之具體信息。

　　有關山河堰工程的起因記載，石門閻蒼舒《山河堰記》「由漢訖今，維梁爲巨鎮，世宿重兵，取足南畝。國朝有山河軍。」《宋史》「玠與敵對壘且十年，常苦遠餉勞民，屢汰冗員，節浮費，益治屯田，歲收至十萬斛，又調戍兵，命梁、洋守將治褒城廢堰，民知灌溉可恃，願歸業者數萬家。」同時記載「刻石堰上」，二記載對應，很明顯看出當時南宋看重山河堰的原因，是爲提供宋金對峙駐紮漢中的「山河軍」軍餉。「兵馬未動，糧草先行」長期持久

對峙，顯然儲糧極為重要，長期靠外運無保障，就地取材自力更生方為上策。

有關主修人物，多為前線抗金將領，如吳氏家族數代為抗金將領，在統兵漢中期間都先後興修山河堰水利，由吳玠發端（第一次）、吳璘改進（第四次），吳拱繼承（第五次）。中間第二次（紹興二十二年（1152））主修人是楊庚，為「利州東路主帥」，第三次主修人楊政也是鎮守漢中的將領「政守漢中十八年」。第七次章森是太守、晏袤是南鄭縣令。興修水利工程，多採取官員之間互相協作，比如第四次由吳璘為主，提點刑兼常平使者秘閣張公輔助。第五次由王炎與吳拱合作，「委知興元府吳拱修復，發卒萬人助役」「參知政事相臺王公宣撫四川。明年，移府漢中。一日，行堰上，顧視慨然，乃命知興元府利州路安撫使御前諸軍都統治吳侯拱商度之。」第七次由「勸農使者連帥閣學侍郎廣漢章公實主盟之」「南鄭令臨淄晏袤實司是職」。官民協作修堰「令民計畝出工，官董其役」。

有關工程過程微觀方面，石門文獻主要是對幾次大修重點記載，彌補細節。

有關第四次吳璘主持，楊絳為之記的修堰活動，吳璘乾道二年修復山河堰後，乾道三年五月去世，這也是他在抗金前線任上最後一件重大功績。重點是對宋史中簡略記載「璘至漢中，修復褒城古堰，溉田數千頃，民甚便之。」之補充，細述修堰的經過細節，以及具體施工過程的困難。具體修堰方式，採取軍民協作同修的方式。不法之徒卻還剋剝偷工從中漁利，為此吳璘與秘閣張公商榷利病，命通判史祁總督其事，以速事功。參與人數「以工計者又十萬有奇。」修堰規模「增護岸之堤數百丈」、成果擴大灌溉面積「水利至是能溉三萬餘畝」。

接著其弟吳拱主持第五次修堰，閻蒼舒為之作記，同樣補充了合六堰、袤一仟二佰里、五十步外，增修二垾等工程細節。以及「乾道五年…明年（乾道七年）春正月丁酉，役成」耗時兩年的工期。

第七次修堰是史書中沒有記載的，石門文獻《山河堰落成記》《山河堰賦》等，記述了包括工期、人數規模、主盟、實幹者：「集材於癸丑（紹熙四年）之冬，明年春大役，」「作於仲春之乙末，告成於三月之申子。」人數、工徒日以萬計、「勸農使者連帥閣學侍郎廣漢章公實主盟之」「南鄭令臨淄晏袤實司是職」。主盟者、實幹者，均有詳細的記載。

由此可見，山河堰規模巨大，一次修堰耗費精力亦相當大，需官員設法

籌錢（內府、捐錢集資）、招募民眾，有時還發動駐軍參與，官員親自監督，耗費人力多達數萬，財力也不菲，所能達到的水利灌溉規模有數千萬畝，這個數字也是很驚人的，在當時確保了軍需民用。

有關此堰來源，相傳始建於漢初。比對各種資料，對其來源有蕭何說、曹參說，還有蕭、曹共同修堰說，此三種說法之依據，一是口耳相傳的掌故，二是圖經，三是碑記所述。可惜圖經已失傳，《宋史・河渠志》則謂：「興元府山河堰灌溉甚廣，世傳為漢蕭何所作。」〔註63〕南宋楊絳《漢中新修堰記》則說是曹參，「其大者無如漢相國曹公山河堰」。晏袤作《山河堰賦》，其賦序亦謂「漢相國懿侯（曹參諡號）所肇創」，都說山河堰的創建者是曹參。而同時的閻蒼舒，則提出了蕭何、曹參共修之說，「安知三堰之興不出於二公乎？」二公即蕭何、曹參。漢初劉邦曾留蕭何鎮守漢中，在後方收租給軍，及其後高祖命百姓就食蜀漢，漢中一路饋餉頻繁，以此因素認為是蕭何所修。後世方志如《續修南鄭縣志》則載「漢相國蕭何所築，曹參落成之」。這也許由於史書所載「蕭規曹隨」的美談而附會，這幾種說法都是宋人的推測，證據不足亦無史料記載，只能姑且認為是漢初所建，不外乎蕭曹二人，故而山河堰又稱為蕭何堰、蕭曹堰。

石刻題名史料價值甚高，足資考鏡南宋圍繞漢中山河堰的名將、官員、文人、名流的軼事細節，可補正史與地方史之缺漏。除了印證其主要活動外，還反映了正史所不能表現的多個側面，即交遊經歷、日常視堰、祈福、遊覽活動，為研究人物在正史之外的各類活動的多方面細節提供了可貴的資料。

官員多次在視察維修山河堰時，遊覽石門景區，如鮮于申之等《南宋嘉定題名》：「祝堰山河，沂褒水，登石門。」石邵等《南宋淳熙題名》：「以董堰復徠同登」。王還嗣等《南宋慶元題名》：「因修堰事來遊」。張元翊等《北宋崇寧題名》：「窮谿壑之勝，刻玉盆之陽。」李彥粹等《南宋建炎題名》：「河南李彥粹遊石門，登玉盆。」抗金將領安丙，戎馬生涯難得的閒適記錄《南宋安丙遊石門》：「凌晨走馬過花村，先玩玉盆到石門。……〔註64〕」南鄭縣令晏袤在石門景區禱雨，為民祈福。如《南宋淳熙題名》：晏德廣（晏袤）等「師命禱雨升潭」，「以禱雨艤舟玉盆側」〔註65〕，都是當時文人在正史之外

〔註63〕脫脫等，宋史卷九十五志第四十八河渠五〔M〕，北京：中華書局，1977.2377。
〔註64〕郭榮章，石門石刻大全〔M〕，西安：三秦出版社，2001.87。
〔註65〕郭榮章，石門石刻大全〔M〕，西安：三秦出版社，2001.107。

活動的真實寫照。

　　石門文獻還反映出宋人保護石門石刻，傳承石門文化的文化氛圍，以晏
袤的《鄐君開通褒斜道摩崖釋文》為代表，刻石考釋漢代石刻，提醒世人保
護之。還對一些石刻建亭保護，如《寶慶題名》：「『袞雪』舊有亭，須復規度
云。」在「袞雪」上修建亭子防止其被風化，可見當時對石刻文化的重視。
南宋已將山河堰的修建與石門石刻的增長、保護、景區文化旅遊等聯繫在一
起。將石門景區作為宋代漢中的文化旅遊勝地，文人墨客題刻和留名，在一
定程度上促進了漢中文化的繁榮與發展。這些正史所不能涉及的側面，均體
現在石門文獻之中。

　　從整體來看，石門石刻文獻主題具有很強的系統關聯性，而其兼具宏觀
和微觀的視角，既可以與正史相參照，連成世代綿延的脈絡，又可彌補細節，
多方補充人物、事件、時間、經歷之完整性。無論在政治、軍事、歷史，還
是交通水利工程史上都是不可多得的史料文獻。

二、石門「公共史傳」品評人物與其他史料之比較

　　在進行歷史人物評價之時，碑文往往因刻於當時，被作為彌補後人所寫
史料的重要資料，但又因溢美隱惡屬性，被認為缺乏史書「美惡兼書」的客
觀性。不可否認，碑文固然有門生故吏隱惡溢美之嫌，然而反過來看，負責
編寫史書的史官也未必一定公心無私、秉筆直書，以其品性不等、在其裁剪
篩選資料、蓋棺評判之時，或有因個人好惡或立場不同，導致偏頗評價之情
況，另有當時紀實而受到後代統治者授意篡改，為達政治目的，「隱善揚惡」
抹黑之事也並非沒有。

　　石門石刻資料，兼具二者長處。由於其是當時所立的工程紀實性石刻文
字，具有碑文性質，使得一些在歷史上被史書「隱善揚惡」，聲名狼藉者的「善
惡大跡」有所保留。而其立於山崖，具有相當廣泛的公示性，具有「公共史
傳」的性質，又比私人墓誌之類多了客觀性，儘管也存有碑文不揚惡的特性，
但也不過分虛美誇飾。

　　以下針對一個典型例子，以同一人物在三種文獻中的記錄比對，來說明
石門摩崖保留善惡大跡，與史書、墓誌，相互參照的不同，體現其所具有的
「公共史傳」客觀的獨特性質。

　　筆者發現一位在石門文獻、私人墓誌、史書中均有記載的人物——北魏

泰山羊祉。羊祉在石門文獻《石門銘》中記載，因奏請開褒斜道事蹟而成爲主要歌頌對象之一，其有一方墓誌銘，即 1964 年出土於山東省新泰縣天寶鎮的《羊祉墓誌銘》，而在史書《魏書卷八九》之中對其也有「列傳」記載（《酷吏・羊祉傳》）〔註 66〕。然而令人驚訝的是，針對同一個人物的生平事蹟，在這三種文獻中呈現出相當不同甚至截然相反的形象和天壤之差的評價。

有關羊祉在復通石門這一段歷史中的功績的各類資料記載：

表 3.6　有關《石門銘》《魏書》《羊祉墓誌銘》對羊祉評價之比較

魏書卷八九・酷吏羊祉傳	石門銘	羊祉墓誌銘
四年，持節爲梁州軍司，討叛氐。正始二年，王師伐蜀，以祉假節、龍驤將軍、益州刺史，出劍閣而還。又以本將軍爲秦梁二州刺史，加征虜將軍。天性酷忍，又不清潔。坐掠人爲奴婢，爲御史中尉王顯所彈免。 祉志性急酷，所在過威，布德罕聞，暴聲屢發……好慕名利，頗爲深文，所經之處，人號天狗下。及出將臨州，並無恩潤，兵民患其嚴虐焉。	皇魏正始元年，漢中獻地，褒斜始開。至於門北一里西上鑿山爲道，峭岨盤迂，九折無以加，經途巨礙，行者苦之。梁秦初附，實伋才賢，朝難其人，褒簡良牧。三年，詔假節龍驤將軍督梁秦諸軍事梁秦二州刺史泰山羊祉，建旗嶓漾，撫境綏邊，蓋有叔子之風焉。以天險難升，轉輸難阻，表求自迴車已南開創舊路，釋負擔之勞，就方軌之逸。詔遣左校令賈三德，領徒一萬餘，石師百人，共成就其事。	華陽獻地，巴劍□門，西南岷庶，萬里投款。□□望成舊□朝有聞，詔徵持節、龍驤將軍、益州刺史，□□□督梁秦二州諸軍事、梁秦二州刺史，持節、將軍如故。公威惠素流，下車騰詠，肅乃建□□禮歸□□□開教決□□□，□役必時，官民兼督，於是開石門於遂古，關棧道於荒途。歲物絹□，□窮□國，恢吳綏蜀，繈負聚，不□□□□□其爲□可以圖身慮化□□□眾者矣。尋轉征虜將軍。」「……石門之固，歷代長阻，有德斯開，仁亡還擬。□路層嶠，通衢架渚，一敷善化，□庠載序……」

明顯看到，在對石門復通的功績方面，《魏書》記載羊祉在這段時間的生平經歷時，沒有記載有關其對於復開石門的貢獻，「四年，持節爲梁州軍司，討叛氐。」「正始二年，王師伐蜀，以祉假節、龍驤將軍、益州刺史，出劍閣而還。」「以本將軍爲秦梁二州刺史，加征虜將軍」，列述官職而無功績。而參照《石門銘》和《墓誌銘》，可知其奏請復開石門正是在「龍驤將軍」「秦梁二州刺史」期間，但史書對此未提，只記載了其「天性酷忍，又不清潔。

〔註 66〕魏收，魏書卷八十九列傳第七十七酷吏羊祉〔M〕，北京：中華書局，1974.1923～1924。

坐掠入爲奴婢，爲御史中尉王顯所彈免。」因罪被罷免的事實。仔細查閱，石門這項重大工程被列在《帝王本紀》中。顯然，羊祉奏請復開功績被史書略去。

　　而《羊祉墓誌銘》則正好相反，將石門工程作爲羊祉生平最重要功績之一，首先對其受擁戴程度進行了一番生動的渲染「威惠素流，下車騰詠」。接著將開石門之功完全歸爲羊祉所有，大贊其「役必時，官民兼督、開石門於遂古，闢棧道於荒途。」不但親自監督工程，通過述「開石門」「闢棧道」六字，似乎暗指石門由其所「開」、棧道由其所「闢」。同時最後在銘文中進一步對此功績加以發揮，「石門之固，歷代長阻，有德斯開，仁亡還擬。」指出石門之開通正是由於其道德高尚的緣故，更進一步確認羊祉對石門之功績。

　　《墓誌銘》呈現出與《魏書》截然相反的局面，魏書中不見羊祉對石門功績，而《羊祉墓誌銘》將石門開通之功歸爲羊祉一人。到底哪一個是眞相，哪一種文獻記載可信？復通石門究竟和羊祉有無關聯，是史書未記載，還是墓誌無中生有誇大其詞？

　　刻於石門原地的記功文獻《石門銘》正可提供一種參照。結合《石門銘》記載可以看出，石門功績與羊祉，既不是全無關聯，也不能完全歸屬。《魏書》和《羊祉墓誌銘》均只各持一面。

　　首先，羊祉對於石門確實有貢獻，有功在於，復通石門之事是其任「龍驤將軍、梁秦二州刺史」，督梁秦軍事的時候爲保證地方安定而首倡「奏請」的，這一點《石門銘》和《羊祉墓誌銘》記載是一致的，而《魏書》未載。

　　其二，《墓誌銘》帶有一定程度的「虛美」，誇大其貢獻。復通石門並非羊祉一個人的功德，是由羊祉奏請，朝廷批准之後特派左校令賈三德主持工程，與其「共成其事」。前已論及，這項褒斜開通工程歷代地方官員均無權決策實施，必須由官員提出，廷議後朝廷決策，然後帝王「下詔」派人負責，調發徒隸具體實施。所以整個程序分「倡議」和「實施」兩個環節，這兩環節的功勞是不同的。在《鄐君開通褒斜道》《石門頌》裏可以找到類似褒斜道石門開通程序的記載，《鄐君開通褒斜道》太守鉅鹿鄐君是負責具體實施工程的「受詔開通」功勞。而《石門頌》中所讚頌的楊孟文則是向朝廷「奏請」倡議之功勞。羊祉提議覆通石門的功勞就和《石門頌》中的楊孟文相類似，屬於「奏請之功」，而《羊祉墓誌銘》將「奏請」與「實施」合二爲一，統歸羊祉所有，即把具體實施工程的現場負責人賈三德的關鍵作用隱去，二功勞

在含混中一併加美其身。

也就是說，石門復通的確和羊祉有關聯，其有為民請命的德政事實，《魏書》略去不載，隱去善跡，為表現其「酷吏」主體形象，貶抑過甚；而墓誌在事實的基礎上又有一定程度的誇大其詞，將「開石門」之功盡歸羊祉，溢美過甚。相比較而言，《石門銘》的記載就顯得如實客觀了許多。

在對於人物評判方面，也可以看到這樣的區別傾向，

《魏書》傳記中，充斥著對羊祉的惡評，以大篇幅事例記載其惡行累累，劣跡斑斑。如「性剛愎，好刑名」「天性酷忍，又不清潔」「好慕名利，頗為深文」，「侵盜公資，私營居宅」「掠人為奴婢」「軍人迷而失路。祉便斬隊副楊明達，梟首路側」……，將羊祉描述為剛愎自用，嚴苛酷烈，貪圖名利、嗜殺暴虐、屢次被彈劾論罪下獄……不折不扣的酷吏形象。無論軍中民間有口皆惡、聲名狼藉，即「所經之處，人號天狗下。及出將臨州，並無恩潤，兵民患其嚴虐焉。」「志性急酷，所在過威，布德罕聞，暴聲屢發。」其形象可謂相當污穢。有關軍事才能，也只簡錄其官職升遷，出任撫邊任務，略去勝績軍功。

而《墓誌銘》中，羊祉的形象則呈現出另外一番截然相反的風貌，品德高尚。「尋轉征虜將軍。以母老辭榮，乞及終養，手詔敦勵弗許。仲升謁還，玉門非遠，頻煩表情，久而遂□。馳軒載途，□處膝下。歲餘，朝廷興伐蜀之師，詔復徵公平南將軍、光祿大夫，秉旄戎首。抗表陳讓，不蒙哀允。□綸繼薦，相望中衢。時太夫人教曰：「□已事君，豈復存孝？□宜□之，速□□□□。」「殷勤固請，具養已成。太夫人遂勸，二弟□對王人。於是還命辭親，□徵奉主。兵未逾月，國諱班師。假途□□□□□□如故。公□履居貞，含仁體順，以孝移君」為盡孝而辭官，母親再三勸說才將此孝心報效國家。

同時，詳細記載其軍事才能卓著，用兵如神，戰功赫赫比比皆是──「威惠素流，下車騰詠」恩威並施，聞名於世，所到之處極受擁戴。「公閑具術，善於治戎。沈機偉略，制□□□。首夏發京，至秋殄賊，威□若神。」「公權行郡事，求□□□，不俟期月。先是華陽獻地，巴劍□門，西南氓庶，萬里投款。□□望成舊□朝有聞，」由此其形象「清猷方遠，邁古垂聲，其芳逾蔚。」其去世連帝王都痛切歎惋懷念，完全可以流芳百世。

而石門文獻中，《石門銘》在讚頌之時既不像《魏書》一般大書其惡，也不像《墓誌銘》大篇幅溢美讚頌，記述其「建旟幡漾，撫境綏邊，蓋有叔

子之風焉。以天嶮難升，轉輸難阻，表求自廻車已南開創舊路，釋負擔之勞，就方軌之逸。」就事論事，既無過甚溢美，亦不過分述惡。羊祉祖先羊祜，具有卓越的軍事才能且清廉有德、篤重樸實一如儒者，《石門銘》著重就羊祉軍事才能方面繼承先輩的遺風來談，贊其「蓋有叔子之風焉」。不再對其「酷忍不潔」的品性與祖先「清廉篤重」作風進行類比。另外相比《石門銘》讚頌的另一個主人公賈三德來說，對羊祉讚美篇幅略短，贊詞的熱烈度亦少、從而「隱晦」地表達傾向性。總之，《石門銘》比起墓誌讚美過甚和史書惡評如潮，顯得比較客觀公正持中。

《墓誌銘》追頌逝者羊祉，誇功溢美動機自不必論。《魏書》中對其是否貶抑過甚，有意不載其對石門的貢獻？實際上，褒斜開通作為北魏重大事件，明確記載在《帝王本記》中的《世宗宣武帝紀》，其云：「（正始四年九月）甲子，開斜谷舊道。」〔註67〕考察歷代褒斜道開通功績，皆歸屬帝王本紀，漢順帝時復通褒斜石門，亦記在《順帝本紀》中〔註68〕，但對奏請復通者楊孟文未予記載，可能是楊孟文無單獨列傳之故，而《魏書》中羊祉有單獨列傳，書中也有關於他任職梁秦刺史這段時期的活動記載，但對於其奏請復通褒斜道的功績絕口不提，筆者以為或許有更深層次的原因。

考察羊祉家世生平，推論其遭到史傳惡評和隱善揚惡待遇，與其身份背景亦有關係，羊祉出身家族十分顯赫，是南北朝時人稱「世吏二千石，九世並以清德聞」名門望族——羊氏，世代簪纓，自漢代到南北朝歷經十餘世數百年，始終興盛不衰。名臣有西晉大將軍羊祜、太僕卿羊琇等、還出過兩位皇后——晉景帝司馬師之妻景獻皇后羊徽瑜、晉惠帝皇后羊獻容，皆出自羊氏家族。家族龐大勢力強盛。《石門銘》所稱其有「羊叔子之風」的「羊叔子」即羊祜，為羊祉六世祖羊琇的從兄。

羊祉家族本仕於南齊，其父親輩才投降北朝。羊祉之父名羊規之，是南朝齊的官員，任職任城令，北魏太武帝拓跋燾伐齊之時，羊規之面臨魏軍壓境，獻城投降。因其為名門士族，故而受到北魏政權的大力籠絡，授以高官厚祿，拜為雁門太守，賜爵巨平子（屬泰山郡），羊氏這一支由此仕於北朝，後羊祉襲父爵位。

因此羊祉有雙重身份，既出身名門又是南朝降將之後，北魏政權對其採

〔註67〕魏收，魏書卷八世宗紀第八〔M〕，北京：中華書局，1974.204。
〔註68〕范曄，後漢書卷六順帝紀〔M〕，北京：中華書局，1999.168。

取既籠絡重用又防範壓制的態度。羊祉被派去防禦南朝第一線，其本人也沒有完全融入北方政權，視北魏爲「異域」，「常謂諸子曰：人生安可久淹異域，汝等可歸奉東朝。」〔註69〕沒有很強的認同感和歸屬感，有身在北魏，心向南朝的思想傾向，《梁書·羊侃傳》也記載其一直都有著「南歸之志」，之後雖然他本人沒有叛變，可是其子羊侃卻繼承其志叛魏投梁。其二子羊深在爲北魏分裂爲東、西二魏之時，又站在了後來編寫魏書的東魏的對立面，支持西魏孝武帝，在兗州「據城爲應」〔註70〕（《北史·樊子鵠傳》），並在天平二年（536年）與東魏軍交戰的泰山商王屯之役中被殺。「東魏軍討破之，斬於陣。」〔註71〕（《北史·羊深傳》）因此在編寫史書《魏書》時，反覆無常的羊祉家族被北魏統治者以叛變的亂臣賊子來看待，羊祉遭到這種隱善揚惡待遇也就不足爲奇了。

　　此外，《魏書》公允性歷來有所爭議，作者魏收史品曾爲人所詬病。「勒成魏籍，追蹤班、馬，婉而有則，繁而不蕪，持論序言，鉤深致遠。但意存實錄，好抵陰私，至於親故之家，一無所說，不平之議，見於斯矣。」「人稱其才而薄其行」〔註72〕（《北史·魏收傳》），其曾經明目張膽的放言誇耀自己著史有「舉之則使上天，按之當使入地」之權，將個人恩怨存入史書，以美言作爲人情，爲答謝朋友陽修之，「無以謝德，當爲卿作佳傳。」將以貪虐著稱的楊愔之父親陽固，贊爲「甚有惠政」之賢臣，顯然不是治史應有的公允態度。此外，還有收受賄賂在書中「減其惡而增其善」之舉，當時即有百餘貴族子弟投訴其「史不直書」，譏其所寫《魏書》爲「穢史」。史品顯然與董狐之類的秉筆直書口碑相差甚遠。因此他「博總斟酌」過程中，利用取捨篩選史料之便，對於羊祉有一定程度的「隱善揚惡」，是有可能的。

　　參照其他史料來看，也可見參證這種曲筆傾向。《羊祉傳》不書羊祉的石門政績，對羊祉其他各方面才能也有貶低的跡象，如對其軍事才能，《羊祉傳》就在記載其官職經歷時隱去其勝利戰績。敘其在梁益作戰時僅載「出劍閣而還」，記載「四年，持節爲梁州軍司，討叛氐」，對於戰事結果不予書明。而參照《魏書·世宗紀》《梁書》這些正好都是其爲北魏立功的勝仗。《魏書世

〔註69〕姚思廉，梁書卷三十九列傳三十三羊侃傳〔M〕，北京：中華書局，1973.557。

〔註70〕李延壽，北史卷四十九列傳三十七樊子鵠傳〔M〕，北京：中華書局，1974.1793。

〔註71〕李延壽，北史卷三十九列傳二十七羊深傳〔M〕，北京：中華書局，1974.1434。

〔註72〕李延壽，北史卷五十六列傳四十四魏收傳〔M〕，北京：中華書局，1974.2048.2027.2031。

宗紀》篇記載「（景明）四年春正月乙亥，梁州氐楊會反，詔行梁州事楊椿、左將軍羊祉討之……五月甲戌，楊椿、羊祉大破反氐，斬首數千級。」〔註73〕。《梁書》亦記載其子羊侃「弱冠隨父在梁州立功」〔註74〕可見其戰功卓著，否則也不會屢次派去征討，負責最艱難的禦邊軍事，而《羊祉傳》對其戰況結果一律略去不提，如果說褒斜復通之功歷來歸屬於帝王本紀，不書於羊祉名下尚可理解，然將這些個人戰績隱去，似有意爲之。

此外評價其全無德政，「出將臨州，並無恩潤，兵民患其嚴虐」，「所經之處，人號天狗下」，但同時提到官員爲其爭請諡號的時候，言其「仗節撫藩，邊隅識德」「委捍西南，邊隅靖遏」，《石門銘》亦評價其「建轉蟠漾，撫境綏邊，蓋有叔子之風」，二者相參照，撫邊的卓有成效，並不是一味暴虐慘酷倒行逆施所能做到的。所謂「全無恩潤」實有貶抑過甚之嫌。

另外值得注意的是，從《石門銘》公示石刻的文句留存中，也可窺得一點與史書所載其好慕名利、殘忍暴虐相反的傾向，其號爲「好慕名利」的酷吏，卻能不專美攬功，容忍其屬吏梁秦典簽王遠，在頌揚其本人功績的同時，以更大篇幅的筆墨頌美合作者，即「共成其事」的工程負責人賈三德，似亦從另一側面說明羊祉並非全無容人之量。

因此筆者以爲，史上名列酷吏者也不是一無可取。既有嗜殺成性者，也有不避權威、手段嚴厲而卓有成效之人，故對羊祉評價當一分爲二。一方面不可否認其爲人性情剛烈，殘厲嚴苛，這一點連專事溢美的羊祉墓誌裏，都沒有對其性情仁德惠愛的讚頌，但言其「威嚴若神」，顯然並非和善可親之人。北魏官吏貪污，擄掠成風，其亦不能獨清於世，循時風同流合污。范文瀾《中國通史簡編》言北魏朝堂之亂象叢生「文武百官擄掠貪污爲正當生活。擄掠人口尤爲武官致富的手段…」因此魏書所收錄羊祉在梁秦官任上存有「侵盜公資」「掠人爲奴」之類惡行，被御史彈劾罷官，應當也非誣陷。這是其「無德」「惡」之面。

另一方面，羊祉有著相當突出的能力。軍事才能卓著，作風剛猛強悍、不畏艱險不避死難，敢爲善斷，頗有霹靂手段，《北史》評價其有「剛酷之風，得死爲幸。」「不憚強御，朝廷以爲剛斷」《石門銘》所言「蓋有叔子之風」，撫境綏邊，是有著突出貢獻的，震懾強敵，單施仁政遠遠不夠，或必採用非

〔註73〕魏收，魏書卷八世宗紀第八〔M〕，北京：中華書局，1974.195～196。
〔註74〕姚思廉，梁書卷三十九列傳第三十三羊侃傳〔M〕，北京：中華書局，1973.557。

常手段，所謂「亂世須用重典」。這也不完全等同於倒行逆施、草菅人命、刑名構陷的酷吏。而其以敏銳眼光，鎮撫梁秦時看到褒斜道對於經濟政治軍事的重要性，奏請重開褒斜道，復通石門的政績，既對軍事制控有利，也在客觀上造福於民，是值得肯定的。

由此，在對羊祉其人的歷史評價方面，史書《魏書》為了讓其坐實酷吏之名，有貶抑過甚之嫌，《墓誌銘》為讚頌，在事實基礎上又有溢美誇詞之弊，而摩崖《石門銘》對其軍事才能及戰略眼光的贊詞評價較為客觀，隱惡而不虛美。在石門功績方面，《魏書》對其石門功績「美行」隱而不書，而《墓誌銘》之立場與視角則專擇其「善面」之嘉行懿範並加以誇飾放大。

《石門銘》之公示性和紀實性，使其善惡大跡不因史書貶抑而埋沒於世，也匡正其在墓誌中輕掠他人之美的誇大之詞。有紀實性、客觀性的史料性質。

與羊祉情況類似的還有清代負責修建連雲棧道、攻克觀音碥天險的賈漢復。在主流正史中，他被列在清高宗命人編纂的《貳臣傳》裏，無疑定格在大節有虧的恥辱柱上，作為降清之臣，甚有裏外不是人的尷尬。在《貳臣傳》有關傳記中，隻字不提他主修連雲棧道的功績，將其「美」剔除掉了。石門文獻《賈大司馬修棧記》及詩文中保留著他主持連雲棧道的記載，剔除掉詩文中溢美之詞，也可看出史實——賈漢復雖身為貳臣，對於棧道實際工程的貢獻也是功不可沒的。

史傳為達貶之目的而隱善揚惡，墓誌為達頌之目而隱惡揚善。石門文獻雖略有隱惡，亦以分量之偏重表達偏好，但不隱善惡大跡。而在如實記述其功德方面，又較為客觀。對於一些聲名狼藉的蓋棺定論者，或許可見其善的另一側面。由此可見，石門石刻資料的客觀紀實屬性。

綜上所述，石門石刻文獻的史料價值，獨具兩點特質，其自身可連成一部系統性極強、延續性極深的有關地區歷史的宏大史傳。其宏觀性的視角可參證正史，而其微觀細節視角，詳實記載人與事，也從多方面彌補正史之缺憾。

而其作為公共史傳所具有的不掩善惡大跡的紀實性，展示出被史實所掩蓋的人物與事件的多個側面，以客觀、持中的評價，對歷史人物的公允評判有所裨益。因此，石門石刻文獻具有極為珍貴的史料價值。

第四節　蜀道母題與石門文本的審美張力

　　漢中石門摩崖石刻群是以山石為載體，以文字為主體的石刻文獻，其在中國書刻藝術史上地位頗高，若以文學視角觀照，價值亦不菲，其石刻文本隸屬於「蜀道文學」母題，因作者多為蜀道功業的親歷者，較之其他「蜀道文學」，有著獨特的宏大格局和深沉的情感體驗，本節選取石門石刻文本中極具典型性的「艱險」與「征服」、「豪情」與「憂患」、「消逝」與「永恆」三組精神對峙與平衡的矛盾運動，逐層分析探尋石門石刻文本的情感模式與審美張力，體味諸矛盾因素在對抗與化解中所形成的心理落差與平衡，從而體悟石刻文本與其他「蜀道文學」相異的審美體驗和自成一格的文學魅力。

　　歷史上蜀道為西部重要交通樞紐，以崎嶇艱險聞名於世，蜀道之難，難於上青天，令往來行者膽寒；蜀道又是多次重大戰爭的發生地，有著重要的政治軍事地位。先秦至明清，文人墨客履行蜀道，反覆吟詠渲染，留下不少有關蜀道的詩詞、歌賦、散文，由此逐漸形成以蜀道為題材的「蜀道文學」，成為文學史上一個重要母題。

　　每一個文學母題，都有相對固定的詠誦主題和情感模式，隱含普遍性的思想情感方式。蜀道母題情感模式，主要是經行蜀道者留下的關於蜀道艱險的驚歎和對豐富悠久歷史的懷想。因此歷代吟詠多集中在「蜀道之難」和「詠史懷古」這兩個主題。

　　石門文本對這兩種情感同樣有所表現，所不同在於，其人物多與蜀道主動脈褒斜道工程有緊密關係，有的甚至是親自參與蜀道建設、或駐紮在蜀道地區建功立業掌握實權的官員，比起單純的遊覽者多了深入自然、工程現場的能動性和獨特的情感體驗，其感慨更為豪邁、複雜和深沉。此外還因石門石刻聚集地獨有的場域特性，也自然產生異於其他蜀道詩的情感模式。文本內部充滿著力的對峙與平衡、矛盾的衝突與化解的運動，使得石門文本成為蜀道文學中最具「張力」美感的群體之一。物理學上的張力，即內部存有相互牽引力，反向拉鋸，力在對峙中形成平衡。探尋石門文本的美學張力，即體味其文本在諸矛盾因素的對抗與化解中形成的心理落差與平衡，感悟其與其他蜀道文本相異的新奇審美體驗和自成一格的魅力。

一、蜀道之「艱險」與開拓者無畏之「征服」

　　蜀道崎嶇難行聞名於世，歷代蜀道文學，多吟詠蜀道之難，「難」幾乎成

爲蜀道文學的典型符號標籤，由「難」而生「畏道」的情感模式。以《蜀道難》爲典型代表，由行路之難更引申出人生之艱難。

　　然而追溯蜀道「難」之形成過程，便可發現其源生之初，並不只是具有「難」「畏」一種情感模式，與「難」共生的是極端強烈的征服欲望，《史記》《華陽國志》和《蜀王本紀》對蜀地的最初記載，可算是秦與蜀從隔絕狀態開始最初的溝通，從中可窺得蜀道在文史材料中初始意象，《蜀王本紀》載：

　　　　秦惠王時，蜀王不降秦，秦亦無道出於蜀。蜀王從萬餘人，東獵褒谷，卒見秦惠王。秦王以金一笥遺蜀王，蜀王報以禮物，禮物盡化爲土。秦王大怒，臣下皆再拜，賀曰：「土者，地也，秦當得蜀矣。」「秦惠王欲伐蜀，乃刻五石牛，置金其後。蜀人見之，以爲牛能大便金。牛下有養卒，以爲此天牛也，能便金。蜀王以爲然，即發卒千人，使五丁力士拖牛成道，致三枚於成都。秦得道通，石牛力也。〔註75〕

　　一方面，蜀道隔絕，路途不通且充滿艱險的神秘色彩，的確是以「難」爲主要特徵。而另一方面，無論是秦國臣下「獻土讓地」、「秦當得蜀」的預言，還是秦王不斷施計欲通蜀道得蜀之地，並且最終成功「棧道千里，通於蜀漢」〔註76〕。都可看出蜀道最初的「難」激發出的並非是「退縮之心」，「畏道」背後伴隨著極強烈的開拓「征服」之欲望。由此可見，蜀道意象產生之初，就同時兼有「難」之因素和「克難」「征服」的嚮往。司馬遷《史記》所載的漢武帝開蜀道褒斜道之情形，「發數萬人，作褒斜道五百餘里，道果便近。」〔註77〕同樣是一種艱難中帶有征服感的意象。而從南朝樂府詩開始，將「蜀道難」作爲一個固定樂府曲牌名，才專門以此歌詠蜀道之艱辛、旅路之兇險。南朝梁陰鏗《蜀道難》親歷九轉迂迴蜀道之艱險，更進一步將行路之難推及人生道路之難。發出「蜀道難如此，功名詎可要」〔註78〕之歎。經此之後，「蜀道」越發定格成爲一種普遍認同的以「艱難」爲意象的文化符號，滋生對蜀道艱險「畏道」的情感色彩，並以「行路難」映像出人生宦海之難。此後歷

〔註75〕揚雄，蜀王本紀〔M〕//嚴可均，全漢文卷五十三，北京：中華書局，1982.540～541。

〔註76〕司馬遷，史記卷七十九·范雎蔡澤列傳〔M〕，北京：中華書局，1959.2423。

〔註77〕司馬遷，史記卷二十九·河渠書第七〔M〕，北京：中華書局，1959.1411。

〔註78〕陰鏗，蜀道難〔M〕//郭茂倩，樂府詩集，北京：中華書局，1979.591。

代蜀道即與「驚險、悲愁」掛鉤，最著名的要數唐代詩人李白的《蜀道難》，對猶如神造天險的驚歎敬畏。後世亦有反其道而行，轉向另一個符號「易」，以行旅者見道之平易，不如傳說中可怕猙獰，或抒發某種政治態度和心情，出現以「蜀道易，易於履平地」對「難」的逆反，但也是在認同「難」之符號基礎上的解構。

石門石刻文本中，體現出與「艱難畏道」不同的情感模式，獨具「難與易、險與平」共構的張力──由難到易，化險爲夷。這是對蜀道符號原生之初「克難」「征服」情感模式的一種繼承延續和極致的發揮。其不以現實的平易來解構蜀道之「難」，而注重體現「昔難」而「今易」，化險爲夷、轉危爲安的轉化過程。通過遇險──克險，將「極難」──「極易」這兩極截然相反的狀態直接呈現，凸顯出轉危爲安的艱難歷程，以強烈落差感，表現出帶有極具征服感的審美體驗。這是石門石刻文本中非常典型、統一的情感傾向。尤以漢魏時代頌、銘和清代棧道詩爲代表。不管是紀實性的工程記錄，還是頌美銘賦，抑或遊記、詩歌、都體現出這種情感模式。

原本自然越險，阻力越大，越顯出人力之強。正因爲要體現「克難」，故絕不諱言其難而輕言其易，反而用更強的筆墨渲染出先前之難。

如東漢摩崖頌體名篇《石門頌》最具華采式的鋪排，就是極盡描寫褒斜道之難「平阿淖泥，常蔭鮮晏。木石距相，利磨確磐。臨危槍碣，履尾心寒。空輿輕騎，滯礙弗前。惡蟲弊狩，蛇蛭毒蟎。未秋截霜，嫁苗夭殘。終年不登，匱餒之患。卑者楚惡，尊者弗安。愁苦之難，焉可具言」而之後峰迴路轉，「『功飭爾要，敞而晏平。清涼調和，烝烝艾寧』『行者欣然焉』」〔註79〕。呈現征服之後的安寧。

北魏石刻《石門銘》同樣先是極言其險，「『自晉氏南遷，斯路廢矣。其崖岸崩淪，澗閣埋褫』『天險難升，轉輸難阻』『攀蘿捫葛，然後可至』」。橋閣坍塌，道路崩壞，需順藤蔓攀爬之險情，然後極言工程完成後其通行之易，「於是畜產鹽鐵之利，紈錦罽氈之饒，充牣川內。四民富實，百姓息肩，壯矣。」，極富文學色彩的韻文結尾更以「穹隆高閣，有車轔轔。威夷石道，駟牡其駰。千載絕軌，百輛更新」白描出新路駟馬軒車如履平地的盛況。

同理還有清代宋琬《棧道平歌》、梁清寬《賈大司馬修棧道歌》，都體現

〔註79〕郭榮章，石門石刻大全〔M〕，西安：三秦出版社，2001.28～118.（文中石門頌＼石門銘等石門文皆出自此）。

出這種先抑後揚，先難後易的行文模式，以及對比強烈的藝術手法。總之，在石門文本中，渲染山河之險，是爲了反襯人力之強；極言蜀道之難，是爲了凸顯功業之盛。抑揚難易之間轉變形成巨大的心理落差的體驗。

而相比於「蜀道難」情感模式中的「畏道」「愁悲」規勸基調，石門文本中對蜀道的態度卻體現出一種「無畏」、自得的豪情快感。

歷代「蜀道文學」中還有對後來者進行規勸告誡之語，也是「蜀道難」主題的常見基調。如西晉張載《劍閣銘》中，有「一人荷戟，萬夫趑趄，形勝之地，匪親勿居」〔註80〕之句，李白的名篇《蜀道難》，充滿浪漫奇絕的豪情，但如果去掉描寫蜀道難的裝飾性文字，將留下表達實際意思的主幹的句子連起來爲「『蜀道之難，難於上青天！』『問君西遊何時還？畏途巉岩不可攀。』『其險也如此，嗟爾遠道之人，胡爲乎來哉！』『使人聽此凋朱顏！』」最後提出規勸「錦城雖云樂，不如早還家」〔註81〕，雖然辭藻氣勢充沛，形式大膽，不過仍然屬於「畏道」情感模式。杜甫更是以過來人身份語重心長的勸說「寄語北來人，後來莫匆匆！」〔註82〕總之，行進蜀道的詩人筆下的詩文皆有類似「勸退」的態度。勸後來者慎重，不要再輕易涉足險絕的蜀道。

而在石門石刻文本中所呈現的，卻完全是截然相反的態度，在一番攻堅克險之後，以一種勝利者的無畏姿態，自豪展示道路之平易，不管是紀實性的工程「益州東至京師，去就安穩」（大開通），還是歌頌性的「功飭爾要，敞而晏平。清涼調和，烝烝艾寧」（石門頌）還是引經據典的「王生履之，可無臨深之歎；葛氏若存，幸息木牛之勞」（石門銘），都是在昭示後來者，大可不必再有「畏道」之歎，儘管來遊暢通無阻，糧食轉輸也不必再勞動諸葛亮發明的木牛流馬，已經能容車駕如履平地，前人所畏懼面臨的難事已經被克服。一股開張、無畏的氣勢，一覽眾山小的征服者心態。

聯繫石門石刻眾文本之間即可發現，這種征服並不是一勞永逸，而是一種持續對抗。由艱難險阻變爲來去安寧的坦途之後，很快又面臨著新的危機，不是被自然災害再度毀壞，就是戰亂恃險割據，人爲製造困難險阻，這便需

〔註80〕張載，劍閣銘〔M〕//蕭統編，李善注，文選卷五十六，上海：上海古籍出版社，1986.2410。

〔註81〕李白，蜀道難〔M〕//湯高才編輯，唐詩鑒賞辭典，上海：上海辭書出版社，1983.215。

〔註82〕杜甫，泥功山〔M〕//張式銘，李白杜甫詩全集三，北京：北京燕山出版社，1995.47。

後來者再度征服，形成不斷遇險——克難——征服，再遇險——再克難——再征服的反覆拉鋸過程，構成循環不斷的張力。而無論如何遇險，石門石刻文本都是以克服、征服爲最終情感指向。對比面對歷代棧道屢毀之態度，陰鏗因「高岷長有雪，陰棧屢經燒。輪摧九折路，騎阻七星橋」，發出「蜀道難如此，功名詎可要」〔註83〕之悲歎。截然相反的是同樣面對數百年間曾經「乍開乍閉，通塞不恒」之棧道，《石門銘》卻依舊以強有力的自信表示「山河雖險，漢德是強」，以充滿壓倒一切、指點江山的昂揚豪氣直接宣揚出自然雖險，而人力更強的「征服」情感模式的強音。

結合現實可知，這種文本主體的豪言並非無知無畏的大放厥詞，而是以現實中開山通道取得的偉大功業爲支撐；是石刻文字的主人以強大的能力，在開山鑿道艱難歷程中發出的感歎。因此，比起其他「蜀道文學」行旅者見難而退，或畏道盡述其難，或坐享其成輕言其易等等，來得切實、有力、震撼，這種征服者心態的言辭，若非親歷自然，在蜀道建立非常之功者斷無氣魄發出。比如北魏石刻《石門銘》中寫賈三德所修的褒斜道，「迴車至谷口二百餘里，連輈駢轡而進」確實是先賢前輩無法達到的工程水準，在懸崖棧道上並行駟馬高車的道路，正是他們親手開創，因此歌頌「往哲所不工，前賢所輟思，莫不夷通焉」之自信絕非妄語。

如果說李白《蜀道難》等詩篇把艱險奇偉的蜀道之「難」主題特質發揮到了極致，那麼《石門頌》《石門銘》等石門石刻文本則將蜀道主動脈褒斜道由「極險」變成「極易」之間共構的張力、攻險克難化解矛盾的強力表達到了極致，基調從艱險困苦到安甯喜悅的變化，期間充斥著豪邁昂揚的氣概。人在與自然天險鬥爭歷程中迎難而上、遇強更強的精神，令人享受「天塹變通途」之愉悅。山川之險峻構成的驚絕刺激之美感與蕩平險途淋漓盡致的征服快感，構成極具張力的審美體驗。也是對蜀道母題除「難」「敬畏」符號之外，另一原初文化符號「征服」情感模式的承繼與發揮。

二、登臨懷古之「豪情」與現實親歷之「憂患」

由於石門所在之處漢中連接著都城長安與蜀地天府之國，在政治、經濟、軍事上均佔有極其重要的地位，是歷史上諸多重大事件的發生地，於是後代人經行蜀道之時，自然容易產生對歷史典故的追憶，不由自主地被古代風流

〔註83〕陰鏗，蜀道難〔M〕//郭茂倩，樂府詩集，北京：中華書局，1979.591。

人物兼濟天下、指點江山之豪情所打動。而關係此地之懷古，集中指向兩個戰爭時代，一是楚漢戰爭時代，以劉邦受天命興於漢中、張良施計燒斷棧道暗度陳倉、蕭何月下追韓信登壇拜將等爲典故；另一個是三國戰爭時代，蜀漢以漢中爲據點，對抗曹魏，以蜀魏漢中之戰、定軍山之戰、諸葛亮六出祁山等事件爲重要典故，從而引發歷代懷古。

文人好懷古，多有指點江山之宏願大志，但能親身實踐並有所成者卻寥寥無幾。縱觀「蜀道文學」歷代遊歷者之懷想，無論是激發豪邁英雄情結，還是沉鬱哀歎黯然神傷，大多都帶著「隔世觀照」未能觸及現實及自身安危的虛幻遠離感。

而石門石刻文本的群體在懷古情感體驗上，有著獨特而深切的來自「當局者」的現實憂患。這在漢魏以及南宋文人群體中體現得尤爲明顯，石門石刻文獻中北魏尤其是南宋，大部分石刻留文者均有著文人軍旅官員的身份，譬如宋代安丙、吳璘、吳玠、晏袤、章森等人，均爲政府派去前線備戰守禦的主力，擔負著對峙金國的現實重任。他們的「懷古」是感同身受而非置身事外，是處在極端相似歷史語境下，面臨相近的現實憂患，充滿以史爲鑒的壯心和對不可預知結局的忐忑與焦灼。這種帶有現實憂患意識的英雄情結，與其他「蜀道文學」中理想化英雄情結有著「親歷」與「耳聞」、「現實」與「虛幻」之差距。

南宋所處的時局與楚漢之交、三國爭雄時代有著相當大的相似性。同爲群英薈萃，群雄逐鹿的時局，同爲佔據漢中形勝之地，有出關逐鹿中原之志的政權，劉邦的「漢中開漢業」和劉備、諸葛亮的「興復漢室」，均能激發南宋官員「北定中原」之豪情。

然而，有著相似歷史語境的楚漢、三國兩個時代，最後的功業結果截然相反，漢高祖劉邦據漢中，終於出散入秦一統天下，而蜀漢諸葛亮六出祁山力圖統一中原，最終出師未捷身先卒，星隕五丈原。因此，對處於與金國、西夏博弈中的南宋軍旅文人來說，同爲佔據漢中形勝，意圖收復中原一方，以「西漢」「蜀漢」的不同結局照鑒前路，依然是勝負難測，而朝廷的傾軋和退縮，外敵與內患交織，更加深了現實的強烈憂患。

一方面，追憶往昔名將偉業，激起文人的鬥志與英雄情結，積極用世、鬥志昂揚，帶著強烈的責任感和進取心；另一方面，面臨不容樂觀的現實局勢，朝廷偏安，北伐屢化泡影，又有深諳艱難，黯然銷魂之情。「凌晨走馬過

花村，先玩玉盆到石門。細想張良燒斷處，崖間佇立欲銷魂。」〔註84〕為抗金名將安丙在緊鑼密鼓的厲兵秣馬、修堰屯糧中，走馬觀花過石門，透著樂遊的閒適風雅，然而至張良燒斷棧道處，觸及古今時局，頓生喜憂參半，不勝今昔之感，乃至黯然神傷。豁達豪邁的英雄氣概中難掩滄桑沉鬱，壯志難酬之歎。

由於面臨備戰任務，常在重複古人行為中感受現實，「早起登車日未曉，莽煙萋草北山村。木工已就山河堰，糧道要供諸葛屯。太白峰頭通一水，武休關外憶中原。寶雞消息天知否？去歲創殘未殄痕。」〔註85〕是抗金名將吳玠作為漢中守備大將主持修山河堰屯軍糧的紀實性石刻題詩，山河堰為西漢蕭何、曹參初建水利工程，南宋為了提供軍需糧草，數度重修山河堰。詩中其早起馬不停蹄赴山河堰視察，以寫實的手法，繪「北山村」之山河破碎、滿目瘡痍，直面戰爭之殘酷。同時還惦念著前線寶雞戰事。其中用「諸葛屯」典故，三國諸葛亮屢次至漢中修復棧道備軍屯糧，作復出祁山北定中原的準備，類比當今自己也在漢中籌辦屯糧之事。昔日之人未能遂願，當今亦有消息不明，勝負難測之憂心，古今交融，異世同境，難免令人興歎不已。英雄懷古，有心圖大業，然而由於這種懷古背後面臨的是現實的強敵虎視，生靈塗炭的慘狀，是動亂、分裂、死亡之威脅，因此情感無法徹底豁達，有飽含歷史厚度的幽邃之感。

同時作為親歷其事者，英雄的豪情還往往被現實所阻困。漢高祖和漢武帝、漢明帝開通褒斜石門，暢通轉運溝通三輔與蜀地經濟的偉業，屢次遭到先零羌侵寇之破毀，「中遭元二，西夷虐殘，橋樑斷絕，子午復循」（石門頌）戰火中被反覆爭奪的褒斜道「將五百載，世代綿迴，屯夷遞作，乍開乍閉，通塞不恒。自晉氏南遷，斯路廢矣」（石門銘）。五百年動亂期間道路開通之短暫，便是這種工程功業與現實破壞之間反覆拉鋸之景況。

而對於南宋的宋金對峙局面，興復之志並不是靠一腔熱血，就可眾志成城克敵制勝。對內還面臨與中央朝廷之博弈，在地方亦需顧及平衡、彈壓各方，時時處於利益衝突的現實漩渦之中。有著無法言說的難處，也更能理解古代英雄偉業背後篳路藍縷之艱辛。

比如楊綽作所的《漢中新修堰記》，就呈現出這種志向與現實的直接衝

〔註84〕郭榮章，石門石刻大全〔M〕，西安：三秦出版社，2001.87。
〔註85〕郭榮章，石門石刻大全〔M〕，西安：三秦出版社，2001.23。

突。百姓雖有興復之志，但面對現實已享有的利益，不願出力改變。文曰「其下支分派別，周溉田疇之渠，百姓饗其利。惟時二邑久怠作，每歲鳩工度財以鉅萬計，狡獪者嬴其材，僥倖者嗇其功，小夫賤隸染污習熟，並緣爲奸。……公慨然念之，銳意改作，與提典刑獄兼常平使者秘閣張公商榷利病，先是設備，皆詣堰所。……涓日起役。畚鍤如雲，萬指齊作」〔註86〕。體現出強烈英雄主義的積極進取精神與現實阻隔不斷鬥爭博弈的實況。僅僅修堰一件事，即可見陰暗的現實：或作奸犯科消極怠工，或爲自身牟取蠅頭小利而貪財、甚至趁機發國難橫財，此吝財惜力者，皆是英雄主義實現理想的阻力。需親力親爲、勞心勞力、明查秋毫與之對抗。吳玠成此修堰之功後第二年即死去，且其一門三將皆死於任期，更爲文本增添現實悲情之意味。

因此，石門石刻文本中，一方面：類比古代英雄人物的鬥志昂揚，救國於水火，挽大廈之將傾；另一方面，面臨內憂外患的困境，外有虎視強敵，內有小人阻礙，內外交困。由懷古而生的建功立業的豪情與親身擔負職責之現實困境，在這兩種不斷交雜的情結裏，憂患與悲情大於英雄情結，帶有強烈滄桑沉鬱、悲愴的情感基調，也由此滋生英雄情結與憂患意識交織的張力。

三、功業壽數之「消逝」與精神生命之「永恆」

蜀道以褒斜道爲冠，褒斜道又以石門爲中心，因此石門場域具有獨特精神性，石門石刻文本多以石門爲集結場所，形成一個濃縮的時空，將千年巨變以石刻文字形式聚合在內。由於石刻文字的特殊性，使得平時只能在思維中構築的往昔，成爲直觀的復現，從而讓虛構的「幻想式」懷古變成了「直面」古人的對話。正如錢大昕所云：「金石銘勒，出於千百載以前，猶見古人眞面目，其文其事，信而有徵」〔註87〕。石刻文獻內容，是古人留下的「信物」和「影像」，觀者在石門隧道內，面臨的不是單塊摩崖，而是不同時代集結的摩崖群。誦讀觀賞這些摩崖，如同親見親聞各時代的親歷者親口敘說歷史，對後世觀賞者造成了強大的情感衝擊力。

在這種敘說裏，有不同時代發生在這個場地的史實，蘊含著對人定勝天的宏偉工程功業紀念，也見證著這些偉業在人力所難以抗拒的時空劇變中的

〔註86〕郭榮章，石門石刻大全〔M〕，西安：三秦出版社，2001.117。
〔註87〕錢大昕著，陳文和主編，嘉定錢大昕全集‧潛研堂文集卷二十五關中金石記序〔M〕，江蘇：江蘇古籍出版社，1997.396。

消逝。

　　石門石刻文本記載著歷代王朝更迭——從漢代到三國魏晉南北朝乃至宋明清，一代代隧道工程建造者攻堅克難、開山闢道，化天塹爲通途，在石壁上刻下豪言壯語，希望功業「永垂後世」，然而這種豪言壯語無一例外的迅速落空。

　　東漢初年《鄐君開通褒斜道》中「益州到京師，去就安穩」的豪邁之語不過四十餘年就被先零羌「元二」之亂所破滅；東漢末《石門頌》內記載的「『君子安樂』『萬世之基』『行者欣然』」的祥和場景不過四十年後也毀於三國戰火；之後屢次即修即毀，三國曹魏《李苞通閣道》與西晉《潘、韓造橋閣》毀於東晉南遷五胡亂華；北魏《石門銘》「穹隆高閣，有車轔轔，……千載絕軌，百輛更新」之盛況，不久也湮沒在南北朝的戰火烽煙裏。連同石門隧道本身，當年可與「禹鑿龍門」類比的人工偉業，在南宋之後也已成爲荒蕪幽暗的廢墟。

　　可以看到，石門刻石存文的先人在每一次建功立業紀念後，都滿懷希望自己「這一次」的功業能與前代不同，長久永存。然而前代千百年摩崖文字的記載，無一不印證了這種期待的不現實，觀者不得不面臨殘酷事實，即：每一次豪情滿懷的「非常之功」帶來的安穩和歡欣都是暫時的，必然在不久之後的巨大災難之中毀滅，沒有任何功業能夠垂於萬世。越往後的石門親歷觀者，就越是能強烈的體驗證明這一點。

　　摩崖群以及石門，見證了歷代不世之功業，但同時也見證了歷代功業、王朝的短暫成敗易變、終將淪滅的宿命，對於建功立業者產生功業不永的心理衝擊力，同時也讓觀者直面自身生命的渺小與迅速消逝。石刻是古代人的遺跡，石門隧道是「如見其人」的文化場域中心。歷代紀念者與觀者在體驗身份轉化之中，感受自身生命與身份的劇變。

　　觀閱石刻文本的遊者，面臨著之前歷代「紀念者」不斷變成「被紀念者」，「古人」「今人」「後人」身份的極速轉化。這種轉化中，昭示著時間和生命的極速消逝。東漢奏請開石門的司隸校尉楊孟文，旋即成爲後來者太守同鄉王升《石門頌》的紀念對象，而紀念前人楊孟文的王升等人，經三百多年後，統歸爲北魏後人《石門銘》作者所紀念的對象——「跡在人亡」之「古烈」，又一晃歷經六七百年到南宋，當年在此感慨東漢古人「跡在人亡」的北魏《石門銘》作者王遠、賈三德等等已然也已歸爲「跡在人亡」之列，亦成爲南宋

文人品茗懷想的對象。再越千年，清代訪碑者面對石門，又可看到，當時優游山水臨石懷念漢魏時代的南宋人，也變成了被懷念的古人。石門裏濃縮的時空轉換、身份置換。之前留痕懷想古代「先人」之人，不斷轉化成爲如今人眼中的「先人」。千年歷史的「閃回」觸目驚心，使觀者很容易聯想反顧自身，也是這種飛速轉化中的一份子，看到石門內一代代的身份轉化，「懷念者」身份，轉瞬間就將成爲「被懷念者」。古人眼中的後世人就是自己，而作爲懷念古人的「今人」，也將在不遠的將來成爲後來者眼中的「先人」。石門石刻文本的現實存在，正是過於集中鮮明地呈現了這種生命的消逝感。千年一瞬，洞內石刻咫尺方寸之間，千載時間輪轉已過。

石門隧道內文本組成的歷時性的鏈條中，一代代偉業工程由輝煌歸爲廢墟，多個王朝由強盛轉瞬傾覆，一代代遊歷者由「紀念者」變成「被紀念者」。而自身也正處在這不可逆轉、不可抗拒的力量中，內心不能不有所觸動。這種時間的消逝和天道的循環，並不因蜀道征服而解決，也不因克禦強敵而停止，類似一種難逃的命運悲劇，浩大而無情的天道輪迴、時間消逝、生命流逝，興亡更迭、盛衰起伏。任何強盛王朝彪炳千古的偉業、出類拔萃的人物，無論賢愚盡歸塵土，一切人力征服的自信、豪情、登臨懷古的優越感，最終都將被時間掩埋，在浩大而無情的消逝中統歸爲虛無。「臥龍躍馬終黃土，人事音書漫寂寥」〔註88〕。直面消逝，尤其觸目驚心，對於歷史劇變和自身生命的雙重震撼，必然引發觀者個體尤爲強烈的生存感受，也促使其返歸本體，思索自身的生存狀態意義與生命歸宿。

置身山河的人們隨即發現，與這種極速消逝的時間對應的，是自然空間的永恆，山水的萬古不易，江山千年依舊，石壁巍然聳立，石刻文字不朽。附著其上的古人文字痕跡與精神力量持久留存。正可以給這種極速消逝的生命虛無感以精神寄託——對抗時間的消逝，唯有將精神與文字合一，留跡於石上。在時空節點留痕，以寄託精神不朽之情結。

同時，將消逝歸納總結成一種不滅的循環，將懷古變成穿越時空的古今對話，在與前代、後代知己的異時空交流過程中證得古今相通之情。瞬間凝固在石上的文字借助空間的永恆，使得跨度極大的異世者能以文字精神互通，在古人和後人有同見同聞同感之時，即喚起共情，形成極具穿透性的，在永恆變化消逝中持久不變的定力，超越人與自然、歷史更迭、生死興亡，

〔註88〕湯高才編輯，唐詩鑒賞辭典・杜甫，閣夜〔M〕，上海：上海辭書出版社，1983.581。

讓精神生命具有得以延續的深沉力度。

於是在石門石刻文字中呈現出一種優雅閒適、徹悟和閒雅的情懷，以逍遙的態度寄情山水尋訪古蹟。以每次遊覽事件、留名爲快。正如金戈鐵馬軍旅文人在繁重備戰之餘留筆於石門，吳玠、安丙等人，修堰的同時玩賞石門和玉盆，結伴載酒而至，優雅而豁達地品茗觀碑，留下簡短雅逸的文字紀念，將生命永恆的希望寄託在自然空間中得以永恆。「品茗」「遊宴」「對酌」，傾向於一種對「即時狀態」時間點的紀念，是個人在時間座標上對空間的佔有和留影。凝固這一段時間點的行爲和精神狀態——在時空的這一節點上的刻痕是獨一無二、永久不朽、任何後人無法取代的。宋代以後對古人、自己遺跡的保護，也體現出這種情感傾向的外化。

此外，文字中還呈現出一種超脫時空的交流欲望，如北魏《石門銘》中發出「今古相通」之情，正是典型的跨越「過去」「現在」「將來」的共情，關聯了古代——當今——後世，由其與東漢《石門頌》所載跨越五百年開合年號相同的巧合，引起古今情感相通的共鳴，並且發出「後之君子異世同聞」〔註89〕的呼喚，直接向後世尋找知己，無論是「優雅徹悟」的留痕，還是「古今交流」之欲望，都以打破古今屏障的精神關聯和對話爲主旨，在精神的不朽與延續中尋找寄託和皈依，從而超脫了時間和空間的鴻溝。循環的巧合與「異世同聞」的對話，使得石門石刻文本整體擁有一種聯結異世時空的，幽遠而深邃的對話屬性話屬性。

於是在石門這個濃縮的場域裏，時間的瞬間消逝與空間的永恆不朽，形成一組永恆的張力。觀者直面時間巨大浩渺的力量所帶來的深隱無解痛苦的同時，隨之產生對生命精神超脫的徹悟——以「空間的永恆」對抗「時間的消逝」，以「精神的不朽」對抗「功業的短暫」。將歷史之滄桑劇變瞬間定格，凝聚爲空間中唯一且永恆之影像——由石刻作爲生命不滅之載體，在頓悟之中逍遙之感油然而生。這與明代楊愼「是非成敗轉頭空，青山依舊在，幾度夕陽紅」可謂異曲同工。

總體而言，石門摩崖石刻文本以獨特體驗者的三種不同特質的情感，異於其他蜀道文學，構成了獨具張力的情感特徵。由極難到極易轉化帶來獨具征服快感的體驗；以理想英雄情結之「豪邁」與現實「憂患」之悲情交織的複雜懷古思緒；由直面古今時空轉換、生命消逝的深隱痛楚，轉而尋求異世

〔註89〕郭榮章，石門石刻大全〔M〕，西安：三秦出版社，2001.32。

共情，以空間精神不朽對抗時間流逝，獲得逍遙閒雅與深邃幽遠的情懷，豐富了蜀道文學的母題。

　　而征服蜀道之樂觀昂揚之豪情、憂患興亡之滄桑、古今共情之逍遙，三者之間又交相糅合。使得石門摩崖石刻文本永遠交織著高邁激昂、深沉凝重、閒雅豁達等複雜而深邃情感傾向，共構石門石刻文本乃至石門區域文化永恆的張力和魅力。